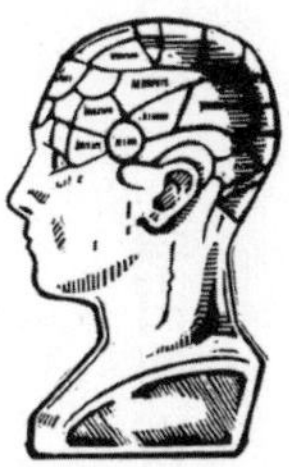

·心理學的40堂公開課·

探索複雜的人性隱微，解密人類行為模式與思維形塑的科學之路

A Little History Of

PSYCHOLOGY

NICKY HAYES

妮基·海耶斯——著　　梁永安——譯

目次

1

一開始

希臘人、蓋倫和東方的影響

心理學引人入勝，它在很多方面也是人類生活的核心。畢竟，理解或試圖理解別人的想法和行為是我們所有人每天都在做的事情。這是我們在家庭、群體和社會中與人相處的方式。

而且，我們常常會弄錯別人的想法。我們可能本來以為我們知道其他人是什麼樣的，然後，當他們似乎不像我們那樣看待事物，或者他們的行為方式很奇怪（對我們而言奇怪）時，我們會感到驚訝。我們從閱讀或觀察形成我們對人性的想法，而它們可能會產生誤導。我們常常無法體會到，我們對人的理解受限於我們身處的特定時間、地點和文化，可能不適用於其他人。我們也會對幾千年流傳下來的對人的觀念視為天經地義，不去質疑它們從何而來。

在社會上流傳的那些關於人性的常見說法，常常是由假設、軼事和有時甚至是純粹的胡說混合而成。心理學則不同。心理學是科學的一個分支，致力於理解人：我們是如何、以及為什麼會有這樣的行為，為什麼我們會以這樣的方式看待事情，以及我們彼此之間如何互動。這裡的關鍵字是「科學」。心理學家不依賴意見和傳聞，也不依賴當時社會普遍接受的觀點，甚至不依賴深刻思想家經過深思熟慮後的觀點。相反地，我們事事講求證據，確保心理學的觀點具有堅實的基礎，而不僅僅是源自普遍持有的信念或猜測。儘管人類各不相同，但我們都有一些共同的過程和原則，同時也有一些過程和原則產生了我們奇妙多元的文化差異和社會差異。這些都是現代心理學的研究核心。

心理學就像它所研究的人一樣，具有多面性。沒有一種放之四海而皆準的心理學，一部分是因為我們每個人都極其複雜，一部分是因為人們是各種不同文化的產物，還有一部分是因為心理學有許多不同的根源，來自許多不同的看事情角度。而且心理學家也並不只有一種類型。儘管許多心理學家都是學界人士，但並非一律如此。心理學自誕生以來，便一直被應用在現實世界的許多領域。例如，有臨床心理學家，他們專門處理有心理健康問題或生活困難的人；有組織心理學家，他們專為管理層提供與員工互動的最佳方式建議；有法醫心理學家，他們專門協助刑事調查；還有教育心理學家，他們與學校合作，為許多不同需求的孩子提供適當的教育。從輔導和健康建議到航空培訓和人工智慧，當今的心理學家以極為多樣的方式運用他們的心理學知識為人們提供幫助。

那麼，整個心理學又是起自何處？

許多世紀以來，古希臘和古羅馬時代的作家對歐洲思想有著深遠影響。一直到文藝復興之前，這些「古人」仍被認為涵蓋了科學知識的全部領域，他們的思想被融合入正統宗教教義中——事實上影響深遠，以至於當一些早期的科學家（例如伽利略〔Galileo〕）挑戰他們的觀念時，被指為是異端分子而受到殘酷的迫害。有些人認為心理學起源於柏拉圖（Plato）和亞里斯多德（Aristotle）等古希臘哲學家；也有些人認為它起源於後來的思想家，像是醫生蓋倫（Galen，蓋倫是希臘人，但在羅馬帝國時期於羅馬生活和工作）。他們對人性有自己的見解，而這些見解甚至在文藝復興之後仍然繼續影響西方思想。

希臘哲學家是深刻的思想家，備受推崇，對自然世界、宇宙和人性皆有獨到的見解。但他們不是科學家。他們的一些想法顯然過於簡化。例如，柏拉圖在《理想國》（*The Republic*）一書中把社會分為三種不同類型的人：青銅人、白銀人和黃金人。青銅人是工人，不是特別聰明或識字，從事社會需要的基本體力勞動。白銀人是經理、行政人員和抄寫員，他們負責處理讓複雜社會得以運作的細節。黃金人是領導者，他們的智慧和能力使他們成為柏拉圖心中理想社會的天生統治者。他認為這三種類型的人總是龍生龍，狗生狗：他從未曾考慮過，具有白銀能力的孩子，是否也有可能出生在青銅家庭中。

柏拉圖描繪的是一個理想社會（至少是根據他的理想標準），但他的思想留下了印記。有很多個世紀，歐洲一直受到封建制度的宰制：貴族大權在握，工匠靠手藝謀生，而農民則生活貧困，擁有的財產少之又少。聽起來很耳熟嗎？柏拉圖描繪的嚴格社會結構成了封建社會的意識形態和信念的基礎：人們一生下來就落入固定的社會階層。即便在封建制度逐漸被拋棄之後，人們一樣被預期應該停留在他們出生時的社會地位。工業革命對此產生了一些挑戰，因為一些自學成功的企業家改變了現狀，而普通人受教育的機會也開始出現。但是，正如我們將在第六章中看到的，整個西方社會仍然堅定地抱持能力和智力是遺傳而來的信念，而這樣的信念產生了深遠且往往是悲劇性的後果。

形塑我們思維的不僅僅只有柏拉圖的思想。例如，亞里斯多德曾聲稱，人類只有五種感官：視覺、聽覺、觸覺、味覺和嗅覺。從那時起，這個觀念就被廣泛接受。直到今日，小學生仍然會學到這個說法。但亞里斯多德錯了。他的敘述完全忽略了我們所有的內在感官和一些較微妙的外在感官。例如，我們還有動覺（kinaesthesia），它告訴我們有關身體的動作；還有本體感覺（proprioception），它告訴我們四肢的位置；還有溫度覺（thermoreception），它告訴我們冷熱。此外還有很多其他感官。據我所知，神經學家已經辨識出從身體和外部環境接收資訊的四十多種不同途徑，也就是說，我們至少有四十多種不同的感官。

這很重要嗎？嗯，當然重要。忽略這些感官會讓我們誤以為我們與世界是分開的，以為我們雖然從世界接收訊息，但本質上獨立於它，不受它的影響。但即便最基本的心理學知識也告訴我們，事實並非如此：我們並不是客觀地知覺到正在發生的事情，而是主動挑選知覺的內容，只注意與我們相關的事情。我們的記憶並不是對已發生的事情的記錄，而是由我們自身的知識、預期和對後續事件的經驗所塑造。我們的判斷不是對事實的邏輯評估，而是受到文化、群體和個人經驗所影響。我們與我們所處的世界並不是分離的：我們積極參與其中。

希臘人也推崇邏輯是人類思想的最高成就。拜亞里斯多德、柏拉圖和其他人之賜，人們向來認為邏輯是優越的思考工具，假設人會犯錯誤，是因為不能客觀地思考或不使用冷靜的邏輯推理。但事實上，我們做決定並不是憑邏輯，而是做出人性化的決定。我們並不具備客觀的記憶或感知，而是根據我們的需要來詮釋和回憶經驗。心理學家花了很長時間才意識到這些做法並沒有錯，它是人類本質的一部分。有時，在現實世界中，它們的作用比形式邏輯更有效。我們的社會機構要認識到這一點，會需要花更長的時間。

另一個持續影響人類思維直至現代的早期觀念，來自希臘醫生蓋倫，他改進了一套似乎起源自希波克拉底（Hippocrates）疾病理論。希波克拉底認為，疾病是身體內四種體液（humour）的失衡所引起，它們是：黏液、血液、黃膽汁和黑膽汁。任一種體液過多都會導致疾病，而治療的目的是恢復四種體液間的平衡。例如，幾個世紀以來，放血療法曾經長達幾世紀一直是治療發燒的標準手段，因為人們認為臉部發紅和體溫升高是由於體內血液過多所致。

蓋倫的貢獻是主張這些體液也會影響個性。他相信有四種截然不同的人格類型，它們與四種體液在人體內的比例有關。黏液過多的人冷靜而可靠；血液佔優勢的人個性開朗、外向，善於交際；黃膽汁過多的人精力充沛、熱情洋溢，但有時也會脾氣暴躁；黑膽汁過多的人體貼、善良，但也容易憂鬱，常常情緒低落。

我們至今仍然可以從日常語言中看見蓋倫的影響。例如以下四個句子，每一句都反映蓋倫模型中的一種人格類型：

「她是一個相當樂觀（sanguine）的人。我想她不會反對。」

「哈姆雷特是典型的憂鬱症患者（melancholic）。」

「他脾氣暴躁（choleric disposition），只要一有壞消息，他的員工就會提心吊膽。」

「她冷靜淡然地（phlegmatically）接受了這個消息，只是往椅子上一靠。」

（譯按：這四句話中夾注的英文，都是來自四種體液的英文字，或略有變化）

不僅僅在語言中，即便時至今日，有些教育和心理學理論仍然採用這四種人格類型作為基礎。艾森克（H. J. Eysenck）在一九五〇年代提出的著名「人格心理測量理論」就是直接反映了蓋倫的四種基本體液，而這些觀念至今仍然出現在一些暢銷書中。最近，我在機場書店的一本新書裡，還看到蓋倫理論的二〇二三年版本。當然，我們仍然會用 humour 一詞來指某人的心情。

我們還有許多其他詞語源自古代，它們的意義現在已有所改變，被用於指稱我們現在所理解的心理過程。例如，態度（attitude）一詞最初是指希臘戲劇中演員用來表示情緒或心理狀態的身體姿勢。我們會自動給別人的姿勢賦予意義：看到一個人弓著身子和低頭向下望時，我們會將他的精神狀態解釋為全神貫注或是為了什麼事情苦惱；看到一個站得筆直和張開雙臂的人，我們對他的精神狀態就會有截然不同的解釋。因此，如今的態度一詞通常用來指稱一種心理狀態或一系列觀點，而不是指稱身體姿勢。

心理學是科學，必得有研究證據支持

儘管歐洲文化常常被認為是直接繼承自古希臘和古羅馬文明，但其實它也受到來自世界其他地區更為幽微的影響。我們很容易對古代和中世紀的世界抱持過於簡化的想法，因為當時的技術水準遠不如現代。但那不過意味思想需要更長時間才能傳播開來，而它們確實傳播開來了。例如，阿拉伯文化中擁有發展成熟的科學知識體系，包括數學理論以及關於人性的深刻思想（體現在詩歌和藝術中）。許多其他的古代文化也是如此。它們透過貿易商旅的傳播而為西方所知。例如，早在十三世紀，馬可·波羅就曾仔細描述過高度發展的中國文化，包括其社會組織和奢侈品。（這些奢侈品後來透過絲路運到威尼斯，傳入歐洲。）

歐洲對東方文化的認知，不僅影響了藝術和陶瓷，也影響了社會實踐。例如，有觀點就認為，心理測驗其實起源於中國：在西元前二〇六年至西元二二〇年的漢代，中國人透過考試和面談來選拔官員，這種做法在十九世紀的大探索和大擴張時代傳入西方。當時歐洲對東方的觀念、藝術和文化都深深著迷。一八三二年，東印度公司採用了中國的測試方法來測驗求職的人，成果卓著，讓類似的觀念被傳播到其他西方組織。隨著心理學的發展，為選拔人員而進行的心理測量成為一個主要的研究領域，如今更已蔚為一門重要的產業。

幾千年來，人類一直對人性感興趣。但這些觀念算是心理學嗎？不，它們並不算。它們當然跟人有關，但本質上只是一些想法和印象。心理學是科學，唯有對人的研究有得到研究證據充分支持時，才能稱之為心理學。早期的觀念確實影響了心理學，但如果我們真的想了解人，就必須以科學的方式進行。正是科學和科學方法的出現，才讓我們所知的心理學得以發展茁壯。

2

演進中的科學

從笛卡兒到達爾文的心智觀

歐洲正在天翻地覆。十四世紀和十五世紀的一連串災難，包括饑荒、瘟疫和極端的氣候變化，讓歐洲人口基本上減少了一半，並為社會帶來許多激烈變化。人們開始以不同的方式思考，並挑戰現有的權威——無論是透過叛亂和起義，還是質疑既有的知識。畫家開始以人們的日常生活為題材，不再專注於宗教人物或古典神話；作家發展了新的文學形式；哲學家開始挑戰傳統的假設。這些新觀念在西方大肆展開的情況後來被稱為文藝復興（Renaissance，字面意義是重生）。這些變化是現代心理學最終誕生的重要先驅。

笛卡兒（René Descartes）是新運動的關鍵思想家。作為一名一五九六年的法國哲學家，他挑戰既有的哲學觀念，主張理性是檢驗知識的主要標準。這種主張與當時既有的假設相反：根據後者，所有知識都是與生俱來，亦即透過我們的感官獲得的資訊所形成，而非來自反省和思考。儘管笛卡兒也承認某些知識是與生俱來的，但他相信真理只能透過理性演繹才能獲得。笛卡兒的觀念開啟了後來被稱為理性主義（rationalism）的先河，這種思維方式迅速瘋靡了整個歐洲。

然而，笛卡兒走得更遠。他還是數學家，也是現代意義上的早期科學家之一，他在著作中大量論及人性。例如，他相信心智和身體是完全分開的：身體本質上是一台機器，受物理和生理定律的支配，而心智則完全不同。這種思想被稱為笛卡兒二元論，它對歐洲的科學和醫學產生了重大影響。一直到二十世紀下半葉，主要透過神經心理學家的研究和先前的心理學探索，醫學界才真正開始承認心智和身體會相互作用，彼此影響。

他的機器模型也試圖解釋人與動物的差異。對笛卡兒來說，動物既沒有理性也沒有智能，僅有感官知覺，牠們僅是複雜的生理機器。這是另一個具影響力的觀點，並被廣泛接受。它曾被用來為社會生活、農業和科學領域中虐待動物的行為辯護。時至今日，這個觀念仍未完全消失，不過已經逐漸式微，而且幾乎沒有現代科學家認為它站得住腳。但根據笛卡兒的說法，真正讓人與動物有所區別並獨樹一格的，在於人類具有心智，而且能夠思考。心智並非物質（後來的人因此形容為「機器中的幽靈」），它賦予我們思考和推理的能力，在笛卡兒看來，人之所以為人端賴這種能力。他的名言 *Je pense, donc je suis*，翻譯成中文就是「我思故我在」。

身心二元論與理性主義的挑戰

和柏拉圖一樣，笛卡兒也需要為很多事情負責。他將動物視為簡單機器的觀念稱霸了幾個世紀，直到查爾斯・達爾文（Charles Darwin）的演化論提出挑戰。他的身心二元論扭曲了醫學知識的發展，這種情況某種程度上持續至今。但他也留下了正面的遺產。笛卡兒進行了許多系統性的科學探究，他證明，把人體運作的過程視作複雜機器來研究實際上大有價值。例如，他寫了一部關於光學的重要著作，說明眼睛如何處理光線。本質上，笛卡兒確立了一個觀念：獲得知識的正確方法，是進行實驗和深思熟慮的反思，而不是仰賴研究古人的著作。

當理性主義在歐洲盛行之際，英國的哲學家們卻追求不同的理論。理性主義者認為，有些知識是與生俱來的，只不過它們要透過推理和反思才變得有意義。但像湯瑪斯．霍布斯（Thomas Hobbes）等英國哲學家，卻對這種觀念的兩個面向都提出了挑戰。霍布斯反對笛卡兒將心智視為獨立且非物質的概念，相反地，他主張人類是宇宙的一部分，因此完全屬於物質性的存在。霍布斯認為，就連我們心智運作的方式，也是物理定律的結果。（我們至今仍在探索這個問題。）

洛克（John Locke）接續挑戰此觀點，主張根本不存在所謂的先天知識。他堅決認為，當我們出生時，我們的心智猶如一塊白板（tabula rasa），隨時準備好讓經驗在上面刻寫知識。所以我們的知識完全來自我們所經歷的事物。根據洛克的說法，甚至連反思經驗本身也是一種經驗。我們沒有繼承任何形式的知識或覺察，我們的心智完全是由我們自出生起所經歷的事情和我們如何理解它們所形塑，甚至可能是被設定的。

另一位英國哲學家大衛．休謨（David Hume）也認為，知識是從經驗中獲得的。休謨認為，單憑推理無法解釋世界，因為人類身上同樣也有著所謂的動物激情（animal passion）——例如像是飢餓和避開疼痛的基本情緒和本能驅力。他相信，這些動物性激情也會影響我們的思考。我們的推理並非純粹的或抽象的，而是這些本能影響、經驗累積與思維本身共同作用的反映。

霍布斯、洛克、休謨和其他哲學家，共同形成了日後被稱為「英國經驗主義」的思想學派，其中心思想在於，經驗是理解知識的關鍵，而衡量經驗是理解人們怎樣思考的方式。他們的觀念對心理學的發展影響深遠，尤其是在美國和英國。這些思想可能也是歐洲與美國心理學日後出現巨大差異的核心原因，我們將在本書後續內容探討這一點。

臨床心理學曙光初現

這些哲學爭論發生在十六世紀至十八世紀，但當時並非只有思想領域發生劇變。十八世紀末，法國大革命催生了許多新觀念，不僅影響了政治和社會組織，也衝擊到其他領域。其中一個受惠者是醫生菲利普・皮內爾（Philippe Pinel），他得以自由地去實踐關於治療精神病患者的理念。有鑑於當時精神病治療機構的不人道待遇，和既有治療方法的不足，他發展出這些理念已經有一段時間。隨著新法蘭西共和國的誕生及其激進的社會改革路線，他終於得以將自己的新觀念付諸實踐。

皮內爾以卸除過去用於束縛精神病人的鐵鐐銬而聲名大噪。他與同事尚－巴蒂斯特・普辛（Jean-Baptiste Pussin）一起建立起一個全新的制度。（實際上普辛是第一個卸除鐵鐐銬的人，但因為皮內爾此舉被一幅名畫記錄下來，人們通常將功勞歸於他。不過，他們兩人都認為此舉是必要的改革。）皮內爾的工作團隊捨棄強制和約束手段，改採堅定而溫和的態度，將病人視為理性的個體，只是需要額外的體貼。他廢除了諸如催吐和放血等令人不適和不愉快的治療方式，代之以跟病人進行密切和規律的對談。皮內爾還建立了仔細觀察與記錄的系統，可以定期評估每個病人的情況，並明確展現這些治療帶來的顯著改善。他同時也密切關注其他醫學發展，巴黎的首批疫苗接種，就是在他的醫院裡施行。

皮內爾的方法後來被稱為道德療法，而他的成功率非常高（這在現代人看來並不意外）。他的許多病人完全康復了，其他病人也變得較容易管理與願意合作。皮內爾將他的方法發表在《瘋狂回憶錄》（*Memoirs on Madness*）一書中，這本書通常被視為現代精神病學的基礎文本之一。就我們這本書而言更重要的是，皮內爾和他的同事還引發了人們對心理治療和精神疾病另類治療方法的興趣，這些觀念更是現代臨床心理學的重要先驅。

然而，對許多人而言，所有心理學先驅中最重要的人物是查爾斯·達爾文。一八三一年，達爾文報名參加英國皇家海軍《小獵犬號》（Beagle）的環球考察，成為了船長羅伯特·菲茨羅伊（Robert FitzRoy）的「紳士同伴」（菲茨羅伊後來成了現代天氣預報的創始人）。儘管達爾文不是隨船的博物學家，但自然界是他的主要興趣所在，他在航行期間對野生動植物進行了細緻入微的觀察。他還收集了一系列化石，並觀察不同物種如何適應截然不同的多樣環境。五年後的一八三六年，他回到家鄉，繼續發展自己的思想，探索物種分化和演變的各個面向。

在發表了二十多年的學術論文和確立了理論細節之後，達爾文的石破天驚著作《物種起源》（*On the Origin of Species*）終於在一八五九年出版。此書的出版在十九世紀西方社會掀起軒然大波。達爾文早已預見這種反應，事實上，正是這個原因讓他遲遲未將此書付梓。然而，俗話說：「當蒸汽機時代來臨，蒸汽機的時代就會來臨」（換言之，觀念會在時機成熟時自然普及），其他博物學家也逐漸得出類似達爾文的看法。當達爾文聽說阿爾弗雷德．華萊士（Alfred Russel Wallace）即將發表一篇大綱與他的理論非常相似的論文之後，他終於決定將他的書出版。然後他低調退居幕後，讓友人暨支持者托馬斯．赫胥黎（Thomas Henry Huxley）來處理後續的爭議風波。赫胥黎不僅發表了闡釋該理論的通俗文章，還與持懷疑態度的資深科學家公開辯論，甚至在一八六〇年與牛津主教塞繆爾．威爾伯福斯（Samuel Wilberforce）公開辯論，正面挑戰宗教權威。身為備受推崇的科學家，赫胥黎對達爾文理論的廣為流傳貢獻甚巨，他也因此被稱為「達爾文的鬥牛犬」。

心理學研究的科學基礎

演化論直接挑戰了經驗主義認為心智在出生時是純粹白板的觀點。達爾文指出，物種不僅遺傳了生理特徵，也遺傳了行為特徵，而這些特徵是由物種發展所處的環境決定的。例如，他對加拉巴哥雀（Galapagos finches）的著名觀察顯示，牠們會透過調整自己的行為和生理特徵來適應不同島嶼上的不同食物來源。比方說，有些加拉巴哥雀會啄食縫隙中的昆蟲，因此演化出又長又窄的喙；有些雀則專門覓食堅硬的種子，從而演化出厚而堅固的喙來碾碎它們。顯然，牠們最初都屬於同一物種，但不同的環境促使牠們的行為和喙同時發生改變。

到目前為止這些解釋都很合理。但這是關於動物的，而正如我們所看到的那樣，當時公認的哲學認為人類與動物是完全不同的。但達爾文的理論同時也揭示了人類是怎樣演化的，其中強調了人類有共同的類人猿祖先（這在當時的報紙上引發許多嘲笑），並討論了人類為什麼與其他物種具有共同的特徵。他的論文〈人類和動物的情感表達〉（The Expression of the Emotions in Man and Animals）探討了哺乳動物面部表情的相似性，例如比較了狗與人類。儘管有些人可能不同意，但狗主人都知道他們的狗有不同的面部表情，並且能分辨出來牠們什麼時候在微笑——算了，別管那些嘲笑者，達爾文也同樣知道，並在一八七二年的上述論文中寫到了這一點。

因此，達爾文的細緻研究對人與動物在本質上有所不同的觀點提出了嚴肅的挑戰，並主張兩者既有生理上的相似性，也有心理上的相似性。這一點為科學家提供了思考人類與動物的新方式，開創了研究的可能性，而這些可能性在日後成為心理學這門科學興起的基礎。這些可能性得到了神經科學某些關鍵發展的支持，我們將在下一章加以探討。

3

菲尼亞斯・蓋吉傳奇

神經心理學的開端

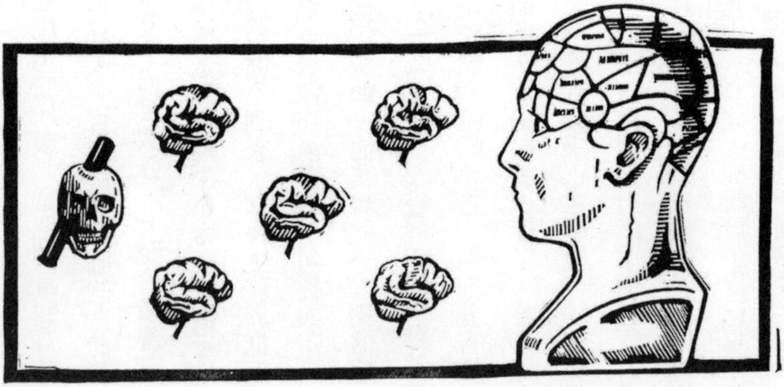

一八四八年九月十三日的下午茶時間，哈德遜河鐵路建築隊的工頭菲尼亞斯・蓋吉（Phineas Gage）正在放置炸藥。此時身後面有個工人跟他說了些什麼，當他轉身回答時，炸藥爆炸了，將他手上夯土用的鐵夯擊入他的頭骨。鐵夯從下顎上方插入，直接貫穿大腦的左前額葉，最終從頭蓋骨頂部穿出。他的同事在大約二十五公尺外的地點發現了那根鐵夯，上面沾滿蓋吉的血和油膩膩的腦組織。蓋吉被擊中後仰面倒下，但很快就站了起來。他走到一輛牛車旁，直挺挺地坐著被載往附近小鎮的住所。他坐在門廊上，一邊與路人聊天，一邊等待醫生到來。當醫生終於抵達時，他說：「醫生，這事可夠你忙的了。」——這有可能是神經外科史上最輕描淡寫的一句經典！

醫生僅僅只是將一塊塊跑出來的腦組織塞回他的頭顱，他其實並不太相信蓋吉發生的事，問了他許多問題。下午六點，另一位醫生約翰・哈洛（John Harlow）抵達。哈洛雖然是普通的鄉村醫生，卻是個聰明人，而且（對蓋奇）幸運的是，他讀過類似病例的報告。他把蓋吉扶到樓上的床上，開始清理傷口，從傷口兩端徹底探入取出碎骨。午夜前不久，出血就止住了，哈洛縫合了傷口，但留下一部分開口以供引流。他定時更換敷料，接下來幾天，蓋吉似乎正在康復，能夠與母親和叔叔交談。但很快，他出現了感染，腦部開始腫脹起來。若不是哈洛施行緊急引流手術，蓋吉很可能會因腦部腫脹造成的壓力而喪命。儘管病情一度岌岌可危，而且他的一隻眼睛也失明了，但蓋吉最終還是康復了。

蓋吉很幸運。他的工作內容是將炸藥填入鑽孔中，為此，他設計了自己專用的鐵夯。與標準的鐵夯不同，他的鐵夯是直的，末端沒有一般鐵夯的掌狀結構，而是逐漸縮成尖細狀。這個差異可能救了蓋吉一命：鐵夯因此可以相對乾淨地直穿過頭顱。雖然它打穿了一個很大的洞，但並沒有把額外的腦組織拉扯出來。

但腦科學家真正感興趣的當然是他的嚴重腦損傷所帶來的心理影響。蓋吉的故事成了一則傳奇，而就像許多傳奇一樣，它的內容也被改寫了。不同版本的故事指稱他變得暴力、衝動和非理性，並且出現各種各樣的性格變化。其中一些說法在他傷後的最初幾天確實成立，當時他正因腦部感染而受苦，一旦等他康復，這些症狀便都消失了。維基百科上的一份清單詳列出他的十四種性情變化全屬訛傳：其中一項說他虐待妻小（事實上他既沒有妻子也沒有孩子）；另一項說他對未來缺乏思慮或關心，而實際上他非常關心自己是否能重返工作崗位。

人們對腦損傷後果的想像

為什麼會出現這麼多迷思？主要是因為那些是人們想要相信的。對於大腦及其運作機制，尤其是額葉作為思維和決策核心的重要性，人們提出過很多不同的觀點，以至於人們一直難以相信，這類嚴重腦損傷竟沒有產生極具戲劇性的不良後果。

有些報導甚至聲稱他在受傷一年左右便因傷重死亡，但實際情況又是大不相同。事故發生十個星期後，菲尼亞斯．蓋吉已經恢復到可以返回新罕布夏州的父母家，並在農場裡做些簡單的工作。他向鐵路公司申請復職，但遭到拒絕。有一段時間，他在紐約的巴納姆美國博物館（不是馬戲團）供人參觀，並偶而在佛蒙特州和新罕布夏州的秀場登台亮相：據當時的報導，他會在觀眾面前展示將鐵夯穿過自己的頭！不過，他大多數時候都是在繼續尋找穩定的工作。後來，他在新罕布夏一家馬廄和馬車設備公司工作了十八個月，隨後再轉到智利擔任長途驛馬車的車伕。後者是一項需要技巧的工作，不僅需要在多天時間裡與乘客相處融洽並展現圓滑手腕，又需要有駕馭和照顧六匹馬的能力。如果他真有表現出如某些後世記載所描述的那樣衝動和具攻擊性，根本就不可能勝任這份工作，但他在接下來的七年裡把工作做得非常好。

不過，他的健康狀況始終不太好，最終還是回到家裡，由母親和妹妹照顧。他在當地農場找到一份工作，但他自一八六〇年開始出現癲癇發作，最終死於長時間的抽搐。哈洛醫生在聽聞蓋吉的死訊後找上他的家人，被允許取走他的頭骨和鐵夯（蓋吉一直把它保留在身邊）。哈洛一絲不苟的日記和治療記錄確保了蓋吉在神經病學史上的地位。蓋吉的頭骨和鐵夯被保存在哈佛大學的華倫解剖博物館（Warren Anatomical Museum），偶而會被借出供特別展覽。我親眼見過它們：如果你了解背後的歷史，就會知道那是多麼不同凡響的展品。

菲尼亞斯．蓋吉的案例在大腦運作機制的研究中成為傳奇。從那時起，大腦功能和意外事故造成的影響成為腦科學的基礎部分，後來又成為心理學這門新學科的基礎。然而，令人遺憾的是，這種影響主要來自圍繞著意外事故衍生的迷思，而不是事件真實發生的樣貌。儘管如此，基礎已然奠定。

顱相學破產，腦神經科學萌芽

蓋吉的案例持續受到人們的關注，部分原因在於它挑戰了一個當時剛開始逐漸消亡的流行觀念：那就是官能心理學（faculty psychology），也稱為顱相學（phrenology）。十九世紀上半葉，人們普遍相信，諸如良知、仁慈、責任感等精神官能，分別位於大腦表層的特定位置，如果它們發育良好，對應區域就會擴大，反之則較小。這些官能的強弱可以透過頭骨相關區域的形狀來判斷：頭骨的凸起區域可以顯示出對應發達的官能，而專業的顱相學家能將頭骨上的這些凸起繪製成顱相圖，以解讀一個人的性格。

這套理論由德意志生理學家弗朗茲．加爾（Franz Gall）提出，在一七九八年發表後引起廣泛關注。當時相信的人是那麼的多，甚至連法庭也會採納顱相學證據，而且還時常出現在當時的文學作品中。例如在小說《簡愛》（*Jane Eyre*）中，簡愛的雇主羅切斯特（Roschester）曾指著自己的額頭，請她判斷自己是否聰明。她默默承認他聰明，但注意到他頭骨上缺乏仁慈的凸起，就指出他大概不是慈善家。羅切斯特承認自己不是慈善家，但指出自己頭顱上其他凸出的部位，聲稱自己確實是個有良心的人。我們至今還看到那個時代的許多陶瓷頭部模型，它們標示出各種官能，以及據稱能顯現這些官能的頭骨部位。

隨著科學家對大腦的認識越來越多，顱相學逐漸失去可信度。十九世紀初，解剖學家弗盧昂

（Marie-Jean-Pierre Flourens）進行了一系列切除動物和鳥類的部分腦組織的研究。弗盧昂確定了大腦某些區域的多項基本功能，這些功能與顱相學的觀點毫無關聯。菲尼亞斯・蓋吉的案例也對顱相學提出了挑戰，因為他的腦傷並沒有像顱相學家們所預測的那樣導致性格變化。但腦科學家面臨的主要挑戰來自外科醫生保羅・布羅卡（Paul Broca）的研究：他致力探究語言能力在大腦中的定位。

布羅卡會從事這方面的研究，是因為他有兩名病人在構詞說話方面有嚴重障礙，但在理解別人的說話時卻沒有任何困難。布羅卡對他們的相似之處感到震驚，當這兩位病人過世後，他對他們的大腦進行了解剖。他發現兩人的左額葉底部一小塊區域都受到了損傷，但大腦其他部位完全沒有受損。這個區域後來被稱為布羅卡區（Broca's area），成為一個極早期的證據，顯示大腦中可能存在發揮特定作用的特定區域。不過，這些區域與頭骨上的凸起或官能心理學沒有任何關係。

布羅卡在一八六一年發表了他的解剖報告，十年後，卡爾・韋尼克（Carl Wernicke）也發表了類似的報告，指出大腦另一個與語言有關的區域。韋尼克的一些患者說話沒有困難，但他們很難理解別人說的話。這些人的腦部解剖再次顯示出局部損傷，但這次是在顳葉的後部和頂部。該區域很快就被稱為韋尼克區（Wernicke's area）。綜合他們的發現意味著，理解語言的大腦部位與產生語言的大腦部位有所不同，兩者都與弗朗茲・加爾所描述的語言官能毫無關聯。

大腦研究的進展與心理學

到十九世紀末，顱相學已經徹底失去信譽，神經學家開始識別出負責其他功能的大腦區域，例如頂葉的角回（angular gyrus）——這個區域在識字的成年人中與閱讀有關，而在不識字的人中與人臉辨識有關。看來它的基本功能是理解表達，而隨著我們學會閱讀，它的一部分也會適應閱讀。至此，大腦功能的整體畫面是這樣的：某些功能位於特定部位，但大腦表層的一般區域（皮質）似乎並不具備任何特定功能。

英裔愛爾蘭神經學家戈登．霍姆斯（Gordon Holmes）的研究進一步強化了這一觀點，他的研究對象是第一次世界大戰中因砲擊而腦部受傷的軍人。那些在大腦後部和下方（即小腦）受傷的人，表現出運動和平衡困難；而當大腦後部的皮質受損時，依據損傷的程度，他們會出現視覺障礙甚至失明。霍姆斯的《神經病學研究》（*Studies in Neurology*）一書概述了這些主要發現和局部腦功能的其他面向。霍姆斯對神經學精確性的強調，為後續臨床心理學家開始探索腦損傷和腦腫瘤的心理影響，奠定了研究基礎。

二十世紀初，研究者對電力的興趣也與日俱增。生理學家發現動物的大腦會發出陣陣電流，醫生也利用電刺激療法治療各種身體疾病。以腦電圖對動物大腦活動進行的首次研究大約出現在一九一二年，而漢斯．伯格（Hans Berger）在一九二四年發表了第一批人類腦電圖記錄。這項研究顯示腦電活動是如何與諸如癲癇發作等症狀相關聯，同時也成為臨床心理學發展史上的重要里程碑。

關於大腦如何運作的知識不斷發展，促使心理學成為一門正式學科的好幾股研究脈絡之一。十九世紀末，其他研究者也對心智如何運作產生興趣，而他們明確的實驗方法塑造了心理學未來的發展方向。

4

心理物理學與早期心理學

測量心智能力

我們必須學習怎樣看東西嗎？我不認為我們之間有任何人記得嬰兒時候的事，但新生嬰兒似乎確實需要幾天時間才能正確聚焦周圍的事物。或許他們正在學習，又或許這只是自動發生的過程——一種隨著嬰兒成長而發生的本能過程。

這重要嗎？對你我來說可能不重要，但在十九世紀，這類問題可是熱門話題，它最終都歸結為心智問題。正如我們在第二章中所看到的，笛卡兒堅信身體是一台機器，但心智（與靈魂）是非物質的，沒有實體存在，這意味著人們無法研究它們。你可以研究機器的運作原理，一如笛卡兒在光學研究工作中所展示的那樣。至於心智是如何處理資訊的——嗯，對不起，那是形而上的問題，不是科學可以研究的範疇。

至少人們是這麼認為的。但到了十九世紀下半葉，科學開始主導時代，科學家不再滿足於「有些事物無法研究」的想法。正是在這種新的科學文化氛圍中，身兼工程師、生理學家與科學博學者的赫爾曼．馮．亥姆霍茲（Hermann von Helmholtz）開始思考知覺運作的機制。亥姆霍茲的職業生涯充滿起伏：他長期熱中實用工程學，又先後擔任過外科、解剖學、物理學和生理學等不同領域的教授職務。他發明了多種不同類型的科學儀器，包括肌肉張力儀（myograph）、眼底鏡（ophthalmoscope）、電流計，甚至還發明過電磁馬達。這些發明開闢了許多新發現。例如，他用電流計進行實驗，改寫了人們對神經系統運作的認知，這是科學家第一次能夠精準地測量神經衝動的傳導速度。

亥姆霍茲並不認為知覺是一種神祕的先天特質，但他也不認為知覺完全是機械過程。相反地，他採取一種中間立場：他承認知覺是基於感官傳來的訊息，但他的研究顯示這些訊息是不完整的，甚至可能被扭曲。因此他認為心智會主動詮釋所接收到的感官數據。不過亥姆霍茲本質上是一位經驗主義者，他希望以科學方式探索知覺運作的機制。

嘗試用科學探索知覺

在亥姆霍茲看來，知覺是後天學習得來的。例如，他認為當我們看近或遠的物體時，透過眼部肌肉不同的運作方式，我們無意識地學會估計距離。他提出一種色彩視覺理論，主張視網膜中有三種不同類型的細胞，會分別對三原色做出反應。在這三種原色的共同作用下，我們感知到不同的顏色。這一主張被廣泛接受，後來經過托馬斯・楊（Thomas Young）稍微修正之後，被稱為「楊－亥姆霍茲色彩視覺理論」。他還發展出類似的聽力模型，主張內耳的柯蒂氏器（organ of Corti）上的不同部位，會對不同波長的聲音做出反應。

儘管亥姆霍茲不是心理學家（這門學科當時並未真正存在），但他的多項發現對心理學的最終興起具有關鍵性意義。這些發現部分源於他對知覺的見解，部分則來自他發明的儀器（這些儀器讓科學家得以測量微妙的生理過程）。他在心理學發展成為一門經驗科學的過程中發揮了重要影響，並與許多日後成為該學科創始人的學者合作，包括古斯塔夫・費希納（Gustav Fechner）和威廉・馮特

（Wilhelm Wundt）。

當時的另一位實驗先驅是恩斯特·韋伯（Ernst Weber），他同樣從事研究知覺和神經系統。韋伯和亥姆霍茲都對電學及其在神經系統中的運作機制感興趣，但兩人在多項議題上意見分歧，甚至導致亥姆霍茲強烈反對將電流的基本單位命名為「韋伯」的提議，並支持稱之為「安培」。然而韋伯仍對日漸深入的知覺研究有重大貢獻。

這些貢獻的其中一個面向是關於我們如何感知差異。韋伯指出，我們所感知的並非任何事物的實際數量，而是比例關係。我們很容易察覺一袋一公斤的糖和一袋兩公斤的糖之間的差異；但要區分二十公斤重和二十一公斤重的兩個行李箱就困難得多。這項觀察讓韋伯提出了最小可覺差（just-noticeable difference）的概念（通常簡稱為jnd）。jnd 指的是我們能夠感知差異所需的數量變化。它取決於我們用來比較的基準量，不管是聲音的響度、光線的明暗、重量的大小或任何其他類型感官資訊的差異。它不是絕對的衡量標準，而是一種相對比例。

與韋伯和亥姆霍茲都有合作關係的古斯塔夫·費希納，透過識別 jnd 中的變化之間的數學關係，近一步補充韋伯的理論，並與亥姆霍茲合作研究知覺的其他面向。他於一八六〇年出版了《心理物理學的要素》（*Elemente der Psychophysik*）一書，馬上造成轟動，主要是因為該書透過實證顯示知覺終究能被測量，從而挑戰了知覺是與生俱來的論點。費希納經常被稱為心理物理學（psychophysics）的創始人，因為他將感官體驗與大腦及感官的物理測量連結起來。心理物理學為日漸發展的實驗心理學奠定了堅實基礎。

威廉・馮特也跟費希納一樣，都曾經與韋伯和亥姆霍茲共事。他於一八七九年在萊比錫建立了首座心理學實驗室。該實驗室吸引了很多對心理學新領域感興趣的傑出科學家，他也收了很多學生，指導超過一百五十篇心理學博士論文。當時大多數與心理學相關的名人都曾在馮特的實驗室學習或訪問過，其中包括俄羅斯生理學家伊凡・巴夫洛夫（Ivan Pavlov）。十九世紀末，心理學才剛開始從哲學中獨立出來，馮特在兩個領域都寫下多部重要著作。他深具影響力的著作《生理心理學原理》（*Principles of Physiological Psychology*）在一八七三年問世，為我們現在所稱的實驗心理學奠定了基本架構。他去世後，他的全部藏書被賣給日本的東北大學，該校在競標時出價高於哈佛和耶魯大學，以相當於現代約一百萬美元的價格購得這批藏書。

雖然馮特被公認是實驗心理學的創始人，但他的研究在後來的教科書中逐漸被扭曲。究其原因，是他主張內省是科學探究的有效方法，而這種方法被認為缺乏科學客觀性。但這其實是對他的研究方法有所誤解。馮特的內省涉及嚴格的訓練和系統化的探究。他規定實驗室每個人都必須接受高標準的培訓，並堅持他們的內省分析必須遵循特定規則。例如，研究人員只能納入直接經驗（immediate experience），並完全專注於經驗本身。他也強調重複實驗的重要，以及改變研究條件以便讓研究結果可以在廣泛情境中推廣的必要性。

馮特還寫過一部長達十卷論的社會心理學重要著作：《民族心理學》（*Völkerpsychologie*）。儘管這部著作在英國和美國心理學界很大程度上被忽視，但它為歐洲的社會心理學奠定了堅實的基礎，影響了後來完型心理學家（Gestalt psychologists）的社會觀點。儘管馮特對心理學的整體貢獻極為深遠，但他的研究成果在美國心理學界經常被曲解，部分原因是他與頗具有影響力的美國心理學家威廉・詹姆斯（William James）存在一些根本性的分歧。馮特相信實驗方法，並主張經驗可以而且應該被分解成各個組成部分，但他也堅稱這些實驗方法不適合更高層次的心理過程。然而，詹姆斯忽略了這個但書，認為馮特的方法屬於化約論，不適合用於研究活生生的人類。

對新興的實驗心理學提出批評

威廉・詹姆斯是美國心理學界的偶像。當時德國在開發新的研究方法上居於領先地位，但並不是每個人都能前往德國或閱讀德語，而將德文書籍翻譯成英文也需要一段時間。威廉・詹姆斯曾在德國待過一段時間，對許多心理學的新觀念很感興趣。但他也對其中很多新觀念不以為然。例如，他認為心理物理學的量化方法對心理學來說實際上毫無意義，他還指責馮特的內省主義缺乏科學嚴謹性（在我看來這是大錯特錯）。然而，詹姆斯確實開闢了好幾個新的研究領域，而他於一八九〇年出版的《心理學原理》（*Principles of Psychology*）一書影響巨大，至今仍被許多心理學家引用。

詹姆斯既是一位心理學家，也是一位哲學家：他提出了一種極端經驗論（radical empiricism）學說，主張僅在物理層次進行實驗是不夠的，研究需要能夠解釋物理過程與其他經驗層面（例如意義、價值和意向性）之間的關係。但他對美國心理學的發展貢獻極大，至今仍被視為美國心理學之父。他在哈佛大學創辦了美國第一個心理學系，並教授被普遍認為是第一門心理學課程。不過諷刺的是，儘管詹姆斯具有開創元動的形象，但他本人並不相信心理學應該成為一門獨立的學科。除了教科書之外，他的主要學術著作都在哲學領域而不是心理學。

在現代心理學中，詹姆斯最為人所知的是他的情緒理論。這一理論採取了一種激進的方式，認為我們的情緒感受源於我們對身體生理變化的感知而產生。詹姆斯將情緒看作是一系列相繼發生的事件，起始於一個令人激動的刺激，例如在樓梯上絆倒或面對一個極為憤怒的人。這會引發一種生理反應，然後大腦會將這身體反應詮釋為對當下情境的情緒反應。他最著名的一句話經常被改述為「我們不是因為感到悲傷而哭泣，而是因為哭泣所以才感到悲傷。」待我們到第二十一章更詳細地探討情緒時，會再回過頭看看這個觀點。

詹姆斯並不是唯一對新興的實驗心理學提出批評的人。一八九三年，威廉·狄爾泰（Wilhelm Dilthey）發表了一篇公開批評，主張描述心理學比實驗更重要，因為心理太過複雜，只能透過內省才能真正研究。但他立即遭到了赫爾曼·艾賓浩斯（Hermann Ebbinghaus）的質疑。艾賓浩斯在一篇嚴厲的長文中聲稱狄爾泰已經過時，並指責狄爾泰沒有把他一直在推廣的實驗方法列如考慮。

艾賓浩斯遵循實驗傳統，對針對記憶進行了一系列長時間的實驗。一八八五年，他把實驗結果匯集在一起，出版了《關於記憶》（*Uber das Gedächtnis*）一書。他的目標是研究「純粹的」記憶，即不受聯想和個人經歷影響的記憶，所以他的實驗包括記憶一份有一堆三個字母組成的無意義音節的清單。這讓他能夠辨識出記憶的一些特徵，例如初始效應（primacy effect）和時近效應（recency effect）——所以清單中的第一個和最後一個三字母音節特別容易被記住）——以及能夠畫出典型的學習曲線（顯示我們記住資訊需要多長時間）和遺忘曲線（顯示記憶如何慢慢衰退）。

艾賓浩斯還確認了四種截然不同的記憶方式：回憶（recall）、再認（recognition）、再學習節省力（re-learning savings）和重整（redintegration）。回憶是在沒有提示的情況下就能記起事物；再認是再次看到某事物時能夠想起它；再學習節省力是我們重新學習之前學過的清單，會花費更少的時間；重整是在即使無法回憶起清單內容的情況下，仍然可以按照原來的順序組織清單上各個項目，因為這樣做「感覺是正確的」。

於是，到了十九世紀末，在心理學家之間出現了一種區分：一類是對心理如何組織感到興趣的心理學家（被稱為結構主義者）；和對心理過程的用途感到興趣的心理學家（被稱為功能主義者）。他們形成對立且爭論激烈的兩股思想學派，哪怕在現代人看來，這種二分法極端得超過實際需要。但這種情形僅限於學術心理學的領域。反觀在應用領域，特別是在處理有心理問題的人的時，心理學家們，繼續發展和推廣他們自己的理論，絲毫不理會這些學術爭論。

5

無意識心智

佛洛伊德與精神分析

「不要，不要，」小漢斯喊道，「我不想出去。」

「來吧，小漢斯。你知道現在是你該出去散步的時間了。」他的保姆哄他說。

「但我不想出去，」小漢斯抽泣著說，「我害怕馬。」

「沒什麼好害怕的，」保姆說，「你每天都看到馬呀。」

「但是牠們的蹄子會發出很大的聲音，」小男孩高聲喊道，「我不想出去。」

小漢斯的父親聽到爭吵聲，走進房間問道：「出了什麼事？」

「先生，他這個樣子已經有一星期了，」保姆回答說，「自從他看到那匹馬倒下之後就一直這樣。當時那匹馬獨自拉著一輛大車，摔倒時蹄子發出嘎嘎聲。要我說，真不應該讓馬那樣幹活兒。」

「牠的蹄子發出很大的聲音，」小漢斯淚汪汪地重複說，「聲音很大。」

「從那之後他就不想出去散步了，先生。」

「小朋友，現在振作起來，和保姆一起出去散步。沒有什麼好害怕的。」

四歲的漢斯哽咽著，照父親吩咐的去做。但他父親仍然很擔心。究竟是什麼導致小男孩這麼害怕的呢？他決定寫信給他的朋友兼同事西格蒙德．佛洛伊德（Sigmund Freud），討論這個問題。在他們的通信中，佛洛伊德診斷小漢斯的問題是一種恐懼症，源自於他的「伊底帕斯衝突」（Oedipal conflict）。希臘英雄伊底帕斯無意中殺死自己的父親並娶了自己的母親，伊底帕斯衝突就是由此得名。佛洛伊德認為，每個男孩都認為自己在與父親競爭母親的愛，但又無意識地擔心父親因為體型更強壯、權力更大，可能會因此被他閹割。根據佛洛伊德的說法，在漢斯的案例中，那匹大而有力的馬代表了漢斯的父親，而巨大的噪音則代表了被閹割的威脅。佛洛伊德並沒有見過小漢斯，他的診斷完全是透過他與男孩父親的通信得出的。但這並不妨礙這個案例作為他的伊底帕斯衝突理論的證據而載入精神分析學的歷史。那時，佛洛伊德已經因為創立精神分析學而聲名遠揚，他的理論也為整個西方世界的專業人士所熟知。

無意識心智的驅力

從基本上講，佛洛伊德力主我們是由一種無意識能量——被稱為原慾（libido）的生命力——所驅動的。它會產生強大的衝動，這些衝動本質上主要是性衝動。由於這類衝動在社會上不被接受（尤其是在十九世紀受到嚴格管制的社會），因此意識心智會壓抑它們。然而，這些衝動仍然會以無意識的動機和驅力的形式留存下來。

無意識心智的概念如今已為人們所熟知，但在佛洛伊德所處的時代，人們普遍認為心智是有意識的，且本質上是理性的。他的研究興趣最初是由德國醫生弗朗茨・梅斯梅爾（Franz Mesmer）所激發，後者演示了我們現在稱為「催眠術」的現象，當時被稱為梅斯梅爾術（mesmerism）。而後，佛洛伊德因為導師約瑟夫・布羅伊爾（Joseph Breuer）的工作產生了更濃厚的研究興趣：布羅伊爾開發出談話療法，用於治療當時被診斷為歇斯底里症（hysteria）的病人。這類患者有身體症狀，卻無已知的器官病變，在當時的女性中相當常見。（有鑑於當時的中產階級女性在社會上受到極大壓抑，這種病症並非完全難以理解，但在當時卻被視為棘手的醫學難題。）

布羅伊爾最著名的案例是安娜．O——真實姓名是伯莎．帕彭海姆（Bertha Pappenheim）。這位女病人被癱瘓、語言障礙和視力問題所苦。布羅伊爾觀察到，在安娜與他談過自己這三種症狀之後，這些症狀都大大減輕了，尤其是透過重溫童年的情感經歷對她特別有幫助。在持續治療下，安娜．O的症狀最終完全消失。佛洛伊德對這個病例非常感興趣，布羅伊爾也鼓勵他用同樣的方法治療其他的歇斯底里症病人。兩人合著的《歇斯底里研究》（*Studies in Hysteria*）在一八九五年出版，成為日後精神分析學實踐與理論的基礎。然而遺憾的是，這兩位同事之間的親密友誼變得越來越緊張，因為佛洛伊德堅稱性問題是所有歇斯底里症的根源，而布羅伊爾則認為還涉及其他因素。佛洛伊德後來與榮格（見第十二章）和其他幾位同事的決裂，也都是由這種分歧所引起。

佛洛伊德對性能量的堅持是其理論的核心。在治療歇斯底里女病人的過程中，他發現她們幾乎所有人在童年時期都遭受過性虐待。起初，他相信這些敘述是真的，但他最終因為同儕(男性)的看法，以及這些記憶出現的頻率高得異乎尋常而被說服，認定這些記憶一定不真實。他因此推論認為，這些記憶一定代表了病人的無意識願望或欲望。如今我們已經知道兒童性虐待有多麼普遍，以及在十八世紀時，人們認為這種事情一點也不稀奇（當時英國議會一名議員反對立法禁止兒童性虐待，理由是與年輕婢女發生性關係是每個紳士的「權利」），我們可能會懷疑，事實上佛洛伊德是否已經觸及到一個真實的議題。

儘管如此，佛洛伊德在推論出這些記憶屬於無意識幻想的結論後，堅信被壓抑的性慾是他遇到的大多數心理問題的根源，從而發展出他的無意識心智模型。他提出心智由三個部分組成：本我（id）是心靈中原始、衝動的部分；自我（ego）是與現實世界打交道的實用部分；超我（superego）亦即內化的嚴厲家長，負責表達規則、責任與良知。他主張，本我和超我始終處於對立的拉扯狀態。本我依循快樂原則（pleasure principle）行事，不考慮後果；而超我則要求嚴格遵守社會規範和內化的規則。自我的任務便是在它們兩者之間保持平衡，有時會向一個方向傾斜，有時會向另一方傾斜，端視現實世界情境的允許程度而定。

佛洛伊德理論的深遠影響

佛洛伊德堅信，醫學最終會發現心智的這些部分，或至少發現它們的生理對應物，也會發現它們完全由本質為性慾的原慾所驅動。隨著二十世紀進入第一次世界大戰，他開始相信人類心智中還存在一種黑暗能量——他的追隨者稱之為「桑納托斯」（thanatos，譯註：古希臘神話中死神的名字），本質上是一種自我毀滅的死亡本能。不過他的理論大多將原慾視為一種恆定的能量來源，必須以某種方式釋放出來。在佛洛伊德看來，原慾給行為和關注帶來能量，當性慾受到壓抑時，原慾會變得格外強烈。佛洛伊德主張，幼兒不可避免地會專注於探索性感覺：首先是透過嘴巴品嘗和吸吮物體，亦即口腔期（oral stage）；然後在肛門期（anal stage），幼兒開始學習如廁，並從排便中獲得性快感；最後在五歲左右進入性器期（phallic stage），性快感來自於撫摸生殖器。此後，兒童進入一個潛伏期，直到青春期來臨，他們的性滿足將再次從生殖器獲得。

隨著佛洛伊德的聲望日增，其理論的這部分內容被轉化為對母親的重要教養建議。他認為，不恰當的育兒方式可能會在孩子成年後產生負面影響。斷奶過早或過晚都可能導致口唇期固著（oral fixation），使成人對口腔刺激產生過度興趣，從而導致暴飲暴食、咬指甲或咀嚼物品。不當的如廁訓練可能會導致成年後形成肛門滯留人格（anal-retentive）或肛門驅除人格（anal-expulsive）——前者會小氣自私，後者會過度慷慨。根據佛洛伊德的觀點，性器期在解決性別認同問題上至關重要，因為男孩（佛洛伊德的理論幾乎完全圍繞男性發展）必須解決他的伊底帕斯衝突。孩子會透過強調自己與父親的相似性，來化解他對閹割的恐懼，從而減少父親將其視為競爭對手的可能性。

佛洛伊德的理論對當時的社會產生了深遠影響。這理論主張無意識的存在，其需求、欲望和意象與個人的意識層面完全不同。它清晰地勾勒出無意識心智的發展與本質，斷言它可以透過分析夢境的象徵意義、自由聯想和偶而的說話失言（這種失言現在被稱為「佛洛伊德式口誤」，據信可以洩漏說話人的真正想法）而被偵測到。佛洛伊德聚集了許多對他的理論感興趣的人，透過小組討論和通信分享想法並探究理論的進一步發展。這群人日後被稱為「維也納圈子」。

儘管佛洛伊德將精神分析確立為公認的思想學派，但並非當時唯一的理論。他的圈子裡的許多成員都發展出自己的精神分析方法，這些人包括埃里希・佛洛姆（Erich Fromm）、阿爾弗雷德・阿德勒（Alfred Adler）和卡爾・榮格（Carl Jung），其中又以榮格最具影響力。和其他人一樣，榮格最初是佛洛伊德的同事（事實上，佛洛伊德一度將榮格視為自己潛在的「繼承人」），但幾年後兩人發生激烈爭執而決裂。這是因為佛洛伊德拒絕接受榮格的觀點，即性慾或許不是人類行為的唯一驅動來源。後來，榮格將自己的想法發展為分析心理學（analytical psychology），我們將在第十二章探討這一理論。

儘管佛洛伊德的理論本身帶有性別歧視色彩，但他仍接納多位女性進入他的核心學術圈。俄羅斯精神病學家莎賓娜・史碧爾埃（Sabina Spielrein）即憑藉自身實力成為著名的精神分析學家，卻不幸在猶太大屠殺中遇害。佛洛伊德的女兒安娜（Anna）和另一位同事梅蘭妮・克萊因（Melanie Klein）雖然在方法論上存在分歧，仍雙雙以兒童精神分析研究聞名。安娜・佛洛伊德承襲父親的學術脈絡，運用傳統的精神分析法聚焦自我發展與防衛機制，而梅蘭妮・克萊因則強調早期親子關係勝過自我發展，主張以自由遊戲替代制式分析作為兒童治療手段。

佛洛伊德的理論強調成人的精神官能症源自於童年時期形成的情結，而安娜和克萊因兩人皆以平衡兒童情感發展，預防成年後出現精神官能症作為研究宗旨。安娜因研究「鬥牛犬河岸」（Bulldogs Bank）之家的兒童而變得尤其知名。該案例追蹤了六名四歲以下幼童，他們在泰雷津集中營（Theresienstadt concentration camp）中歷經了兩年多生死劫難。他們的父母入集中營後不久就遭殺害，這些幼童靠著拾荒、分享食物和躲避警衛而得以倖存下來。

當這些幼童被尋獲時，他們幾乎喪失語言能力，並對任何分離威脅都表現出極度焦慮。經由專機送至到溫德米爾（Windermere）復健營之後，他們才逐步重建人際互動能力。收養他們的條件之一是能讓他們經常見著彼此——他們的這種羈絆終其一生未曾斷裂。安娜和蘇菲・丹恩（Sophie Dann）透過這些孩子的經歷證明：即使沒有成人照顧的孩子，一樣可以對他人產生強烈的依戀；即便很小的幼童也能發展出公平意識；只要把孩子放入充滿愛和刺激的環境中，他們一樣可以從嚴重的被剝奪狀態中復原。研究顯示，極度異常的行為並不像佛洛伊德認定的那樣，總是來自於被壓抑的內心衝突，有時可能只是對混亂環境的自然反應。

梅蘭妮・克萊的研究則聚焦在童年的另一個面向：嬰兒和母親之間的雙向依附。她發展出的理論後來被稱為客體關係理論（object relations theory）——客體意指與主體相對的存在，換言之，這解釋了人是怎樣意識到他人的存在。她的研究為戰後兒童心理學的許多發展奠定了基礎，尤其是推動了遊戲治療（play therapy）的應用：作為一種間接的精神分析方式，遊戲治療成為了辨識兒童內心衝突和問題的有效工具。

儘管精神分析理論在美國廣為人知，但其影響力主要集中在歐洲。正如下一章將會看到的，在美國，人們關注的是兒童發展中另一個相當不同的面向。

6

先天論觀點

早期智商測驗和優生學的興起

一八九七年，一名小女孩被送進新澤西州的瓦恩蘭訓練學校（Vineland Training School，編按：該校最初名爲新澤西州弱智兒童教育與照顧之家）就讀。這位名叫艾瑪・沃爾弗頓（Emma Wolverton）的八歲小女孩，能勝任日常生活雜務，擅長縫紉，身體並無異狀。她的母親經歷了多段感情關係，她的最後一任丈夫拒絕養育別人的孩子，所以艾瑪被送進這所學校。她幾乎沒有受過正規的教育，無法讀寫，因此她的入學紀錄指出她可能是「弱智」（feeble-minded）。這兩個字讓她在接下來的八十一年在這個機構度過餘生，不得離開。

此時的美國正經歷劇烈的的社會變革：城市人口不斷增長，極端貧困和犯罪問題猖獗。在有些人看來——特別是瓦恩蘭訓練學校校長亨利・高達德（Henry Goddard），社會風氣敗壞的根本原因在於很多人是弱智者。他認為，智力低下的人幾乎不可避免會墮入犯罪和賣淫的生活：這部分是他們的天生傾向使然，也因為他們的心智軟弱，使他們很容易受到誘惑去犯罪和被別人操控。

更糟的是，當時人們認為弱智是會遺傳的，因此這種特質會傳給這些人的子孫後代。這個觀念已經興起了一段時間——事實上，自從達爾文闡明了演化如何透過遺傳特徵發生之後便開始發展。越來越多的作家和知識分子將這套理論應用在人類身上，而且已經有好幾份家族研究顯示，心智軟弱或智力不足可能會代代相傳。高達德接受了這個觀點，並大肆推廣。

高達德出版了一本書，講述一個家族的好幾代成員，他在書中將該家族重新命名為「卡里卡克」（Kallikaks）：這個詞由表示美麗的希臘單字 *Kallos* 和表示惡劣的希臘單字 *Kakos* 構成。他表示，卡里卡克家族有兩個截然不同的分支。一支由正直、有道德的公民組成；另一支由小偷、妓女和其他道德敗壞者組成。受人尊敬的分支是馬丁．卡里卡克（Martin Kallikak）與一位體面的貴格會婦女所生的後裔；而犯罪那支則來自馬丁年輕時與一個弱智的酒吧女服務生的風流韻事。他聲稱，這是一個完美的自然實驗。

一個汙名化的虛構家族研究

根據高達德自己的說法，這本書講述的其實是一個道德寓言，但它迅速成為暢銷書。書中標榜為一項科學性的家族研究，並詳述了高達德和他的助手們是如何追溯卡里卡克家族的好幾代人。很多後來的研究者指出這本書虛構的成分居多，但它在當時影響力巨大，在美國和世界其他地區引起極大關注。它為「不良遺傳」的危害提供了令人信服的「證據」，並強化了一種觀念：如果能阻止這類人將基因傳給後代，社會將會受益。高達德本人相信，這種作法幾乎能根除社會中的犯罪和貧窮問題。

艾瑪．沃爾弗頓（在書中化名黛博拉．卡里卡克）是高達德書中的核心人物。她成為高達德運動的代表人物，用來顯示一個弱智者如果能生活在受保護的環境下，而不必面對社會的邪惡與誘惑，就能成為一個健康、有能力的人，對社會有益無害。這本書配有照片插圖，身在弱智學校中的黛博拉看起來寧靜安詳，與她那些（經過粗劣修圖）長相邪惡或貧窮的親戚形成鮮明對比。高達德斷言，要是沒有弱智學校的保護，黛博拉將無可避免落入社會惡徒的魔掌，最後落得和家族同一支脈的其他成員一個模樣。

然而，艾瑪本人與高達德在書中所描繪的黛博拉形象大不相同。她長大後成為一名能幹的針線女工和木匠，擔任過教師助理，機構內有人患病時也會擔任護理助理。儘管高達德堅稱黛博拉不識字，但艾瑪其實能夠讀寫（儘管她仍然更喜歡從事實務工作）。她甚至會寫信，與幾位好朋友保持穩定的通信。她享年八十九歲，直到去世都住在弱智學校。但社會大眾從未意識到艾瑪．沃爾弗頓的存在：人們只記得黛博拉．卡里卡克，她被當作例子，用來證明將智力較差的人保護在機構裡的必要性與價值。

後來發現，艾瑪的親戚們也與高達德描繪的「劣等」卡里卡克家族有很大不同。他們很多人是受人尊敬的農民、商人，甚至有銀行家。總的來說，他們唯一的「罪行」就是他們其中有一些人非常貧窮。除了艾瑪之外，實際上並沒有對他們中的任何人進行過智力或弱智方面的評估：高達德和他的助手們都是從軼事和傳聞中收集證據，並刻意誇大他們所發現的任何不良品質。這一切都只是為了寫出一個更精采的故事。後來，人們對「弱智者的威脅」的恐懼心理達到了如此強烈的地步，以至於美國許多州都通過了法律，鼓吹對任何被判定為弱智的人實施強制絕育手術。

與此同時，在大西洋的彼岸，阿爾弗雷德．比奈（Alfred Binet）正在努力解決一個截然不同的難題。先前，法國政府因為認為「不正常」（subnormal）的兒童不太可能從普通教育中受益，特地為他們設立了特殊寄宿學校。照理來說，孩子被歸類為「不正常」會讓父母覺得丟臉，但比奈面對的難題卻不是家長避免自己的孩子被貼上「不正常」的標籤而感到羞恥，相反地，而是要拆穿那些經父母指導而故意裝作「不正常」的正常孩子（目的是得以進入特殊學校白吃白住）。該怎樣斷定正常與不正常的分別呢？

如何測出正常與不正常

比奈推斷，智力會隨著孩子年齡的增長而發展。不同年齡的孩子能勝任不同的任務，例如說出一週七天的名稱、由一數到十，或認得字母表中的字母。有鑑於此，比奈和同事西奧多・西蒙（Theodore Simon）整理出一系列兒童在不同年齡段通常應該能完成的任務。他們對許多兒童進行了測試，為每項任務制定標準版本，再將它們組合成一個可以評估兒童心理年齡的測試，亦即大多數兒童能達到相同測試結果的年齡。這樣，他們開發出了史上第一個智力測驗。比奈指出，這個測驗將可幫助教師更能知道如何引導孩子學習。當然，也能讓他們區分「正常」兒童和需要特殊教育的兒童。

繼比奈的研究之後，德國心理學家威廉・斯特恩（William Stern）提議用心理年齡除以實際年齡，得出一個數值，即為智商（Intelligence Quotient, IQ）。他的公式是：心理年齡÷實際年齡×一〇〇。這意味著一百分是普通孩子的「標準」分數：心理年齡低於實際年齡的孩子得分會低於一百，而與同齡其他孩子相比，智力發展較超前的孩子得分會超過一百。對比奈而言，他的智力測驗只能描述一個孩子達到的發展階段。但當比奈的測驗和斯特恩的智商測量方法被譯成英文後，高達德和同事劉易斯．特曼（Lewis Terman）迅速加以利用。在他們手中，智商從一個診斷指標變成了衡量智力的固定標準。比奈強烈反對這種做法，稱之為「殘忍的悲觀主義」，並認為凡是此類觀念都應該予以駁斥。然而他的看法基本被忽視了。至此，人們終於找到了將弱智者與其他人群區分開來的「理想」方法。

在英國，智力的先天論（nativism）——即相信智力是遺傳而來的觀點——也曾經盛行一時。其主要代言人是法蘭西斯．高爾頓（Francis Galton），他在一八六九年出版了《遺傳的天賦》（*Hereditary Genius*）一書。在書中，他主張高智力常常見於同一家族的成員，明顯是是遺傳特質（他對自己身為達爾文的表弟而深感自豪。）一八八四年，高爾頓在倫敦的「國際健康博覽會」上設立了一個「人體測量中心」。參觀者只需支付三便士，就可進行各項測試，並獲得一張紀念卡，上面列出了他們的各種身體測量數據：手臂、手和腿的力量、肺活量、視力敏銳度等等。高爾頓總共收集了九千三百三十七名參與者的數據。他的測量中心大受歡迎，所以當博覽會閉幕後，他將中心遷至南肯辛頓博物館繼續展出。

當將每項身體測量的數據繪製成圖表時，幾乎必然會形成鐘形曲線——亦即所謂的高斯曲線（Gaussian curve）。這種分布模式顯示，極端的測量值只屬於少數，絕大部分的得分都聚集在一個中心點的周圍。正如高爾頓的研究顯示，這種分布在人體測量上極為常見，以至於後來被稱為常態分布

（normal distribution）。但高爾頓亦大力主張，它除了適用於身體特徵，也必然適用於智力等心理特徵。

這種觀念在美國也迅速走紅。美國心理學家劉易斯・特曼（Lewis Terman）和羅伯特・耶基斯（Robert Yerkes）將比奈的想法和高爾頓的常態分布原理相結合，開發出一種測驗，其結果就是「史丹佛－比奈智力測驗」（Stanford-Binet test），它的一個改良版本至今仍在使用。先前，高爾頓曾創造出優生學（eugenics）一詞，主張如果能阻止智力低於平均水準的人繁衍後代，社會將會受益。而這類新出現的智力測驗簡直是送給優生學家的一份大禮。他們認為，智商因為符合常態分布，為社會提供了一種精確的方法，以識別帶有低劣基因的人。

在特曼和耶基斯等人看來，智商測驗甚至可以辨識那些過著平庸生活、卻可能將低劣基因遺傳給後代的「高級缺陷者」（high-grade defectives）。他們斷言，社會上有數以萬計這樣的人。他們相信，透過智商測驗辨識出他們再對其施行絕育，可以消除社會中的犯罪和貧窮現象——這項主張就公然列在「史丹佛－比奈智力測驗」的第二版引言中。

高達德同樣積極推動這個想法。一九一三年，他對想要移民美國的人士進行了大規模的智商測驗，結果大量猶太人、匈牙利人、義大利人和俄羅斯人被認定為無可救藥的「弱智者」而遭拒絕入境——儘管負責智商測驗的翻譯人員抗議稱，即便他們剛抵達美國的時候同樣也無法通過智商測驗。這些數據連同美國陸軍的測驗數據——後者顯示來自中歐和南歐的士兵的智商低於來自北歐的士兵——為嚴格限制來自這些國家移民的法律提供了「科學」證據。

卡里卡克家族案例產生的影響力也不僅限於美國一地；優生學信仰在二十世紀上半葉在整個歐洲廣為傳播。希特勒非常欣賞美國處理此「問題」的方式，並在擔任總理的最初幾年下令對殘障人士或「弱智者」實施強制絕育。隨著他的權力日益鞏固，針對這些人的「治療」方式演變成了安樂死。大約有八萬名德國殘障人士遭殺害。

主張用安樂死改善社會的優生學觀念，漸漸與一種謬誤的演化論掛鉤。該理論認為，猶太人、吉普賽人（或稱羅姆人）和其他少數族裔是來自較「原始」的基因血統，因此，讓他們與來自較「先進」的雅利安人種通婚，會導致人類演化的倒退。儘管這個理論本身在科學上荒謬至極，但其與優生學的結合為納粹大屠殺提供了意識形態上的藉口——他們聲稱，消滅「低劣」民族和「低劣」人種，將可創造出更優越的人類。而高達德智商測驗催生的嚴格移民法意味著，對於許多處於危險中的人，逃往美國尋求庇護不再是一個選項。

當集中營被解放，人們親眼見證了優生學在現實中的真實面貌：六百萬猶太人、數以千計羅姆人，以及其他所謂「低劣」族群慘遭系統性的屠殺與種族滅絕。優生運動從此遭受重創。可悲的是，優生學的觀念至今仍未完全消失。在心理學領域和整個社會中，不那麼極端的遺傳信念仍然很常見，持續引發許多先天／後天的爭論。在這期間，智商測驗不斷發展，為專業心理學做出重大貢獻，也開發出了新版本試圖挑戰測驗中的偏見。然而，正如第三十六章所揭示的，即使在當代，這些測驗依舊爭議不斷。

7

行為主義提出挑戰

刺激—反應學習與對先天論的挑戰

小貓不高興地喵喵叫著，在小籠子裡踱來踱去，用爪子撓地板、籠頂，試圖穿過鐵柵。牠很餓，看得見籠外的食物卻搆不著，這讓牠更加焦躁。突然，籠門打開，小貓衝了出來，直奔食盆而去。

第二天，同樣的事情又發生了。正當小貓拚命想逃出籠子時，門突然打開了。第三天，這樣的事又再發生，然後日復一日都是如此。每一次，小貓都逃脫得比上次快一點點。最終，小貓被放進籠子就能逃出來。牠是透過踩在一個重物上辦到的：重物連著繩子，繩子可以拉動門閂打開籠門。

那隻小貓知道自己在做什麼嗎？根據仔細記錄貓咪逃出籠子的研究人員愛德華．桑代克（E.L. Thorndike）的觀點，幾乎可以肯定貓咪不知道。當時主流的心理學觀點認為，貓應該是透過「頓悟」（insight）學會如何開門的，也就是說，牠會突然領悟到問題的解決方案。但桑代克的實驗結果挑戰了這一觀點。如果貓咪能夠頓悟，牠的逃脫時間應該會突然縮短。然而桑代克的記錄圖表卻顯示一條逐漸下降的曲線，表明貓咪每次逃脫的時間，僅只比前次快了一點點。貓咪確實是在學習，但牠是逐漸改變自己的行為，而不是突然認知頓悟。

桑代克的學習定律

那麼，這一切是怎麼發生的呢？桑代克認為，這是因為做了某個行為產生了正面的效果。貓的學習是透過反覆試錯逐漸進行的，但當某個行為可以對貓構成桑代克所謂的「致滿足物」（satisfier），那麼牠的學習就會得到強化。這項觀察形成了桑代克所提出的三大學習定律中的第一條：效果律（Law of Effect）。

桑代克從他的觀察中歸納出的第二條定律是練習律（Law of Exercise）。它本質上是指刺激和反應之間的聯繫越頻繁，它再次發生的可能性就越大。這項定律受到教育工作者的歡迎，因為它似乎為教學中運用重複和練習提供了依據。但桑代克認為這是一條弱定律，僅在有些情況適用，並非總是成立。它是學習的一個影響因素，但普遍被認為不如效果律重要，所以它最終被拋棄，或至少是受到普遍忽視。

桑代克看得出來，有時單靠上述這兩個因素並不總是能解釋所發生的現象。例如，如果貓不餓，牠可能會蜷縮起來睡覺，而不是試圖逃脫。為此。他引入了第三條學習定律，即準備律（Law of Readiness）。但這個定律並沒有真正流行起來。這可能是他的表述方式問題：他認為動物必須專注於所處情境中「具有關鍵性的特定刺激」。但問題在於，如何從行為學的角度定義動物如何辨識哪些刺激重要，哪些不重要。最終，這條定律也被悄悄棄置了。

如今，人們記住桑代克主要是因為他的效果律。而他在建立行為學習理論方面的研究產生了深遠的影響：它不只影響了動物心理學研究，也為整個心理學領域一場更具顛覆性的理論轉變，提供了背景基礎。

約翰・華生與現代心理學

當時整個歐洲捲起變革之風。科學與技術的進步意味著二十世紀初與十九世紀初截然不同——無論是在社會、物質或政治層面上都是如此。隨著人們從務農轉到城市的工廠就業，社會已走向城市化。醫學和衛生的進步意味著天花和霍亂等疾病不再像以前那樣時時構成威脅，各地追求共和的呼聲正挑戰著古老的王室和世襲特權。

有遠見的人看得出來，這是一個新時代的開始：「現代」來臨，舊的傳統不復有用，可以用創新的做事方式取而代之。這便是現代主義運動，它的觸鬚遍及整個社會，涵蓋藝術、建築、時尚和音樂等各領域，甚至包括社會組織的實驗。這一切都是為了透過進步和應用現代知識來建構一個更美好的社會。然而並非所有的發展都是正面的——如我們在前一章看到的，優生運動就是一個很好的例子。且並非所有人都認同這些改變，但大多數人不僅接受了進步的理念，還熱烈歡迎它。社會顯然正在改變：目標是讓它變得比以前更好。在許多人看來，要做到這點，科學是關鍵。

心理學也受到了這股變革之風的影響。威廉・馮特、愛德華・鐵欽納（Edward Titchener）和其他學者確立了心理學應作為一門科學學科的理念。在他們看來，科學意味著透過內省和實驗，或收集他人的記憶和陳述，系統性地研究人類經驗。但像桑代克那樣的現代主義者拒絕了這類維多利亞時代的方法。他們避談「思考」和「頓悟」等概念，轉而專注於行為上可以測量的變化，亦即專注於人類或動物實際做出的行動。隨著這些觀念的發展，心理學內部也逐漸出現了分歧，而約翰．華生（John Broadus Watson）則將這種分歧推向了高峰，他改變了心理學的發展方向長達半個世紀以上。

在華生看來，探索經驗和心理活動的傳統心理學已經是一條死胡同。他認為，現代科學應該處理真實世界中的經驗性、可觀察的事實。由於人類心智的運作無法被直接觀察，因此不能成為「真正的」科學研究主題。華生相信，對現代科學家來說，真正重要的是能夠直接觀察到的行為，別無其他。

華生曾研讀過實驗心理學並熟悉其理論，但他總是對完全聚焦於行為的心理學家更感興趣，例如桑代克和巴夫洛夫。他熟悉桑代克的研究，並欣然加入日益壯大的反對意識與心智理論的陣營。他的博士論文主題是年輕實驗室幼鼠的行為與其大腦發展的關聯性，而他與桑代克一樣，越來越堅信學習是心理學的核心。

華生也曾受俄羅斯生理學家巴夫洛夫的研究和他著名的條件反射實驗啟發。巴夫洛夫研究的特別之處在於，他證明了即使向來被認為是完全自動的生理過程，也可以透過學習形成。巴夫洛夫的重大發現源於他研究狗的消化作用時，測量牠們進食時的唾液分泌量。他觀察到，狗甚至在獲得食物之前就開始分泌唾液——更精確的說，是在看到助理把盤子端進來的時候就開始了。讓巴夫洛夫感到困惑的是，唾液分泌是一種反射動作，完全不涉及思考，而是身體對進食的自動反應。所以它照理不應該被實驗室助理的動靜所觸發。於是他進行了一系列非常成功的實驗，例如在食物送進來之前先按一下蜂鳴器。對巴夫洛夫來說，這顯示出學習是生物有機體的基本特徵：它不需要意識參與，甚至能作用於最基本的身體功能。

桑代克已證明學習如何透過反覆試錯而不是靠頓悟發生，而巴夫洛夫則證明了任何類型的行為（甚至是反射動作）都能被學習。在華生看來，這些研究才是真正客觀的科學，也是科學進步的關鍵。一九一三年，他發表了論文〈行為主義者眼中的心理學〉（Psychology as the Behaviorist Views It），宣揚了他的主張：行為是心理學家唯一合適的研究主題。

行為主義成為心理學研究主流

這發生在一個以「進步」為口號的時代，所謂進步意味著建設一個更健康、更富裕且整體更美好的社會。正如我們所見，當時人們期待科學可以為這種進步做出貢獻。但科學的定義是什麼？過去一個世紀左右，所有自然科學皆因確認其基本「構成單位」而煥然一新。在物理學領域，人類發現原子是所有物質的基礎；在化學領域，門得列夫（Mendeleev）創建了元素週期表，揭示元素之間的相互關係；在生物學領域，人們認識到所有生物皆由細胞構成。而在新興的生物學分支——遺傳學中，名為「基因」的遺傳單位決定了生物有機體將發展出何種細胞。

這些發現每一項都擴展了各自學科的認知，並開闢了全新的可能性。華生相信，一門科學只有在確定其基本單位後，才能真正發揮實用價值。因此，一門真正科學的心理學也必須這麼做。它必須找出人類與動物行為的基本構成單位，亦即類比於物理學的原子、化學的元素、生物學的細胞或遺傳學的基因的存在。

對一門真正科學的心理學而言，其「構成單位」是什麼？如前所述，華生認為「學習」是一切心理現象的核心。他主張，透過經驗形成的「刺激與反應之間的習得連結」，才是心理學的核心單位，猶如原子之於物理學家、細胞之於生物學家。理解這種連結是如何形成，將建構出一門真正科學的心理學，並得以解釋一切心理現象。

不同於桑代克，華生認為練習律是學習中最重要的因素。刺激和反應之間的連結建立得愈頻繁，學習效果就愈強。他採納了巴夫洛夫的學習模型：根據這個模型，只要反覆把一個中性刺激與一個已知會引發反應的刺激聯繫起來，就會形成學習。透過這種方式，一個無條件反射可以轉化成條件反射（conditioned reflax）[1]，或稱習得反射。

華生一九一三年發表的宣言，可想而知，在心理學界掀起了軒然大波。他直接挑戰當時的心理學主流體系，招致幾乎所有陣營的強烈抨擊——遺傳決定論者、精神分析學家和傳統研究者都對他嚴詞批判。但華生不是會輕易退縮的人，他隨後發表了更多同樣觀點的著作，深化自己的理論，反覆重申

---

1 作者注：嚴格來說，條件反射的 conditioned 應作 conditional，但由於當初巴夫洛夫著作翻譯成英文時的一個誤譯，conditioned reflax 一詞從此固定下來。

學習是所有心理學的核心。儘管華生擁有學術資歷，但他在這些議題上的毫不妥協立場使他成為爭議人物。而他在離婚期間與助理羅莎莉・雷納（Rosalie Rayner）有染（離婚手續完成後兩人成婚），更是雪上加霜。媒體將此渲染成重大醜聞，他被迫從約翰・霍普金斯大學辭職。

後來，華生轉入廣告界謀職，我們將在下一章探討他在該領域的發展。晚年他專注於兒童教養，然而他的四個孩子中有三人曾嘗試自殺，其中一人身亡。這一事實實在難以讓人對他的教養方式產生信心。他強烈反對優生運動，然而他最常被人引用的名言便是「十二名嬰兒」聲明：他宣稱，只要給他十二名健康嬰兒，並讓他在自己設定的環境中撫養他們，無論這些嬰兒的遺傳背景為何，他都能將這些嬰兒培養長大成各種類型的專家，從醫生、律師到乞丐或小偷，皆無不可。

華生對心理學的影響極為深遠。儘管行為主義最初只是少數派運動，但其原則逐漸獲得認可，到了一九七〇年代，行為主義已成為心理學的主流研究取向，在美國和英國尤其如此。

8

工作中的心理學

早期的應用心理學、霍桑研究與人際關係模型

重複！重複！再重複！

你有多常聽到同一則口號或廣告歌曲？它們全都是基於華生的「練習律」。（正如我們在上一章看到的，這定律最初是由桑代克提出，後來被華生據為已用，並將其推廣為學習的基本原則，所以現在通常將「練習律」歸功於他。）華生在一九二〇年離開約翰霍．普金斯大學之後，投身廣告界工作並取得巨大成功，僅兩年時間就從挨家挨戶拜訪的推銷員晉升為公司副總裁。

從廣告到工廠生產線的極致應用

他成功的原因之一當然是他將「科學行為主義」原則應用在廣告，特別是將巴夫洛夫的條件性情緒反應的概念付諸應用。他建議故意煽動情緒，使用能引起消費者恐懼、憤怒或情感反應的素材。他還應用了其他學習原則，例如將名人與特定產品聯繫起來——這種作法早有先例，但華生以行為主義理論作為依據，將其確立為流行的廣告技巧。他因龐氏（Ponds）冷霜的一系列廣告聞名，這些廣告將令人敏感的衰老訊息，跟名人使用者見證分享和如何使用冷霜的明確示範結合在一起。他的牙膏廣告也取得巨大成功，這些廣告主打讓消費者覺得使用後對異性會更有吸引力。毫無意外，他的許多建議都強調重複產品名稱的重要性，務求讓產品名稱與購買行為聯繫起來。在心理學界，華生被稱奉為「行為主義之父」；但在消費產業，他被奉為現代行銷學的創始人之一。

然而，華生並不是唯一投身產業界的心理學家。從二十世紀初開始，心理學就被應用於實務工作。一九一一年，腓德烈·泰勒（F. W. Talyor）可能是首位引進一種工作觀的西方心理學家——這種觀點強調觀察人們實際怎樣工作，並設法找出更有效率工作方法。泰勒的第一個實驗對象是把生鐵裝載到鐵路貨車上的工人，平均每個工人每天可以把一二·五噸的生鐵裝車。泰勒找到其中一名工人，說服他同意完全按照指示工作（該舉起時舉起，該休息時休息），並保證這樣能賺更多錢。結果，一天下來，該名工人裝載了四七·五噸生鐵。泰勒認為，這就叫「科學管理」：找出最有效率的工作方式，並確保工人遵循這種高效的工作方法。

泰勒後來被稱為「碼錶時間研究」（time and motion study）之父：所謂「碼錶時間研究」是一種方法，它根據一件工作所需的動作和完成時間來分析每一項任務。由於的確可以提升產量，不難理解這種研究深受僱主歡迎，但它也一直在工廠工人心中引發猜忌。將人視為機器會招致怨恨和對工作的疏離感，這反過來催生了工會組織等激進運動興起，也讓人們對社會主義和共產主義的思想越來越感興趣。

起初，人們認為進步且開明的管理可以對抗這些激進運動，但情況似乎並非如此。以美國西部電氣公司位於芝加哥的霍桑工廠管理階層為例，他們對員工的高度不滿感到困惑：公司已經替員工提供娛樂設施、退休金、保健和其他福利，為什麼員工還是不滿意呢？

著名的心理學實驗「霍桑研究」

是該請心理學家來看看了。亨利・羅斯利斯伯格（Henry Roethlisberger）和威廉・迪克森（William Dickson）透過檢查車間的照明亮度展開調查，因為有人認為這可能是問題的根源。他們選擇了車間的某個區域，將員工分成兩組：一組的照明條件得到改善；另一組是對照組，工作環境沒有改變。結果，第一組的產出增加了，這一點看似支持了照明不佳妨害了工作效率的觀點。但完全出乎意料的是，對照組的產出也隨之增加。太奇怪了。於是，研究人員接著調降照明亮度，最終亮度降至相當於明亮月光的程度，產量仍持續上升。最後，他們將照明亮度調回最初的原狀，該車間的產量卻比以往任何時候都高。

顯然，無論發生了什麼，都與照明亮度無關。研究人員以一群替電話繼電器裝配複雜小型零件的女工為對象，展開另一項實驗。首先，他們讓女工從事計件工作，根據裝配的數量計算報酬，產量隨即提升。接著，他們引入上午和下午各有五分鐘的喝茶休息時間，產量再次增加。當喝茶休息時間延長至十分鐘，產量又一次提升。研究人員嘗試讓女工提早半小時下班，產量依舊上升。似乎無論研究人員改變了什麼條件，生產力都提高了。只有一次例外：當每天的五分鐘喝茶休息時間增加到一天六次之後，女工們抱怨頻繁中斷工作讓她們無法集中精神。實驗剛開始時，每位女工每週平均生產二千四百個繼電器；實驗結束時，每人每週的產量增加到約三千個。

那麼，讓工作效率增加的神祕因素究竟是什麼？顯然與實際工作環境或輪班制度無關。心理學家發現，關鍵在於受到重視。在整個實驗中，女工在工作時會有人坐在身旁，向她們說明實驗進展，並聽取她們的建議。因此，女工們感覺到：一、有人對她們感興趣，並認為她們的工作值得研究；二、她們的意見被傾聽；三、最重要的是，她們被視為負有責任的成年人，不僅被給予相當大的行動自由，還被信任不會濫用這種自由。結果，女工們變得更有責任感，也更值得信賴。然後，當工作條件回復到原狀時，她們的產量達到了歷史最高點。

羅斯利斯伯格和迪克森制定了一項計畫，對每位員工進行面談，鼓勵他們談論自己的工作和工廠。一名員工從頭到尾抱怨工廠的食堂。一週後，這名員工卻主動去找研究人員，當面感謝他們讓食堂的食物有了大幅度的改善。但研究人員根本沒有對他的抱怨採取任何行動。那名員工光是因為有人聽他抱怨就足以感到被重視，不滿情緒也隨之消失。工廠的整體士氣提升了，而且對管理階層更重要的是，員工的產出也跟著提高了。

但唯獨一個部門例外。當羅斯利斯伯格和迪克森調查配電器捲線部門時，發現他們的介入完全沒有產生影響。該部門的工作是將電線連接到設備上，十四名員工中，九人負責繞線，三人負責焊接，另外二人擔任質檢。無論研究人員採取什麼行動，這組團隊的工作產出始終維持穩定，絲毫未變。

該部門以強烈的團隊意識著稱，心理學家發現其成員之間存在明確的行為「準則」。該準則包括：一、每個人都堅持做好自己的分內工作，不偷懶；二、他們也不會太賣力和「超速」，以免對他人構成壓力；三、不向主管舉報任何可能對同事造成不良影響的事；四、即便擔任負責職位，也不能對他人頤指氣使。這些強勢的團體規範被所有部門成員嚴格遵守，使他們抗拒外力的影響。

「霍桑研究」在心理學領域大大有名，主要是因埃爾頓·梅奧（Elton Mayo）、羅斯利斯伯格和迪克森在一九二八年合寫的一本書而廣為人知。這本《工業文明的人類問題》（*The Human Problems of an Industrial Civilization*）提出的管理模式，截然不同於泰勒殘酷無情的現代主義方法：梅奧並非僅僅從體能效率看待員工，而是從人的角度，將工作的社會面向視為激勵員工的核心要素。

人性化的「人際關係」管理模式

當同一批研究人員再次受託調查南加州飛機工廠的工作滿意度時，另一項關鍵因素出現了。這些工廠的員工流動率非常高，主要是因為許多從軍中退伍進入產業界的人，往往短暫工作一段時間之後就離職。但有某個車間的員工流動率非常低，生產紀錄卻非常亮眼。心理學家決定調查這個車間的社會關係，看看是什麼讓其如此與眾不同。

他們發現，該團隊有一位自然形成的領導者，他會及時處理團隊中遇到的任何問題，如果他自己無法解決，就會上報更高層的主管。該部門的正式領班深知這群團隊很可靠，很少前來視察，而樓層主管基於同樣原因，每天也僅露面一兩次。由於團隊領袖在工廠中沒有正式職位，所以可以把精力專注於團隊及其問題，反而是正式的領班，因為忙碌而無暇管這些事情。很大程度上因為有這位非正式的領袖，團隊運作良好且得到主管信任，這又反過來鼓勵了員工們更盡責可靠。

梅奧和他的同事也發現，這位團隊領袖在引導新人入職時有一套明確的程序。首先，他會將新人介紹給該部門的其他成員，並安排新人與看起來最容易處得來的同事一起工作。一旦新人習慣了自己崗位的工作後，就會被帶到裝配線的最末端，觀看自己車間生產的零件如何組裝到完整的飛機上。這樣，新人很快便能建立對團隊的歸屬感，也能看出自己工作的整體意義，而不致淪為毫無意義的重複勞動。

許多工作團隊都有非正式的領袖，他們可能沒有正式職位，卻被公認是諮詢問題或訴說困難的最佳人選。這些領袖在與同事的日常互動中自然誕生，意味著無法勝任這個角色的人根本一開始就不會獲得認同。然而，對於被任命擔任正式領導職位的人，情況卻非如此。因此，梅奧的觀察也引發人們對「什麼是有效領導」的興趣。

心理學家發現，生產力最高的部門主管通常更關心員工，而不是生產成果。他們也對自己的主管地位更有自信。那些將生產視為重中之重的主管，其效能反而不如那些專注維持人際關係和諧順暢的主管。畢竟，如果有一個主管老是緊盯著員工，督促他們更賣力工作，那麼沒有人能把工作做好。

所有這些見解最終催生了所謂的「人際關係」管理模式。心理學家證明，諸如「被關注」和「同事情誼」等人性因素，是比工作環境或金錢收益更強有力的激勵因素。他們顯示了團體規範與凝聚力在工作團隊中的重要性，以及感覺自己屬於企業整體的一部分對員工的影響。這反映了人們對工作心理學中社會面向的日益關注，而這股關注至今仍是社會與組織心理學家的研究重點。

9

測驗的時代

心理測量產業的起源與人格測驗方法

泥濘、寒冷、屍體和危及生命的爆炸：對第一次世界大戰的前線部隊而言，是一場創傷體驗，得到砲彈休克症（shell shock）的士兵比比皆是。士兵變得焦慮、動作不協調、行為怪異，甚至出現幻覺和惡夢。現在我們知道這是PTSD（創傷後壓力症候群）作祟，但當時人們對此一無所知。儘管如此，砲彈休克症發生得夠頻繁，以至於到了一九一七年，軍隊中的心理健康問題已被視為嚴重議題。

因此，在一九一七年美國即將參戰之際，美軍司令部給心理學家羅伯特．伍德沃斯教授（Professor Robert Woodworth）兩週時間，要求他尋找一種能辨識可能出現情緒問題新兵的方法。伍德沃斯很快就彙整出一系列問題，例如「身在高處是否會讓你想往下跳？」或「你曾經夢遊嗎？」這些問題雖然不是特別巧妙，但這很可能是史上第一個人格測試。

探究言語背後的真實人格

儘管伍德沃斯的「個人資料表」只涉及神經官能症症狀，但它透過詢問人們自身的問題，確立了衡量人格特質的方法。其他心理學家持續發展與伍德沃斯測驗相同模式的人格評估工具：直接問受試者一些直覺上和他們的心理問題有關的問題。與精神分析測驗不同，受試者的回答被照單全收，並被看作是他們心理感受的真實報告。

這種態度的問題當然是在於，人們所說的並不總是與他們實際所做的相符。多項研究已經證明這一點，但當時最有影響力並被廣為報導的研究之一，是哈茨霍恩（Hartshorne）和梅伊（May）在一九二八年進行的研究。他們先是詢問一些兒童對於偷竊和誠實有何看法，然後觀察這些兒童在一個自認為即使不誠實也不會被人發現的情況下，實際會怎麼做。對比之後發現結果始終都不一致：孩子所說的話和所做的事之間毫無關係，且一個情況與另一個情況之間也沒有一致性。兩位研究者根據當時流行的行為主義觀點，宣揚他們的結論：人格特質並不存在。相反地，他們認為，人們的行為完全取決於他們所處的情境，與任何穩定的內在傾向無關。

但高爾頓・奧爾波特（Gordon Allport）並不這麼認為。他相信，人與人之間確實存在持續的差異，確實有「人格特質」存在，而且更重要的是，我們可以發展出辨識這些特質的方法。他和哥哥弗勞德（Floyd）開始了一系列研究，這最終成為他終生學術生涯的核心。他們兄弟倆起初試圖開發比早期問卷更客觀的測驗。他們不直接詢問人們的人格特質，而是詢問受試者在特定情況下會如何行為。他們早期的論文識別出許多人格特質（例如外向／內向、支配性／服從性，以及對社會刺激的敏感性），並使用多種間接方法進行評估。例如，評估支配性／服從性的一個問題是：詢問受試者（研究中均為男性）對高高在上的長者會有何反應。另一項用於評估對社會刺激敏感性的測試：要求受試者識別一個演員面部表情中傳達的情緒。兄弟倆承認他們的測量方法相當基本，但他們的主要興趣在於：首先，探索各種特質的一致性；其次，研究這些特質如何共同構建一個人的人格形像或輪廓。

與此同時，另一種人格測驗也正在發展——這次是從精神分析的觀點出發。如同當時許多歐洲心理學家，精神分析學者為飽受砲彈休克症困擾的退伍軍人提供治療。佛洛伊德有兩家診所（一家在柏林，後來一家設在維也納），專門為這些患者提供協助，而他的理論支持者也基於精神分析方法，開發了多種測驗。

正如我們所見，佛洛伊德的人格理論將人類心智比喻為一座冰山，大部分隱於表面之下——無意識的——但卻是驅動人類行為的主要力量。根據定義，無意識心智是無意識的，所以人無法直接意識到它的存在。只能採取間接的方式：透過夢境中的象徵、口誤或無意識心智將自身的關切與執念投射到模糊／中性的刺激上，揭露其存在。

精神分析學派認為，透過詮釋模糊刺激（如圖像），分析師能窺見心智的隱藏部分。這就是著名的羅夏克墨漬測驗（Rorschach test）的核心概念，受試者須詮釋各種墨漬圖形。這項測驗第一個版本是赫曼．羅夏克（Hermann Rorschach）於一九二一年發布，借鑒當時已普遍使用的技術，並由羅夏克親自挑選（也有可能是他自己設計的）墨漬圖形，它們包含多種詮釋的可能。基於精神分析理論，受試者的回答被視為揭露其潛在意念與內心衝突的線索。

另一項成功的投射測驗：主題統覺測驗（Thematic Apperception Test），在一九三〇年代開發，與羅夏克墨漬測驗一樣，至今仍偶而被使用。此測驗使用一系列可作不同詮釋的圖片，例如「一群男人躺在樹下」的圖像，可能被詮釋為睡覺、喝醉了、正在休息或死亡等等。受試者被要求描述圖片中發生的事情，他們的回答被認為能反映他們潛在的內心衝突或動機。

雖然奧爾波特堅稱人格具有一致性且可以被測量，直接挑戰了極端行為主義者的主張，但他也並非如精神分析學家那般熱衷於深入挖掘心智。他年輕遊歐時，曾在維也納求見佛洛伊德。當時年僅二十二歲的奧爾波特既崇拜又緊張到說不出話，面對這位大人物竟啞口無言。佛洛伊德只是靜靜端坐著，緘默不語。終於，搜索枯腸之後，奧爾波特講了個他在前來路上看到的一個母親和一個小男孩的事情。佛洛伊德只問了一句：「那個小男孩是你嗎？」這個回應讓奧爾波特更加堅信：有時你不必過度深入探索動機，只需顧及當下實際的情境即可了解一個行為的意義。以他這個例子，就是一個需要開啟對話的社交場合。

奧爾波特主要關注的是，人格特質如何影響人們在特定情境下的行為。隨著研究推進，他發展出探索人格特質的多種方法。有一次，他和一位同事統計了字典中描述心理或精神特徵的所有單字（約一萬八千個），並將它們分為四類：特質、暫時狀態、隱喻以及對他人的反應。排除後面三個類別後，奧爾波特歸納出大約四十一組代表不同人格特質的詞彙，合計涵蓋超過四千個單字。

如何理解這一切？他總結認為，人格特質是層級化組織的：有些特質代表主導一個人整體人格的高階或「核心特質」（cardinal traits），例如野心或誠實。但人可能還擁有五到十個「主要特質」（central traits），這些特質比較普通，卻仍可被視為這個人的典型特質。此外，他還會擁有更多「次要特質」（secondary traits），這些特質會不會表現出來，取決於他所處的具體情境。奧爾波特相信，這個模型可以解釋為什麼哈茨霍恩和梅伊所研究的兒童言行之間會如此矛盾：他們的行為源於次要特質，而他們的言論則源於核心特徵。

常態分布概念與因素分析技術

運用他設計的一系列測量方法，奧爾波特得以開發出「人格剖析圖」（personality profiles）：透過圖表呈現人們在一系列可比較特質上的得分。但這些仍主要屬於描述工具，直到另一位心理學家雷蒙德．卡特爾（Raymond Cattell）的研究，才真正將人格測驗確立為一種「科學」探索。

我們在第六章看到，智力測驗如何開始並發展：起初是出於要幫助那些需要特殊教育者的願望，後來則因為堅信智力遺傳論，以及優生學觀念（即阻止具有劣等基因的人繁殖可直接造福社會）。智力測驗和人格測驗的發展結合，標誌著大規模心理測量產業的開始：該領域專注於開發衡量心理特徵的工具。

該產業的核心有兩大基本概念。第一個是常態分布的概念，亦即鐘形曲線：一八八三年高爾頓在人體測量實驗室中無論測量哪種身體特徵，測量值繪製成圖表幾乎都必然得出鐘形的分布型態。高爾頓進而推論，常態分布不僅適用於身體特徵，也適用於心理特徵。這一假設日後被奉為金科玉律。從此以後，心理學家設計各類心理計量測驗時，都預設所研究的特定心理特徵應該要呈現常態分布。任何未能得出該結果的新測驗，都會自動被視為無效。

第二個概念源於名為「因素分析」（factor analysis）的統計技術發展。該技術探討不同測量指標之間的相關性，以及它們的共同之處。若兩種或多種人格特質能夠很好地結合，背後極有可能存在某種潛在因素（一些高階特質），同時影響著它們。「因素分析」是由查爾斯．斯皮爾曼（Charles Spearman）於一九〇四年開發，他最初主要關注智力測量，但這項技術很快就被應用於其他心理特徵的研究。

雷蒙德．卡特爾是這領域的主要推動者。他透過收集生活紀錄（如學校成績、出缺勤紀錄）、自我評價與客觀測驗數據，開始發展其人格模型。基於這些資料，他設計了大量問題，並對許多人進行測試。因素分析顯示，這些問題的答案傾向匯集成群，形成了十六個主要群組。卡特爾認為，每一個群組都是一種獨立的人格特質，最終形成了他的「人格十六因素理論」。

卡特爾的理論成為廣受歡迎的「16PF」測驗（十六種人格因素問卷）的基礎，他的十六項因素也成為後來的「明尼蘇達多相人格量表」（MMPI）的基礎。數十年來，這些測驗被臨床心理學家、職業心理學家和教育心理學家廣泛使用。直到二十世紀末，當時常用的測驗元素，透過更精細的因素分析得示出不同的人格結構模型，才逐漸取代它們。這就是科斯塔（Costa）和麥克雷（MacRae）提出的「五因素理論」，該理論主張有五種核心人格因素：外向性（extraversion）、親和性（agreeableness）、神經質（neuroticism）、盡責性（conscientiousness）與經驗開放性（openness to experience）。

卡特爾的理論並不是當時唯一基於因素分析的人格模型。一九四〇年代，英國心理學家漢斯・艾森克（Hans Eysenck）也運用因素分析技術，探究人們在不同的情境中行為——或至少是在自我行為問卷中的回應。艾森克歸納出人格的兩大核心維度：內向／外向與穩定性／神經質，兩者相互獨立。有趣的是（其實並非巧合），這種分類法與我們在第一章談過的蓋倫「四種體液說」不謀而合。在艾森克的模型中，穩定的內向者對應「黏液質」（phlegmatic），神經質的內向者對應「憂鬱質（黑膽汁質）」（melancholic），穩定的外向者對應「多血質」（sanguine），而不穩定的外向者則對應「膽汁質」（choleric）。

艾森克的測驗還包括一份「謊言量表」，其中設計了諸如「你有沒有因什麼事情而遲到過？」或「你說過謊嗎？」之類的問題。因為這些問題非常極端，以至於若受試者回答「否」，就表示必然在說謊，因為沒有人真能夠如此完美。後來，他引入了第三個人格維度：正常／心理病態傾向。他相信這個維度能表明一個人對條件作用的反應強度，以及他遵守社會規則的盡責程度。

因此，因素分析徹底改變了人格測驗，將其從基於直覺判斷的集合，轉變為處理行為與自我報告的更客觀系統。它成為心理測驗的標準方法，證明一系列任務或問題能透過數值分數，反映潛在因素的強度。這些測驗高度符合當時主導心理學的科學客觀性追求，也讓人格測驗與其他實驗結合——例如社會心理學的行為研究。我們將在本書後續章節探討。

10

理解社會生活

社會心理學之父奧爾波特與馮特

一八九七年，兩個孩子坐在一台奇怪的裝置前。他們面前各有一條絲線，線上繫著一面小旗幟。絲線繞過大約兩公尺外的一個輪子上，再回到孩子正前方的框架，並在那裡繞在一個捲線器上。透過轉動捲線器手柄，孩子們可以讓旗幟移動到最遠的輪子、繞過輪子再返回，完成一圈循環。

聽到訊號後，兩個孩子開始飛快轉動手柄，讓旗幟盡可能快速移動。實驗者仔細測量每個孩子讓旗幟繞完四圈所需的時間。裝置前有時只坐著一個孩子，有時坐著兩個（就像現在這樣）。實驗者觀察結果後發現，當有兩個孩子並列一起捲線，會比獨自一個孩子操作時賣力。他的結論是，另一個孩子的存在有助於提升表現。

這項由諾曼·特里普利特（Norman Triplett）於一八九八年發表的研究，它後來廣被奉為第一個社會心理學實驗，儘管在此之前已經有過幾項關於社會過程的研究（主要是在歐洲），我們將在本書後面回過頭討論這個議題。

二十六年後，高爾頓·奧爾波特的哥哥弗勞德出版了一本名為《社會心理學》（*Social Psychology*）的教科書，匯集了當時所有相關的心理學知識。弗勞德研究過社會心理學的諸多面向，包括社會影響、從眾行為和態度測量等，以及曾經與兄弟共同開展的人格研究。在他的教科書裡，他聲稱特里普利特的研究是首個社會心理學實驗，此說法日後不斷被其他社會心理學教科書引用。

弗勞德・奧爾波特對社會心理學的貢獻

《社會心理學》的獨特之處，主要在於它將社會心理學與實驗心理學的其他領域接軌。書中，奧爾波特[1]在書中聲稱，社會心理學不應該處理「模糊」且空洞的概念，例如文化或社會；相反，他力主社會心理學能夠且應該成為客觀、日益行為科學化的心理科學的一部分。

奧爾波特的著作對美國心理學產生了深遠且持久的影響。除了描述既有的社會心理學研究，他也將他的個人主義觀點貫穿於心理學領域，從個體心理學的角度解釋需求、情感、態度甚至文化。他也強烈主張，精神分析所發現的事情完全可以透過個體行為和學習來解釋，與任何「無意識」的心理歷程毫無關聯。在後續著作中，奧爾波特以同樣的觀點解釋有組織的宗教、政治和機構等制度。他強調心理學應純粹關注個體行為，這種立場排除更廣義的分析形式，並在心理學家、社會學家和人類學家之間造成日漸擴大的分歧。

他對精神分析概念的摒棄，也是精神分析學派和主流心理學之間分歧加劇的主要因素。當時愈發明顯的是，雙方對何謂「可接受資料」的定義存在根本的歧異：對精神分析學家來說，患者的敘述、從夢境象徵和口誤所作的間接推論，甚至迴避特定議題的態度，全都可被視為無意識心智存在的證

1 譯注：本章以下的奧爾波特皆指弗勞德・奧爾波特。

據。但在日益以唯物主義為主流的實驗心理學看來，這些只能算是軼事類型且不科學的證據。雖然並非所有從事實驗心理學的學者都自稱是行為主義者，但行為主義對客觀性的追求，已開始滲透美國的實驗主義傳統。

在奧爾波特的所有著作中，他始終呼籲採用更嚴謹的研究設計，並對所調查的實際內容給出更明確的定義。他將既有的心理學知識和當前研究相結合，進而提出一套用於社會心理學研究的概念體系，說明諸如態度、他人存在、習慣與反射，甚至從眾行為等現象，皆可成為客觀或行為實驗的對象。他的《社會心理學》一書影響力極大，使他被稱為「實驗社會心理學之父」，該書並成為往後六十年社會心理學研究的藍圖——至少在美國是如此。

奧爾波特的社會心理學具有鮮明的美國特色，因其完全聚焦在個體，並將社群和社會的廣泛影響僅僅解釋為個體心理歷程的結果。在他看來，諸如文化、社會或宗教等高階概念，唯有透過個體層面的解釋，方能適用於心理學學科（他自己研究制度性行為的著作就是這樣做）。否則，心理學家不應該研究這些概念，因為那樣的研究不夠「科學」。

歐洲的精神分析傳統

歐洲卻出現了截然不同的傳統。精神分析心理學起源於歐洲，而歐洲心理學基本上沒有受到美國行為主義太大的影響。此時精神分析仍是心理學中具有影響力的部分，歐洲心理學家持續從無意識心智所發揮的影響力角度，解釋社會互動和理解。然而即使在歐洲，精神分析也並非沒有受到挑戰：另一種形式的社會心理學同樣也是當時歐洲心理學的核心，最主要是受到威廉・馮特的影響。

正如我們在第四章中所見，馮特被普遍公認為實驗心理學的奠基者之一，但他對社會心理學的貢獻在美國和英國長期被忽視。他位於萊比錫的實驗室建立了對心理學發展影響深遠的實驗標準和程序，甚至對美國心理學也產生重要作用。但正如我們所見，他也投入大量時間研究社會心理學，而他的重要著作《民族心理學》，探討了日常社會互動的心理過程。

儘管馮特堅信實驗心理學的價值，但他也認為單靠實驗心理學遠遠不夠。它只能處理人類心智的某些面向，必須常常透過其他心理學研究來補充，這些研究能探究人類心理歷程的社會面向。為達到此目的，社會心理學家需要處理更廣泛的社會生活面向。與奧爾波特不同，馮特堅信社會心理學無法僅透過個體間的互動來完整解釋。他主張，真實的心理學研究必須包含人們如何受到日常生活更廣泛的面向所影響和塑造，諸如習俗、文化、語言、神話、藝術和宗教等。但他強調，這些心理學面向必須用與實驗室實證研究相同的科學嚴謹態度來探究。

《民族心理學》在一九〇〇年至一九二〇年間分十卷出版，其第四版於一九二六年問世。該著作探討了語言、藝術、神話、宗教、社會、法律、文化與社會等主題。他不僅論述這些主題本身，解釋它們與社會心理學的相關性，更詳細討論研究者應如何著手研究這些議題。在社會心理學的某些領域，實驗是可行的，而在另一些領域則不然，但馮特堅稱，嚴謹的定性研究途徑可以提供心理學作為一門科學所需的客觀數據。

《民族心理學》對整個社會科學領域有深遠影響，在歐洲被廣泛視為社會學、人類學和社會心理學的基礎著作。馮特鼓勵許多學生和追隨者在研究中涉獵社會心理學，並對社會學創始者埃米爾．涂爾幹（Émile Durkheim）產生重大影響。但在美國，這部著作完全未獲接受。原因之一是十卷中僅有兩卷被譯成英文，所以整體理論並沒有廣為人知。另一個原因是馮特本人非常多產，他的心理學研究涵蓋極廣，以至於他的學生（許多日後也成為傑出心理學家）往往只討論其研究與自身觀點一致的部分。

他的學生之一是愛德華．鐵欽納。鐵欽納後來在康乃爾大學協助創立心理學系，一生堅定主張實驗法在分析人類心智時的重要性，協助奠定了心理學在美國的科學地位。他是馮特思想在美國的主要支持者，只不過他對《民族心理學》相當輕視，因為與馮特不同，他並不認為嚴謹的分析性內省法是恰當的研究方法。

鐵欽納的主要興趣是分析心理經驗的組成成分與結構。同樣地，他的觀點與馮特不同：馮特主張心理活動往往是目標導向且具有目的性的，因此必須理解人們的目標才能解釋其心理活動。但鐵欽納認為，理解心智的結構成分就足以提供完整的解釋。這種結構主義觀點最終與同時期威廉．詹姆斯提出的功能主義觀點形成正面對立。隨著結構主義觀點影響力式微，馮特的許多思想也逐漸沒落。

馮特理論在歐洲與美國的不同待遇

馮特總是認為他的《民族心理學》應與實驗心理學並行不悖且相輔相成。然而，一系列對其作品誤解和誤譯，導致這種關係被扭曲。例如，一個關鍵的誤譯使得「Völkerpsychologie」被譯成「文化心理學」，而不是「社會心理學」。這點招致了弗勞德．奧爾波特的批判，因為他主張文化更屬於人類學或社會學的研究範疇，與社會心理學無關，而社會心理學應該始終以個體作為研究對象。

奧爾波特的另一個批評是，《民族心理學》提倡的是一種模糊且不科學的研究形式。這也是對馮特原意的誤解。馮特當然主張定性方法更是用於探索社會生活的歷史性議題，因為有時候尋求量化測量並不洽當，而故事、口述歷史和其他有意義的敘述會更具價值。但他從未否定在社會心理學領域的實驗法本身，他只是認為，有時在人工實驗室環境中進行實驗並不合適。他始終堅持，研究社會歷程應該秉持與心理學家在其他類型研究中相同的嚴謹態度。

在歐洲，馮特的影響力從未衰退，還催生了社會心理學領域的多項觀點，包括完形心理學家（Gestalt psychologists）的觀點（我們將在下一章探討）。但他對德國民族主義的支持以及第一次世界大戰的敵對氣氛，導致許多美國和英國的學者對他的研究抱持懷疑態度。這一點，加上奧爾波特的敵意、鐵欽納對其思想的誤解，且《民族心理學》並未全文譯出、難以接觸原典，再加上馮特的理論與行為主義的不相容性，導致《民族心理學》一書在英語世界幾乎不為人知。馮特雖被譽為「實驗心理學之父」，但他對社會心理學的貢獻仍主要局限於歐洲。歐洲與美國社會心理學之間的這道裂痕逐漸淡化，許多心理學家甚至完全沒有覺察，但它從未真正癒合，正如我們將在本書後面篇章看到的那樣。

11

完形學派

整體不同於其組成部分的總和

黑猩猩蘇丹悶悶不樂地坐在籠子裡。籠內四處散落著各種大大小小的盒子，頭上方的金屬籠頂懸掛著一根香蕉，但蘇丹搆不到。牠試著跳上跳下，卻始終相差太遠。牠試過把一個盒子拖到香蕉底下然後站上去，但即使牠從盒子上跳起來也仍舊搆不著。好幾次失敗後，牠憤怒地繞著圍欄走動、跳躍、尖叫並亂扔東西。最後牠放棄了，癱坐在一個盒子上，垂頭喪氣。然而，牠突然靈機一動跳了起來——牠把盒子一個一個推疊起來，再爬上盒子最頂端。成功了！香蕉終於到手了。

蘇丹的成就，以及其他好幾隻猿類的實驗案例，被收錄在沃夫岡・柯勒（Wolfgang Köhler）於一九一七年出版的《猿類的智力》（*The Mentality of Apes*）一書中。柯勒於一九一三年擔任位於加那利群島的普魯士科學院類人猿研究中心主任，因一戰爆發被迫在當地滯留長達六年。柯勒對猿類如何運用「頓悟」解決問題產生了濃厚興趣，為此設計了一系列的實驗：給牠們布置具有挑戰性的任務，並觀察牠們解決問題的過程。

一九二〇年，柯勒回到德國，與另外兩位同事馬科斯・韋特墨（Max Wertheimer）和科特・考夫卡（Kurt Koffka）繼續合作。三人組成一個極具影響力的心理學家小團體，他們的理論在一九三〇年代主導了德國心理學領域，並對行為主義構成了強大挑戰。他們後來被稱為完形心理學派（Gestalt school of psychology，或譯作格式塔心理學派）的創始者。

認知始於一個整體觀念

這三位心理學家的合作，源於韋特墨對視覺與運動現象的興趣。據說在一九一〇年，韋特墨坐在火車上，從車窗觀察遠處物體的視覺移動現象，並聯想到其他運動錯覺，例如旋轉畫筒（zoetrope）——一種流行的玩具，玩家透過一排縫隙觀看畫筒上的圖像快速旋轉，會產生圖像正在運動的錯覺。他突然意識到，當時主流觀點認為知覺是視網膜對影像的物理處理過程，但事實上知覺的關鍵在於大腦如何解讀它所接收的資訊。這個頓悟讓他興奮不已，他拋棄了原訂的度假計劃，中途在法蘭克福下了火車，去找著名的心理學教授弗里德里希．舒曼（Friedrich Schumann）諮詢。

舒曼鼓勵韋特墨繼續深入研究，並指派兩名研究助理考夫卡和柯勒去協助他。透過實驗，三人逐漸形成一套直接挑戰當時主流觀點的心理運作理論。當時的心理學家傾向於認為，心理體驗是由視覺、聽覺等微小感覺單元結合而成，整體心智的概念已經不再流行。但韋特墨、考夫卡和柯勒對此提出挑戰。他們主張，像認知這類心理過程始於一個整體觀念，又稱作完形（Gestalt），大腦正是透過完形的整體圖像來理解感官印象。

韋特墨自己的研究關注於人類如何感知運動。他是這樣描述似動現象（phi phenomenon，或譯作飛現象）：一連串燈光的明滅閃爍，竟能讓人產生運動的錯覺。如今，我們對這種現象再熟悉不過了，因為它是燈光廣告招牌和節慶燈光裝置的基礎。但韋特墨要傳達的重點是，運動其實並不存在於現實中，而是大腦額外創造的產物：它形塑了一種與實際接收的物理訊息截然不同的全新體驗。韋特墨早年曾師從哲學家馮・埃倫費斯（von Ehrenfels），後者也認為意識經驗並非僅是感官印象的組合。埃倫費斯以音樂旋律為例：一段旋律能完整變調成另一個調性，每個音符都不同，但我們仍然能聽到相同的旋律。若將視覺經驗僅視為對特定感官刺激的反應集合，顯然無法解釋這類現象。

韋特墨和考夫卡接著探索大腦解讀感官訊息的多種方式。他們歸納出幾個組織原則，即今日所稱的完形感知法則（Gestalt laws of perception），例如我們會自動將圖形從背景中辨識出來。若該背景也自成一個圖像，那麼當我們聚焦在這個圖像時，原先看到的圖像就會消失——我們一次只能看見其中一個。藝術家艾雪（M.C. Escher）是完形心理學家們的摯友，他在自己的藝術創作中應用了許多相關概念。我們可以在艾雪的著名畫作《天使與魔鬼》（Angels and Demons）和其他多幅畫作中看到「圖形－背景法則」（figure-ground principle）的體現。

完形感知法則還包括其他原則，例如我們會從暗示性的輪廓中推斷出缺失的圖形，或自動透過接近性和相似性把形狀或物體歸類。這些發現曾引起廣泛關注，至今仍列入心理學課程的教學內容。它們在當時特別受歡迎，因其回應了社會對視覺圖像持續的好奇。許多十九世紀常見的玩具能製造視覺錯覺，而動態影像（亦即電影拍攝）當時也已發展成重要產業。

關鍵字是「不同於」，而非「大於」

不過，完形心理學家的影響力遠不只知覺領域。在柯勒看來，他們對行為主義的挑戰強而有力且毫不妥協。他清楚知道當時的主流觀點——心理學家應該只研究行為（因為只有行為可以直接觀察），並堅稱行為的改變只能透過後天學習得來的刺激－反應連結發生。柯勒對這兩種觀點都極不認同。他認為，無論是人類心理學或動物心理學，都非源自一些基本碎片的集合。心理學關注的是整體經驗，而多數整體經驗根本無法透過其組成部分的組合來加以解釋。

完形心理學家真正反對的，是我們現在所稱的還原論（reductionism，或譯作化約論）——即認為只要將經驗拆解為各個組成部分就足以解釋它。完形心理學家主張，經驗的內涵遠超於此，有些事物根本無法簡化為感官感覺或刺激－反應連結。他們進一步辯稱，結合不同的元素往往會產生全新的東西。本質上，他們的核心觀點是「整體不同於其組成部分的總和」。其中的關鍵字是「不同於」。人們常把這話誤引為「整體大於其組成部分的總和」，柯勒對此非常惱火，因為這完全扭轉了原意。「大於」給人一種量的（大小或數量）差異的印象，而他們真正想表達的是「性質上的截然不同」。將各個部分組合起來可能產生全新的事物，不僅僅是多了或少了什麼東西。

柯勒也對行為主義者嚴格地聚焦在可觀察行為的觀點提出挑戰。黑猩猩蘇丹和其他同類的頓悟，和行為主義者所假定的「所有學習都來自反覆試誤的過程」截然不同——蘇丹的實驗就是明證：牠透過無法觀察的心智活動，展現出突然領悟香蕉問題的解決方法。而且不僅蘇丹如此，柯勒的大量觀察顯示，頓悟是猿類普遍解決問題的典型方式，而非某個特別聰明個體的特殊能力。

其他完形心理學家有不同的研究領域。例如，考夫卡對發展心理學特別感興趣，專注於研究兒童心智的發展過程。當時，約翰·華生公開宣稱，兒童是透過制約（即試誤學習）逐步建構對世界的認知。另一方面，先天論者則認為心智發展純粹源於基因成熟，與經驗無關。考夫卡對這兩派觀點提出質疑，主張兒童最初先對其環境有整體印象，其後才逐漸分辨出其各個組成要素。此外，不同於行為主義者，考夫卡認為「模仿」在兒童認知發展中至關重要。他的理論影響了精神分析理論以及日後尚·皮亞傑（Jean Piaget）的研究。

韋特墨、柯勒和考夫卡這三位德國科學家共同整合了心理學研究的多個領域。當時，心理學界各領域的關係非常密切，尤其是歐洲和美國之間的交流。韋特墨是個喜歡動腦多於動手的人，他樂於談論理論並進行過多的巡迴演講。但他厭惡寫作，雖然從事大量研究，卻鮮少發表學術論文。考夫卡和柯勒彌補了這一點——他們透過期刊、講座和後續著作，發展並推廣嶄新的完形心理學。柯勒創辦了新的心理學研究期刊，並於一九二九年特別針對美國市場出版了一本英文版教科書《完形心理學》（*Gestalt Psychology*）。考夫卡則在更早（一九二二年）便發表了他們首篇英文論文〈知覺：完形理論導論〉（Perception: An Introduction to the Gestalt-Theorie）。隨著他們的理論日漸成熟，三人皆廣泛講學。透過他們的努力，完形心理學在德國和英語世界都產生了深遠影響。

完形心理學的開枝散葉

一九三〇年代初期，德國大學受到的限制日趨嚴峻，學術研究變得愈來愈困難，對猶太知識分子尤其如此。韋特墨是猶太人，考夫卡有一半猶太人血統，到了一九三〇年代初，他們顯然已無法在德國繼續學術工作。柯勒雖然不是猶太人，但他公開批判納粹政權，並公然拒絕遵守許多政令——包括不肯在每次講課前都要先向希特勒敬禮。當局對他持續騷擾，逼得他不得不離開德國。和其他人一樣，他在戰爭期間遷居美國，儘管他日後主要居住在美國，仍與德國保持密切聯繫，並在戰後經常在柏林自由大學講學。

在美國，他們的研究仍持續推動。二戰後許多具重大影響力的美國心理學家，包括烏爾里克・奈瑟（Ulric Neisser）、所羅門・阿希（Solomon Asch）和萊昂・費斯汀格（Leon Festinger），都曾跟隨某位完形心理學家學習過。雖然完形心理學從未成為主流，但其理念廣為人知且被廣泛討論，影響力滲透心理學領域長達數十年。他們一位來自德國的學生庫爾特・勒溫（Kurt Lewin），日後被譽為社會心理學的創始者之一。他的研究興趣聚焦於社會與組織心理學，特別是人們的經驗如何在每個人獨特的生活空間中展開。

勒溫不太理會當時的先天／後天之爭——該爭論認為，人的發展要麼取決於先天（與生俱來的特質），要麼取決於後天（後天習得）。相反地，他頗似預見了現代觀點，將人的發展視為先天傾向與生活經驗的交互作用。仿效當時的學術潮流，他也用一個數學公式來表達這一理念：B = f (P,E)。也就是說，行為（B）是人格（P）與環境（E）的函數。眾所周知，勒溫的場地論（field theory）認為，我們生活在一個心理場域中，隨著年齡的增長和經驗累積，這個場域會不斷發展，變得更加複雜。

儘管勒溫認同實驗研究的必要性，但他也認為，在實驗室裡研究人類行為只能得出人為的、受到局限的結果。相反，他提倡行動研究（action research），主張在真實情境（或稱生活空間）中分析人類經驗。勒溫認為，行動研究是一個重複循環的過程：首先進入診斷階段，心理學家對現狀檢視與評估，進而規畫改變策略，實施這些改變，再重新評估結果，以判斷有沒有必要進一步調整改變。這種想法在當時未受重視，如今卻在現代組織心理學中被廣泛應用。這是完形學派對心理學發展施加潛移默化影響的典型例證。諸如人文主義運動的興起，以及二十世紀末研究方法的革命性轉向，都可追溯至完形心理學家的理論與研究。

12

兩位後佛洛伊德主義者

卡爾・榮格的集體無意識與阿德勒的個體心理學

年輕人目不轉睛地看著丹尼爾・霍姆（Daniel Dunglas Home）從地面升起，懸浮在空中。霍姆是知名的靈媒，因主持降神會而聞名：在這些降神會上，桌子會翻動，傳出神祕的敲擊聲，而霍姆本人更多次展示了他的漂浮能力。對卡爾・榮格（Carl Gustav Jung）來說，這無疑是靈界存在的明確證據，也堅定了他對超自然現象的信仰。

這種信仰並非偶然：榮格的母親曾是靈媒，外祖父也篤信靈界。榮格本人雖接受過醫學訓練，並對精神病學產生興趣，但他始終關注人類經驗中無法從物質層面解釋的那些面向。他的研究基礎是讓精神病患進行字詞聯想實驗，並從中逐漸相信，患者的妄想並非完全虛構——這些妄想似乎觸及了某種與物質世界並不完全對應的意識層面。患者的行為和反應似乎反映著神祕現象，而榮格從研究中收集的數據，更增強了他對超心理學的興趣。

榮格或許是最重要的後佛洛伊德主義者。他早已熟讀佛洛伊德的著作，並在一九〇七年首次與佛洛伊德會面。兩人極為投契，以致有段時間佛洛伊德將榮格視為自己的繼承人，甚至在一九一〇年提名榮格出任新成立的國際精神分析協會的終身主席（不過成員們只同意讓榮格擔任兩年）。然而，他們的友誼只維持了幾年。到了一九一四年，理論和個性上的分歧徹底破壞了他們的關係，榮格和他的追隨者最終正式與維也納學派分道揚鑣。佛洛伊德比榮格年長許多，餘生中一直對榮格懷有刻薄的恨意，不錯過任何一個可以低貶他的機會。榮格因這個決裂備感苦惱，經歷了長達三年的憂鬱期，儘管後來他將那段日子描述為他發展理論時一生中最具創造力的時期。

榮格與佛洛伊德的決裂

兩人產生分歧的核心，與佛洛伊德的泛性論（pansexualism）有關——這是榮格對佛洛伊德理論的稱謂，亦即認為包括夢境與行為在內的一切現象，都能從性的角度解讀。佛洛伊德將原慾（激發行為的生命動力）視為完全源自性慾，只能透過生活經驗（通常是創傷）才能昇華為其他能量形式。榮格則持反對意見：他認為原慾是一種創造性的生命動力，其源頭包括個人的精神需求和創造性需求等多種面向。雖然他承認性能量確實發揮了一定作用，但絕非全部。在榮格看來，夢境和無意識行為除了反映性慾主題，也能體現精神性和非物質層面的主題。

他們之間的分歧還有其他根源。佛洛伊德是堅定的唯物論者，相信自己理論牢固建立在神經學的基礎上。他警告榮格，對超自然現象的興趣可能毀掉其作為科學家的聲譽。榮格回應稱，自己正在收集有關人類心靈的重要數據，且過程中始終保持著適度的懷疑態度。隨著研究推進，榮格逐漸相信無意識心智存在另一個層面——一個全人類所共有的層面，他稱之為集體無意識。因此，他的心理模型與佛洛伊德截然不同。佛洛伊德將無意識分為本我、自我和超我三部分；榮格則將自我視為有意識心靈的一部分，其下是基於個人經驗的個體無意識，而更深處則是集體無意識。兩種模型都將個人的心靈比喻成一座冰山，如果說佛洛伊德認為意識心靈是位於水面上的部分，而本我、自我和超我如同冰山有五分之四隱藏在水面下，那麼在榮格的模型中，意識心靈僅只是浮出水面上的一角，個體無意識是水面下的冰山本體，而整座冰山都漂浮在全人類共有的集體無意識海洋中。

榮格的原型與人格面具

榮格認為，這種集體無意識蘊含有許多強有力的符號，稱為原型（archetypes），這些象徵在神話和傳說中不斷重複出現。他相信這些符號代表了普世的模式或意象，這也解釋了為什麼當它們出現在文學或藝術中時，我們會特別心有所感。榮格描述過許多不同的原型：大地母親、全能的父親、生命與重生、詭計者、創造者、巫師等等。他認為，當我們遇見這些原型時之所以會產生強烈的共鳴，是因為他所謂的共時性（synchronicity）——也就是與集體無意識的直接連結。在他看來，這些原型顯示的心理力量，以及它們在不同文化的民間傳說、神話與文學中頻繁出現（榮格認為它們存在於所有人類文化中），證明了這些原型並非如佛洛伊德所主張的僅僅是個人經驗的產物。

其中最重要的原型之一是人格面具（persona）：我們向他人展示自我的方式。榮格將其視為一種面具，用來塑造我們想傳達的印象，並隱藏自我的其他面向。例如，榮格認為男女的社會角色認同來自社會化的過程，主張每個人的人格中都擁有雙性特質，但人格面具會隱藏女性心中的阿尼姆斯（animus，即男性特質）和男性心中的阿尼瑪（anima，即女性特質）。

人格面具的對立面是陰影（shadow）。陰影可以是正面的，也可以是負面的。在缺乏自信的人身上，陰影可能是埋藏在內心深處的自信自我；但在一個保持平靜穩定形象的人身上，陰影可能是洶湧的憤怒。在榮格看來，每個人都有陰影，且愈是壓抑、將其埋藏在無意識中，陰影就愈黑暗。他強調，認識並接納自己的陰影，無論對心理治療中的當事人或治療師都很重要，因為這能有助他們理解他人。榮格認為，瞭解陰影而不是壓抑或扼殺它，是心理成長的必要條件。

榮格還提出了我們現在所熟知的內向和外向概念。就像他理論中人格的其他面向，他認為我們每個人都同時具備這兩種特質：那些在外在人格面具表現為外向的人，內心裡也會有一個內向的自我；而內向者的自我陰影則是外向的。內向與外向作為行為風格的概念，後來被納入人格測量領域，不過就整體而言，人們內在存在平衡的對立特質，此一觀點仍僅限於榮格理論的範疇。

儘管榮格的理論在主流心理學中普遍處於邊緣位置，卻擁有龐大的一群追隨者。由於該理論能明確探討生命的精神層面，因而在文學和藝術領域產生深遠影響。它涵蓋了宗教信仰，甚至能解釋某些另類的人類經驗（諸如當今超心理學家研究的現象）。它填補了心理學的一塊知識空白——這也正是馮特當年試圖以民族心理學去填補的缺口。但由於榮格的論據本質與主流心理學差異極大，以至於他的分析心理學（有時被歸為深度心理學的一支）雖成為精神分析學中獨立且蓬勃發展的分支，卻幾乎不被主流心理學界承認，部分原因在於它排斥實驗主義。

阿德勒的補償與自卑情結

榮格並不是唯一不同意佛洛伊德觀點的精神分析學家——佛洛伊德對持異議者是出了名的刻薄。阿爾弗雷德·阿德勒（Alfred Adler）與其說是佛洛伊德學生，不如說是他的同事。兩人儘管曾公開爭論，但仍有過一段和睦相處的時光。阿德勒是資深的醫生，起初被佛洛伊德的理論吸引，最後獲認可為維也納學派的共同創始人之一，但他在許多方面公開反對佛洛伊德。最初，雙方爭論攻擊性（aggression）的本質：阿德勒認為攻擊性是獨立於性慾的驅力；後來出現了新的爭論，因阿德勒開始主張人類經驗的外在部分（即社會領域），與內在的衝突和情結一樣，對心理健康和幸福感至關重要。然而如前所述，佛洛伊德將內在領域——特別是性慾層面，視為所有心理問題的根源。

到了一九一一年，兩種理論路線的分歧已經無法調和。阿德勒帶領幾位支持者正式脫離佛洛伊德的維也納學派，創立全新的理論體系。他將其稱作個體心理學（individual psychology），他關注的是作為整體的人，強調人與周圍世界的緊密關聯，而非僅從無意識內心衝突和精神官能症的角度拆解一個人。

阿德勒理論的核心概念之一是補償（compensation）。他從小患有佝僂病，行動不便，所以在擔任臨床醫生時曾研究過馬戲團表演者，特別注意到他們如何適應身體上的弱點。在與佛洛伊德和其他精神分析界學者的討論中，阿德勒對身體缺陷補償的興趣擴展到心理弱點的補償。他從而提出：人類行為的動機，往往是出於克服或補償「自卑感」。

阿德勒以提出自卑情結（inferiority complex）的概念聞名。這概念指的是一個人可能在早年形成個人的自卑感，並試圖以其他方式有效補償。他自己曾經歷與哥哥激烈的競爭，而他對個案的分析讓他確信，童年與家人的互動往往會相當程度地塑造一個人未來生活中的自卑感或優越感。此外，他認為孩子在家庭中的出生順序——無論是長子、次子還是么兒——會帶來截然不同的成長經驗，並可能引發不同的問題。

例如，長子在次子出生之前往往備受父母寵愛，但從那時起一切都變了。這可能導致阿德勒所謂的被廢黜感（dethronement）：本來是家庭的中心，現在卻不得不淪為次要角色。此外，他們往往需要承擔照顧年幼弟妹的責任，這給他們帶來了更大壓力。在阿德勒看來，這解釋了為什麼長子長女在日後生活中，特別容易受精神官能症或成癮問題困擾。相反地，老么往往被過度溺愛，導致他們無法發展出完整的同理心和社會責任感。排行中間的孩子既不會經歷被廢黜，也不會被溺愛，更可能發展潛能並獲得成功，但也可能因感覺被忽視而變得叛逆。

阿德勒認為，補償是對自卑感的自然且健康的反應。精神分析師的作用是幫助個案察覺這些感受，從而發展積極的補償策略。他是第一個放棄傳統精神分析躺椅、只簡單用兩把椅子進行諮詢的分析師，以此象徵治療師與個案的平等關係——這正是他重視社會脈絡的體現。阿德勒認為，理解個人的社交互動以及他們是否感覺歸屬於某個群體，是有效治療的關鍵。從這個意義上說，阿德勒被稱為首位社區心理學家（community psychologist），預見了下個世紀才完全融入主流心理學的發展方向。

阿德勒對心理學的影響鮮少獲得充分肯定。他的研究影響了許多不同領域（從課堂實踐、養育方式和組織領導力都含括在內），而他的理論路徑更對諮商與心理治療等發展中的學科產生深遠影響。該領域兩位重量級人物亞伯・艾里斯（Albert Ellis）和亞倫・貝克（Aaron Beck）都承認，阿德勒為他們發展認知療法（cognitive therapy）和理性情緒行為療法（REBT, rational-emotive behaviour therapy）奠定了理論基礎。他的研究也對人本主義心理學（humanistic psychology）創始人之一的亞伯拉罕・馬斯洛（Abraham Maslow）產生重要啟發，我們將在本書後面再進一步探討。然而在此同時，另一種截然不同的心理學流派正逐漸興起，尤其在美國備受關注。

13

行為主義的興起

小艾伯特、操作制約和史金納的美麗新世界

十一個月大的小艾伯特安靜地坐在床上。他伸手要撫摸曾經把玩過的溫馴小白鼠。艾伯特真的很喜歡這隻老鼠。但他的手才剛剛觸碰到小白鼠，身後就響起了一聲錘子砸在鐵欄杆上的巨響。艾伯特驚嚇到猛地彈起，向前仆倒。當他爬起來，再次伸手去觸碰老鼠時，巨響聲再度響起。他向後跌坐並開始啜泣。

一週後，小白鼠再次出現。艾伯特目不轉睛地看著牠，但沒有伸手去摸。小白鼠靠近並用鼻子輕嗅他的手，艾伯特立刻將手縮回。然後他試探性地將手指伸向小白鼠，當他一碰觸到時，令人討厭的聲音再次響起，艾伯特再次跌倒了。同樣的情況又發生了好幾次，到最後，只要艾伯特一看到小白鼠就會開始哭泣並且爬開。

艾伯特（真名道格拉斯．梅里特）原本是個穩定、情緒波動不大的嬰兒，從未因任何事情哭泣，因此研究人員很高興能成功地誘發他的情緒反應。約翰．華生和羅莎莉．雷納在他們的報告中寫道，這是一種完全制約的恐懼反應。五天後，這一反應仍持續存在，艾伯特恐懼的事物甚至擴大到白兔子和毛皮大衣上。進一步的實驗顯示，他害怕的事物越來越多，甚至是有鬍子的聖誕老人面具——艾伯特患上了恐懼症。研究者仍持續進行實驗，直到他一歲又二十一天大為止，他的媽媽才將他從醫院領走。

研究人員感到自豪的是，他們不僅證明了不愉快經驗能誘發嬰兒恐懼，更證明了這些恐懼可發展成全面性恐懼症。在實驗之前，艾伯特是個冷靜、淡漠的孩子，幾乎從不哭鬧，也很少受到驚嚇。現在，他顯然對白老鼠產生恐懼，而且恐懼感擴散到所有白色毛茸茸的物體上。華生和雷納欣喜若狂，他們認為，這對佛洛伊德學派來說是一大打擊——後者恐怕會將艾伯特成年之後的恐懼症，歸因於某個夢境或無意識衝突。歷史並未記載艾伯特母親的想法，但推測她的反應恐怕是不宜發表的。

華生和雷納的研究發表於一九二〇年，此時華生在一九一三年提出的行為主義思想已在心理學界廣為人知（當然，不是所有人都認同）。然而，這研究還是開拓了一個過去被佛洛伊德和其他精神分析學家壟斷的心理學領域。華生沒有用社會心理衝突來解釋心理障礙，而是證明它也可能來自「刺激－反應」學習。這引發了一九三〇至一九四〇年代精神分析學派和行為主義學派之間，關於精神官能症和恐懼症起源的激烈論戰。

厭惡療法與系統減敏感法

隨著行為主義者採用這種新方法，制約原理被應用在多種心理障礙。最早基於制約原理發展的療法之一是厭惡療法（aversion therapy），其核心概念是：透過將特定事物或行為與令人不快的刺激配對（例如艾伯特與白老鼠的實驗），使人們學會迴避這些事物或行為，從而幫助有反社會強迫行為或不良行為特質的人克服問題。

厭惡療法被應用於多種情境，包括嘗試對男同性戀者進行電擊來「治癒」他們（方法是在他們看到具吸引力男子照片時，只要表現出哪怕一點點性興奮反應就施以電擊）。還有用厭惡療法來治療酗酒，例如在被治療者喝酒前先讓他們服用安塔布司（Antabuse）——這種藥物會引發噁心想吐。其想法是透過制約作用，將飲酒與噁心聯繫在一起，從而打消酗酒者想飲酒的念頭（不過，這招對青少年似乎無效）。

另一項技術是利用學習原理來治癒恐懼症，而非製造恐懼。例如系統減敏感法（systematic desensitisation），旨在用一種與恐懼不相容的反應（如放鬆）來取代恐懼的行為反應。這樣做顯然不可能立即產生效果：它是一個漸進的過程，當事人首先接觸一個最溫和版本的刺激，學習在該刺激出現時保持放鬆。例如，如果你害怕蜘蛛，那麼一開始可能只是讓你看一張蜘蛛網的圖片。一旦成功適應之後，就會換成稍強程度的恐懼物件或情境作為刺激，當事人再次進行放鬆練習，直至能完全不以為意。一步一步地，刺激會越來越接近真實情境，最終當事人能夠面對恐懼源，並學會完全放鬆與控制恐懼源。

其他形式的行為療法也陸續發展，且被證明成效不亞於精神分析法。兩種方法都對某些患者有效，但沒有一種能對所有患者都有效。兩種方法的擁護者都強調自身的成功案例，並各自有一套說詞：精神分析學家指責行為主義者只治療表面症狀而未觸及根本成因；而行為主義者則反駁，表面症狀才是真正重要的，改變行為本身就是實際解決問題。然而，在臨床領域，行為療法的療程相對較快，成本也明顯低於動輒耗時數月或甚至數年的精神分析法，因此它已成為治療某些精神障礙的重要替代方案。

史金納的獎勵觀點與烏托邦

在行為主義影響力日益擴張的過程中，史金納（B.F. Skinner）厥功甚偉，他被視為行為主義的三大創始人之一。史金納闡明了學習理論的多項基本原理，將巴夫洛夫的條件反射研究和桑代克的「效果律」研究融會貫通。他提出，行為分為兩類：一類是反應性行為（respondents），亦即對刺激的反應，像巴夫洛夫研究的反射動作即屬此類；另一類是操作性行為（operants），是動物（或人類）自發產生的行為，桑代克研究貓在籠子裡的行為（見第七章）即屬此類。反應性行為可透過重複制約來養成，操作性行為則取決於獎勵或行為後果的制約。

史金納成為公認的操作制約權威。他對該理論的各個面向進行了詳盡研究，探究如何透過給予獎勵來積極地強化行為，或透過逃脫或避免不愉快情境來消極地強化行為。他強烈反對用懲罰作為控制行為的手段，因為懲罰只能壓制錯誤行為，不能鼓勵積極的行為——沒有什麼可以阻止受罰者做出其他同等錯誤的事情。相反，史金納力主，教育工作者和矯正人員應該透過明智運用獎勵與誘因，逐步塑造行為。

在課堂上，他主張學生透過做對事情所學到的東西會比做錯事情更多，因此應該將學習經驗的安排應盡可能強化獎勵與成就感。史金納相信，既然學習源自刺激－反應連結，只要教學機器經過精心設計，引導學生從簡單知識逐步到建構複雜知識，其效果就可以與人類教師相當。這些觀點也呼應了奧爾波特在社會心理學中對個體的重視，因此獲得廣泛關注。當時許多教學實驗沿著這種思路推進，取得了不同程度的成功。

史金納的核心思想圍繞著「獎勵」展開。他說明不同的獎勵計劃會產生不同的效果，而複雜的行為模式可透過他所謂的行為塑造，以每次進步一點點的方式學習。他會從與最終目標微微相似的操作行為開始，透過獎勵訓練這些行為，直到它們能穩定出現為止；接著，他只會獎勵更接近最終目標的行為，最後就能訓練出非常複雜的行為。有傳聞說，他在演講時曾用這套技巧訓練一對鴿子，讓牠們在講桌前打改良版的乒乓球，以此示範行為塑造過程。

正如你可能猜想的那樣，史金納是個烏托邦主義者：他堅信社會工程可以透過應用制約原理來改善社會。他寫過一本名為《桃源二村》（*Walden Two*）的小說，描繪了一個按照他勾勒路線運作的社會。一九七二年又出版《超越自由與尊嚴》（*Beyond Freedom and Dignity*）一書，主張自由與尊嚴本質上都是神話般的概念，因此社會若能認清這一點，並透過廣泛應用良性制約技巧鼓勵人們成為負責任的公民，社會將變得更美好。毫不意外，這論點引發的爭議比當年精神分析與行為治療的爭論更為激烈。

反對一方的主要代言人是語言學家諾姆・杭士基（Noam Chomsky）。真正激怒杭士基的是史金納一九五七年出版的著作《言語行為》（*Verbal Behavior*）。書中主張，兒童習得語言的原因在於，兒童與他人的互動會精細且無意識地塑造其語言行為。嬰兒牙牙學語時發出各種的聲音，當他們發出類似母語單字的聲音時，父母給予的反應最為積極，這會鼓勵孩子發出更多這一類聲音，其中有些會逐漸形成真正的單字或近似的詞彙。嬰兒周圍人們的正向反應強化了這些行為，促使孩子重複練習。因此，孩子不僅由此學會單字，也會根據所處文化的語法規則，逐漸學會適當使用語言。

語言學家杭士基反對此觀點。他主張，人類有與生俱來的語言能力。語言學習不僅僅是反覆試誤的過程，而是人類天生擁有一種內建的語言習得裝置，使他們能特別有效地學習所處文化中的相關詞彙。此外，他力主語言習得裝置不僅讓人類敏銳地捕捉有意義的詞彙，也掌握到語法規則。每種語言都有與生俱來的語法結構，他稱之為深層結構，例如幼兒簡單的語法：Daddy ball（爸爸球）或 Allgone milk（牛奶沒了）。在杭士基看來，這種深層結構具有普遍性，形成了表層結構的先天基礎（表層結構是指每種語言更為複雜的語法規則）。

先天與後天的爭論

杭士基和史金納的這場爭論，是日後被稱為先天／後天爭論的一個範例。強調先天的一方主張，人類的行為和學習方式是由先天傾向決定的，換言之，這些傾向是遺傳而來，是人類心智發展的最重要因素。我們在第六章已經見過智力得自遺傳的強烈主張，但這場爭論並不限於該領域。例如在兒童心理學中，它曾經是主導的概念：像阿諾德．格塞爾（Arnold Gesell）等著名心理學家就曾倡導，母親應該放棄任何自己能實際影響孩子發展的想法，她們的角色僅只是提供一個可滋養孩子先天能力自由發展的環境。先天因素決定發展的觀點盛行了一段時間，並主導了一些社會政策，直到一九六〇年代仍具影響力。

支持後天的一方則認為，學習比遺傳得來的能力更重要。約翰．華生當然是其中之一，而史金納接下了火炬，並在幾乎各個方面都向遺傳決定論者提出挑戰。他公開且一貫主張，即使是複雜抽象的行為，也能用制約原理來解釋。對許多相信科學能推動進步的人來說，這些觀點帶來了一定程度的樂觀：或許人類終究可以改變，戰爭也未必是不可避免的。

雙方的激烈爭論持續了數十年。但總有一些心理學家處於這兩個極端之間，以各自的方式呼籲保持折衷。我們將在第三十六章再重返這個議題，探討二十世紀下半葉圍繞智力的先天／後天爭論如何延續。

14

發展中的心智

皮亞傑、格塞爾和維高斯基的育兒觀點

「你孩子的發展取決於你提供的訓練。」
「孩子的發展由天性決定，身為父母的你無法影響這一點。」
「嬰兒餵食的時間必須嚴格遵守固定作息。」
「你必須不惜一切代價避免讓寶寶不舒服，當他表示餓了的時候就該餵奶。」
「在如廁訓練時要保持敏感：太嚴格或太寬鬆都可能導致成人期的肛門期固著（anal fixation）。」
「嚴格的如廁訓練至關重要，應該及早開始。」

一九二〇年代的父母面臨一連串令人困惑的選擇：該如何養育孩子？當然，許多人直接遵循母親的建議去做，但這並不符合當時的現代化潮流，因此另一些人轉向科學與專家尋求「最佳」方法。然而正如我們所見，專家們的觀點明顯分歧。

三種主要觀點爭奪心理學主導地位

精神分析學家的觀點認為，成人的情緒平衡完全取決於嬰幼兒時期的精心引導；先天論者認為，兒童的發展會自自然然透過遺傳對成熟造成影響；行為主義者認為，兒童的發展完全是透過制約作用實現。

我們在第五章讀到過，安娜·佛洛伊德和梅蘭妮·克萊因的研究如何催生兒童發展的精神分析觀點。他們和其他精神分析學家強調，適當的教養對健康情緒發展至為重要。這種觀念與「遺傳主導發展、父母的影響微乎其微」的主張形成鮮明對比。後者的主要倡導人是阿諾德·格塞爾，他創立一間成功的兒童診所暨研究機構，他給家長的建議廣為流傳。根據格塞爾的說法，父母的責任只是提供讓孩子自然成熟的環境，他們應該放棄自己能實際影響孩子發展方向的念頭。

格塞爾的觀點反映了當時普遍流行的遺傳決定論假設。他的研究所為新手父母編寫了許多手冊指南。然而，日益壯大的行為主義學派正在宣揚不同的訊息，其掌舵人華生同樣也針對兒童發展為父母編寫手冊與指南，所傳達的訊息與遺傳決定論大相逕庭。華生堅信條件制約是所有兒童發展的核心，他的著名論斷是：只要給他十二名健康嬰兒，並讓他在自己設定的環境中撫養他們，他就能將他們培養成任何類型的人——與生俱來的能力完全無關，一切取決於後天學習。

對行為主義者而言，嬰兒本質上與其他幼齡動物（他們習慣稱之為有機體）並無不同。他們會透過聯想學習，在刺激和反應之間建立連結，而這種學習會因獎勵或不愉快的後果得到加強。他們將嬰兒的心靈視為一塊白板，相信嬰兒的行為、記憶，甚至語言本身，完全都是後天學習的產物。

大多數心理學家並不會如此極端。當時主流的假設是，兒童心智的發展，是透過整合他們所經歷過的感覺和動作的小單位，進而識別物體或人物。但並非所有人都贊同這一點。正如第十一章所述，完形心理學家考夫卡主張，心靈最初以整體印象開始，之後逐漸分化為具體經驗。但總體而言，心理學家認為心智的發展是由經驗和一些先天傾向（例如語言能力）結合而成的。

生物學家皮亞傑登上心理學舞台

此時，一位狂熱的生物學家登場了，他對軟體動物充滿熱情，並堅信演化論可以解釋一切，包括生理能力和心理能力。儘管皮亞傑本人並非心理學家，卻對心理學很感興趣，尤其關注形式邏輯和數學等高級心智功能。他想知道，這些功能究竟是如何演化而來。作為生物學家，皮亞傑認為任何認知發展理論都必須基於演化論。但人類展現出的抽象分析、解決問題和其他複雜思維形式，究竟是如何透過演化形成的呢？

當時有一種流行的觀點被稱為胚胎重演律（recapitulation theory），其靈感得自觀察胎兒在子宮內的發育過程。人類胚胎在最初的幾個星期會先長出鰓（在肺發育前用於獲取氧氣）。隨後外觀與其他哺乳動物無異，再後來變得類似猿類，最終才會呈現獨特的人類特徵。有些學者認為，這意味著胎兒正在重演（重新經歷）物種演化的各個階段。換言之，個體生成（ontogeny，即個體的發展）會重演種系生成（phylogeny，即物種的演化）。

正是這個理論啟發了皮亞傑的研究。如果「個體生成」會在生理發展中重演種系生成，那麼這個法則想必也適用於認知能力的發展？這意味著，研究兒童在成熟過程中不同階段的思維，將成為理解人類高層次認知能力是如何演化的關鍵。

皮亞傑以考夫卡的觀點出發。他相信，嬰兒出生時，一切經驗都只是混沌的一團感覺。此時的嬰兒完全以自我為中心：個人經驗就是他們的整個世界。然而隨著時間推移，他們逐漸意識到自我和非我的區別：他們的某些經驗與其他部分不同，甚至有時非我的事物並不存在於當下。皮亞傑認為，這正是認知的起點。從那時起，認知發展就是自我中心傾向逐漸複雜化並弱化的過程。

對皮亞傑而言，自我和非我是最早的心智基模（schemas），也就是描述和儲存認知及個人經驗的方式。他闡述了基模如何隨著經驗變得更加精密複雜：基模會擴展以同化新資訊，或調整甚至分化以適應更複雜的知識。例如，嬰兒最早的自我基模很可能包含母親（或照顧者）；隨著孩子意識到照顧者並非總是在旁邊，這個基模會分裂為非我與自我，而非我又逐漸分化為其他人、其他地方或其他類型的經驗。例如，幼兒可能會稱所有毛茸茸的動物為「狗狗」，然後才逐漸學會區分狗、貓、羊等不同動物。

皮亞傑認為，所有認知發展都是對現有基模的修正。但這必須透過經驗才能發生，而他認為經驗只能透過對環境進行操作（也就是採取具有影響力的行動）來獲得。隨著兒童能夠執行不同類型的操作，他們的自我中心會逐漸減弱。嬰兒的操作往往簡單且重複，例如敲打撥浪鼓發出聲音，或玩「把泰迪熊丟出嬰兒床讓爸爸去撿」的遊戲。隨著孩子成長，基模變得更加精細。幼兒能進行簡單的操作，但他們仍以自我為中心，通常無法從他人的角度看事情。例如，很小的孩子如果用雙手摀住眼睛，他們很可能會因為他們看不到你，而以為你也看不到他們。

現代發展心理學家稱此為兒童心智理論（theory of mind，簡稱TOM），並發現它通常在三歲半左右形成，儘管皮亞傑自己的研究暗示其出現的時間要晚得多。在皮亞傑看來，幼兒只專注於發展感官和運動技能；較年長的兒童會經歷一個可以處理相當複雜問題的階段，但前提是問題基於真實世界。隨著成熟，他們可以處理複雜的抽象問題——皮亞傑認為，這是認知的終極階段。

皮亞傑相信這些階段具有生物學基礎，某些操作必須達到一定的生物成熟度才會出現。儘管這只是他理論中的一小部分，卻被教育工作者過度強調，究其原因，可能是這替「為什麼有些孩子似乎沒能從老師那裡有效學習」提供了一個方便的藉口。皮亞傑的理論主導了西方的小學教育長達數十年。

維高斯基在蘇聯的研究

皮亞傑的理論反映了西方思想中的個人主義。然而當時在蘇聯，一種截然不同的取向正在興起。「塑造新蘇維埃人（或女人）」是共產主義社會的明確目標，並滲透到教育中，把合作與社會意識視為兒童學習的核心。典型的課堂會分組活動，每個小組的成員互相幫助學習。考核也主要以團隊為基礎，並刻意表揚和鼓勵助人行為。

這種對社會性的重視也滲透到了知識思想中。儘管蘇聯心理學家了解西方理論，但他們卻傾向反對西方的個人主義取向，認為社會至關重要且未被充分認識。因此，當皮亞傑在瑞士建構其宏大的認知發展理論時，蘇聯卻出現了截然不同的觀點。列夫·維高斯基（Lev Vygotsky）知悉皮亞傑的理論，但認為它忽略了他人（尤其是成人）對兒童認知發展的影響。

在維高斯基看來，認知發展透過兩種途徑發生。一如皮亞傑所描述的那樣，一般物理知識是透過與環境的實際互動獲得。維高斯基將這種為兒童學習提供的機會稱為個人發展區（zone of personal development）。但兒童所處環境中的他人，則提供了擴展的認知環境——不只透過直接教導，還透過對話、提供可模仿榜樣，甚至間接透過閱讀、戲劇及其他社會機構實現。

維高斯基稱之為最近發展區（zone of proximal development），並認為這是理解兒童如何獲得高級認知技能的關鍵。例如，在木工家庭長大的孩子，僅透過簡單地把玩工具和木材，就能學到很多東西。但是只有當成人向孩子示範如何最有效使用這些工具，孩子才會真正掌握熟練技巧。同理，兒童能學會解決基本的實作難題，但需要成人（老師、父母和其他人）的幫助，他們才能發展出精細的思維能力。在維高斯基看來，成人的介入為兒童提供了一個鷹架（scaffolding）跟支持，讓他們得以進一步學習和發展，包括獲得複雜的認知技能。當然，提供支持的不必然是成人，也可能是較年長的兄姊、其他兒童或任何人。但維高斯基強調的重點是：認知發展是一個社會過程，而非抽象的個人歷程。

維高斯基的理論著作在蘇聯社會廣為人知，但直到一九六二年被翻譯成英文後，才真正對西方產生影響。隨著一九七〇年代末到八〇年代初，許多針對皮亞傑理論的挑戰湧現，質疑皮亞傑忽視了社會面向的重要性是重大缺陷，維高斯基的理論因此逐漸受到重視，為解釋這些發現提供了另類視角。儘管維高斯基的理論在兩次世界大戰期間於俄國發表時，未必獲得充分評價，但在二十世紀後期的西方，其價值終於獲得肯定。

兩次世界大戰期間是發展心理學理論建構的活躍時期，儘管部分理論要到二次世界大戰後才發揮全盤影響。俗語說「當蒸汽機時代來臨，蒸汽機自會應運而生。」當時正值現代主義興起，人們堅信能建構一個美麗新世界，在那裡科學的進步將徹底根除舊社會問題的殘留影響。人們相信科學技術會找到解決所有社會需求的答案，一如生物學透過疫苗接種消滅疾病那樣。

在美國，強調人類心智是一塊白板的行為主義，提供了理解人類的新途徑；在蘇聯，如維高斯基的研究所示，社會影響被視為至關重要。兩者都揚棄了傳統並提出新方法。然而，這些理論直到二次大戰之後才被廣泛接受。典範轉變需要時間，但在心理學領域，許多革命性的轉變因一九三九年至一九四五年全球衝突帶來的劇變與挑戰而加速發生。

15

遺失的環節

從需求與驅力解釋動機，以及來自馬斯洛的挑戰

「手段、動機、機會」：阿嘉莎・克莉絲蒂（Agatha Christie）的這條公式幾十年來都是謀殺推理作家的創作圭臬。手段和機會這兩項很好理解：一個人是否具備實際犯案的能力，以及是否有機會下手？但動機呢？是什麼促使人們犯下謀殺等罪行？心理學能否幫助我們理解這一點？

如果你是在上世紀中葉提出這個問題，得到的答案會是「不能」。心理學花了很長時間才掌握人類動機的複雜面向。當然，佛洛伊德除外，他對此有自己的一套理論。正如第五章所述，佛洛伊德把人類動機大多歸因於潛藏的早年創傷和無意識的願望滿足。我們有驅使行為朝向快樂的生命本能（稱作原慾）；還有驅使行為朝向邪惡行徑的死亡本能（稱作桑納托斯）。

這是一種理論，但它真的能解釋嗎？佛洛伊德發展出死亡本能的概念，試圖解釋一次世界大戰的殺戮，從此也深受驚悚小說家的喜愛。但如果我們都擁有這種黑暗能量，為什麼現實生活中的謀殺案卻如此罕見？為什麼士兵需要經過大量訓練才鼓得起勇氣殺人？大多數人——目前為止絕大多數——寧願過這更平和的生活，盡量避免衝突，與別人和睦相處。在日常生活中，我們偶爾會憤怒，但真正的仇恨和攻擊並不像劇作家描繪的那麼常見。他們會那樣寫，只因為平和、合作的行為很難成為一個精采故事。

一八九〇年，威廉・詹姆斯在他極具影響力的著作《心理學原理》中，追隨達爾文的觀點，認為人類的動機主要源自本能。他相信，飢餓時尋找食物、愛護自己的孩子、尋找安全的居所，都是出自本能。當這些事物受到威脅，我們會以攻擊性的方式做出反應，這同樣是本能驅使。乍聽之下相當合理——直到我們深入去探究。因為儘管聲稱某件事是「本能」意味著它是天生的、無須學習的，但這並未告訴我們實際上人們會如何行動。我們固然有追求安全的本能，但這對一個人來說，可能意味著保護自己家園免於受罪犯侵擾；而對另一個人來說，可能意味要賺取足夠的錢；對第三人而言，可能會著重於居所的物理結構安全；而第四人可能會從生活在友善互助的社群中得到安全感。因此，若我們想理解是什麼驅動人們，或人們為什麼如此行動，僅僅用本能一詞並無法讓我們深入探究。

動機源自本能，還是刺激－反應學習？

歸根結柢，早期心理學家並沒有真正重視動機這個議題，他們將其視為理所當然。但行為主義改變了這一切。行為主義者駁斥佛洛伊德的無意識動機觀念，也反對詹姆斯的本能理論——事實上，他們駁斥任何與人類心智有關的概念。在他們看來，整個心智概念過於模糊且不科學。他們的新心理學是現代化的，不受傳統束縛，必須是客觀、實證且（最重要的是）嚴格科學的。這原則不僅適用於人類經驗的各個面向，也同樣適用於動機。

行為主義者認為，動機就如同其他一切現象，最終都可歸結為刺激－反應學習。餓了的嬰兒被餵食後感到滿足，因此餵食和舒適感與母親的存在聯繫在一起。這種連結形成了一種學習得來的依附，這種依附後來又擴大成對其他親近者的溫暖情感。行為主義者主張：忘掉本能吧，所有人類（和動物）的動機都可以透過後天學習的刺激－反應連結來解釋。

刺激與反應中間還存在需求

這就是克拉克．赫爾（Clark Hull）面臨的處境。赫爾是來自紐約州的一個農家男孩，只有零碎的上學經歷，成年後自學閱讀，最終在大學研讀數學。這段經歷引領他進入性向測驗（aptitude testing）領域，後來又逐漸將興趣轉向催眠與可受暗示性（suggestibility）研究，進而接觸到心理學以及詹姆斯、華生和巴夫洛夫的著作。憑藉自學的經驗，赫爾對學習和促成學習的行為特別感興趣，並成為一名堅定的行為主義者。他的最終目標是建立一套「學習的數學理論」。

赫爾認為當時的學習理論缺少了某些要素。當巴夫洛夫和華生談到學習時，彷彿它是刺激與反應之間的直接連結。這種說法簡潔明瞭，卻存在一個問題：我們並非總是以相同方式回應同一種刺激。例如，在廚房裡看到一條麵包，你可能會做一份三明治，但也可能不會。然而刺激物——麵包——是相同的，差別在於你是否感到飢餓。飢餓既不是刺激，也不是反應，而是一種生理狀態，卻會徹底影響我們對刺激的反應方式。

過去人們普遍認為，實驗中使用的動物必須處於飢餓狀態，食物獎勵才會有效。但在赫爾之前，沒有人注意到這實際上意味著什麼。赫爾認為有一點非常關鍵：有機體的基本狀態決定了學習是否發生。雖然刺激跟反應都存在，但兩者之間還橫亙著有機體的狀態，而這種狀態會影響後天學習的連結能否形成。

赫爾相信，連結的形成與需求和驅力相關。需求是某種缺乏狀態，例如，身體因為缺乏水分而處於脫水狀態。這種需求會產生驅力（口渴），即一種緊張狀態，從而促使我們採取行動來減輕這種緊張感（例如泡一杯茶、從水龍頭接一杯水、從溪流中飲水等等）。這就是刺激（缺乏液體）和反應（喝水）之間的連結形成方式，而這本質上就是赫爾的「動機驅力理論」。

因此，赫爾的模型不是S－R（刺激－反應）學習，而是S－O－R（刺激－有機體－反應）學習，其中的O代表有機體的狀態。（順帶一提，行為主義者用「有機體」一詞泛指動物、人類或任何其他生物。他們希望藉此強調，自己探討的是學習的基本單位，即心理學的「原子」，它適用於一切具備學習能力的生物。當然，這樣的用詞聽起來也更科學。）

赫爾的研究發表於一九三〇年代晚期。大約同一時期，科學家們也在探索下視丘（hypothalamus）在維持身體體內恆定（homeostasis）中的作用。體內恆定是身體的內部平衡狀態，負責調節體溫、體液平衡與血氧濃度等生理狀態。下視丘是大腦中控制這種平衡的區域：當血糖過低時，它會引發飢餓感促使我們尋找食物；當體溫過高時，它會刺激出汗讓身體降溫；當體溫過低時，它會引發顫抖以保持肌肉活動；當劇烈運動消耗體內大量氧氣時，我們會加深呼吸。凡此種種都是體內恆定機制，讓身體在需要時重新恢復平衡。

下視丘調節體內恆定的發現，為赫爾的理論提供了神經學的依據，他進而開發出一套複雜的數學公式，以客觀「科學」的方式描述學習和動機。他的研究為他贏得耶魯大學心理學教授的崇高職位。毫不意外，他的驅力理論從此確立為解釋動物和人類行為的核心心理學解釋——亦即解釋動機的理論。

需求理論的研究

但這足夠解釋嗎？它或許能解釋我們口渴時為什麼會喝水，但人類絕大多數的行為及其背後動機，都比這複雜得多。因此該理論很快被修正，以涵蓋更複雜的動機。新提出的一項關鍵區分是初級驅力和次級驅力。赫爾和當時的其他行為主義者一樣，相信所有動機都源自初級驅力，亦即直接反映生理需求的本能驅動力。更複雜的次級驅力則透過連結學習得來：例如，「依附」這種次級驅力，被認為是透過將食物、舒適感與母親形象連結而發展出來的。

能滿足驅力的事物（例如食物對飢餓的動物）稱為誘因（incentive）。赫爾區分了食物這類直接誘因，以及例如金錢（某本教科書甚至提到好聽的音樂）等間接誘因——後者可以驅動行為，卻不直接滿足生理需求。次級驅力和間接誘因這兩個概念，讓赫爾的理論幾乎能彈性解釋人類行為的各個面向。儘管這個過程中，解釋有時有點牽強，但整體概念很快就被接受了，促使心理學家們釐清更複雜的人類需求，例如：成就需求（nAch）、影響他人的權力需求（nPow），以及歸屬需求（nAff）——這是我最喜歡的縮寫。針對這些需求的心理計量測量工具，迅速受到研究人員和應用心理學家的歡迎。

然而並非所有需求理論都源自行為主義。最著名的需求理論來自亞伯拉罕・馬斯洛一九五四年的研究。當時他與哈利・哈洛（Harry Harlow）合作，後者進行了一系列聞名至今的實驗：將剛出生便從媽媽身邊被帶走的幼猴，提供牠們兩種替代母親，一個是用鐵絲纏繞、但綁著一個奶瓶的餵食母猴模型，另一個則是包裹著毛巾布的絨布母猴模型。幼猴大部分時間都緊抱著絨布母猴，只在想吃奶時短暫離開去找鐵絲母猴。當實驗提供幼猴探索機會時，牠們會緊靠著絨布母猴尋求安全感：若絨布母猴不在，幼猴就會膽怯而不願探索；但如果絨布母猴在一旁，幼猴就會比較勇敢，表現出較多的好奇心。馬斯洛發現，這些研究挑戰了依附的核心是初級驅力的假設——如果初級驅力真是關鍵，幼猴應該會認為提供食物的鐵絲網母猴也能同等帶來安全感。

馬斯洛把需求區分為D需求（即匱乏需求）和B需求（即存在需求）兩大類：前者用於滿足特定的缺乏或不足，後者則涉及生活的更高層面。他提出了一個階層模式，主張只有當較低層次的D需求獲得滿足後，較高層次的需求才會被喚醒。生理需求是最基礎的：如果未能被滿足，它們會比任何其他需求都顯得更重要；一旦獲得滿足，下一個層次的需求就變得重要；如果這些又滿足了，那麼再下一個層次又變得重要。馬斯洛勾勒的需求層次從低到高分別為：（一）生理需求；（二）安全需求（住所與庇護）；（三）愛與歸屬需求；（四）尊重需求（他人的尊重與自尊）；（五）認知需求（好奇心和探索意義）；（六）審美需求（對美、秩序和對稱的追求）；最高階層是（七）自我實現需求（實現個人全部潛能）。

馬斯洛理論的簡化版在組織心理學中非常流行，至今仍然如此。它用一個「需求金字塔」來表示各階層的需求（儘管馬斯洛本人從未繪製過此類圖表），它看似為管理階層解釋了為何員工（或是工會代表）總是難以完全滿足的問題。根據這個模型，當薪資達到足夠水準後，員工注意力就會轉向工作條件；如果工作條件合適，便會開始關心工作滿意度，依此類推。我們會在下一章繼續談馬斯洛，因為他是人本主義心理學的重要創始者，這套體系對行為主義提出了重大挑戰。

16

人本主義運動

強調全人

塞繆爾・馬斯洛（Samual Maslow）和妻子羅絲（Rose）受夠了。儘管當時的基輔（時屬俄羅斯帝國）已有要求改革的聲浪，但基輔與帝國其他地區的猶太人都一樣，持續生活在威脅之下。反猶暴動和其他暴力事件頻繁發生，猶太人頻遭殺害。甚至有一項國家法律規定，所有滿十二歲的猶太男孩都要接受徵召編入俄羅斯軍隊的一支特殊單位，在那裡他們過著悲慘的日子：過度勞累、食物不足，還經常遭受虐待。年僅十歲的男孩也可能被強行從家中帶走（而且經常如此），理由是他們看上去已經滿十二歲了。在舊歐洲身為猶太人，意味著時刻要面臨迫害的風險，但新興的美國給他們帶來了美好生活的希望。

塞繆爾和羅絲一結婚就立刻移民到這片應許之地：紐約市的布魯克林區。他們的長子亞伯拉罕於一九〇八年誕生於此。這家人是新移民潮的一員：從一八八〇年至一九二〇年間，超過兩千萬的移民湧入美國，主要來自南歐、東歐和中歐。如同當時移民到美國的兩百萬猶太人，塞繆爾和羅絲在一個多元民族的社區定居下來。

應許之地並非總是甜蜜與光明。亞伯拉罕・馬斯洛的父母很窮，需要賣力工作。他們對孩子嚴厲且缺乏親情，卻非常重視教育。亞伯拉罕是七個孩子中的老大，他童年孤獨，經常被其他孩童欺負。在亞伯拉罕居住的貧困社區，遊蕩無事的幫派成員普遍帶有種族主義和反猶傾向，身為猶太人的他動輒被丟擲石塊攻擊。但儘管有個不快樂的童年（或許也正因如此），他長大後成為一個充滿關懷和愛心的人，堅信世界可以變得更美好。這份信念塑造了他的職業生涯，最終成為他畢生的志業。

心理學的第三勢力萌芽

馬斯洛的童年並沒有太多朋友，但他熱愛閱讀和學習，經常上公共圖書館，在高中時用功極勤。他在父親的建議下曾短暫嘗試攻讀法律，但很快發覺並不適合他，最後進入威斯康辛大學攻讀心理學。在那裡，他與哈利．哈洛一起研究靈長類動物，又與桑代克一起研究人類性行為。他對當時主導心理學界的嚴格實驗／行為主義方法感到不滿。第二次世界大戰更讓他確信，心理學的兩大主流：行為主義和精神分析，完全都沒有探討人類心理的正面面向。馬斯洛開始相信，發展另一種研究取向（即第三勢力）不僅可能，更是必要的。

他並非要全盤否定行為主義方法，但認為它過度強調人類行為的負面面向，專注於糾正缺陷或錯誤學習，而非激發積極特質。同樣地，精神分析關注的是問題與負面經驗，卻忽略了人類存在的積極潛能。他與人類學家露絲．潘乃德（Ruth Benedict）和完形心理學家馬科斯．韋特墨的專業討論，加上他自身的成長經歷，讓他相信人類的內涵遠遠超過滿足需求或處理童年創傷。這些因素促使他發展了所謂的人本主義心理學：一種探討人類積極特質（如希望、創造力、愛與健康）的研究取向。

如前一章所述，馬斯洛的理論貢獻之一，在於區分出僅用於彌補匱乏的需求（他稱為D需求）和追求更高價值的需求（他稱為B需求）。該理論揭櫫了這樣一種觀點：人類的動機不僅僅止於生理需求，還可能受到美麗、友誼和自我實現等因素驅動。馬斯洛的理論很快在組織心理學產生重大影響，他提出的階層模式至今仍被納入教學內容。但他對心理學最主要的貢獻是，他堅信人類具備善良的潛能，並持續努力證明，這份信念也應成為心理學研究的一部分。

馬斯洛還遇到了志同道合之士：臨床心理學家卡爾・羅傑斯（Carl Rogers）的研究也得出類似的結論。透過臨床工作，羅傑斯逐漸相信人類有兩種絕對根本的心理需求：其一是自我實現的需求，其二是獲得他人積極關注的需求。他在臨床中觀察到，許多心理問題皆源於這兩種需求的衝突。

羅傑斯認為，多數人會從父母或家人身上獲得無條件積極關注：亦即無論他們說什麼或做什麼，都會被愛與接納。但對某些人而言，積極關注是有條件的，例如當父母因為孩子表現得「不好」而收回關愛時，根據羅傑斯的說法，這意味著這些孩子長大成人後將不敢冒險失去他人的積極關注。若他們採取獨立行動發展自身潛能（也就是追求自我實現），可能會招致他人的不認同，因此他們會壓抑這種需求。於是，要滿足獲得認可或尊重的心理需求，往往意味著要犧牲探索自我與建立自信的動力。根據羅傑斯的臨床觀察，這種矛盾會導致精神官能症。

和馬斯洛一樣，羅傑斯相信人性本善，但他們的積極特質常常被負面經驗與信念所壓抑或扭曲。他認為，所有人都會努力發展並實現自身的個人潛能。成功達成這一目標的人，會過著富有創造力的幸福生活，而這也正是在羅傑斯眼中心理學應該關注的核心。

馬斯洛和羅傑斯都使用了自我實現的概念，但他們看待它的方式有所不同。在馬斯洛看來，自我實現是一種巔峰體驗，一種極少能達到的特殊狀態。因此，能夠持續達到這種狀態的人往往是相當特別且與眾不同的群體。然而對羅傑斯來說，自我實現更像是一種過程，是為了滿足一個持續存在的需求而採取的行動，而非達到某種特殊狀態。他認為，自我實現的需求可以透過各種方式得到滿足，端看個人決定——玩音樂、製作模型、從事園藝或任何能帶來個人成就感的活動皆可。重要的是個人自身的「自我」，而這也是羅傑斯提出的另一個重要概念。自我的概念在行為主義時代已幾乎消失，精神分析學家僅將其視為平衡內在緊張的機制，但對羅傑斯來說，它卻是理解真實個體的關鍵。

消費主義興起的時代背景

戰後時代的其他心理學家，也在挑戰行為主義和精神分析的僵化教條。馬斯洛和羅傑斯為這股新思潮確立了關注焦點，證明心理學不僅能從人本主義角度研究，而且還能透過這種方式探討許多人類經驗中的問題——這些問題在行為主義或精神分析的框架下，既無法回答，甚至無法被提出。我們也應該注意到，當時消費主義興起並開始形塑西方社會，因此對自我的興趣以及探索自我不同面向的方式與時代完全契合。就像行為主義「一套歷程適用所有人」的教條，曾經符合二十世紀上半葉的現代主義精神一樣。

隨著對此第三勢力的興趣蔓延，人們開始聚會交流想法，羅傑斯和馬斯洛迅速被視為新的人本主義心理學派的創始人。要求成立一個反映新研究取向的正式協會的呼聲越來越高，於是美國人本主義心理學協會於一九六一年正式成立。然而這些理念遠遠傳播到美國本土之外，為因應國際間的廣泛興趣，協會在一九六三年去掉「美國」二字，更名為人本主義心理學協會。

根據該協會的期刊所述，人本主義心理學可以用五項基本原則來定義。第一項原則指出，人不僅僅是各部分機能的總和。我們擁有理想、信念和其他人類所獨有的特質，這些特質是人性的獨特展現，而不是由試誤學習等基本要素衍生。第二項原則強調，人類不僅生活在物理環境中，更處於獨特的人文情境裡。我們與他人的互動經驗是生活中的重要組成，它形塑我們行為與信念的力量，並不亞於物理環境。

人本主義心理學的第三項原則強調意識和覺察（awareness）——不僅是我們當下的感受，還包括我們與他人之間關係中的自我。這又引出了第四項原則：身為有意識的人類，我們不僅被動回應環境需求，還會主動做出選擇，因此我們須對自身行動及其後果負責。第五項原則是，身為人類，我們具有意圖（intentions）。我們依據這些意圖指導我們的行動，並以各種方式在生活中尋找意義、價值和創造力。

對心理治療領域的重要影響

在人本主義心理學風行的最初幾十年間，主要的影響體現在心理治療領域。羅傑斯起而倡導一種全新的治療方向，其核心精神可以用一句話概括：尊重接受治療的人，將其視為一個人而非病人。他在一九四〇年代初開始勾勒這套新方法，並在一九五一年出版的《當事人中心治療》（*Client-Centered Therapy*）一書中完整闡述。他在書名中刻意使用「當事人」一詞，為的是強調這個人不僅是被動接受治療，而是根據個人選擇積極參與治療過程。他的方法也強調尊重個人，並與他們保持友好和互動的關係的重要。

在一九六〇年代，羅傑斯開創的許多新穎方法廣為流行。其中之一名為非指導性治療（non-directive therapy），其核心概念在於，當事人完全有能力自行找出生活的解決方案。治療師的角色並非告訴他們該做什麼，而是協助他們覺察什麼對自己最合適。羅傑斯也承認，治療師有時確實需要給予建議，因此不能完全排除指導性，但非指導性治療的基本理念完全顛覆了當時盛行的「我是專家所以我最懂」的權力關係。據羅傑斯和許多其他追隨仿效他的臨床工作者的觀察，這種新方法的效果遠勝從前。

羅傑斯提出的另一項技巧是會心團體（encounter group）：將許多具有相似經歷的人聚集在一起，使他們能分享個人經歷與可能的解決方案。治療師是參與會心團體的一員，但他們的主要角色是促進討論，而非指導討論。會心團體變得非常流行，甚至發展出一種極端的版本：訓練團體（T-group）。訓練團體的參與者會被勸說向他人敞開心扉，說出內心深處的想法和焦慮，目的是打破既有的防衛機制，從而實現心理療癒。訓練團體後來漸漸退流行，因為人們意識到並非所有的防衛機制都是有害的，而且有些防衛機制甚至有保護作用，但會心團體的整體原則仍沿用至今。

雖然人本主義心理學早期的影響主要在在心理治療領域，但它對整個心理學的影響持續至今。它顯示了新研究方法的必要性——這些方法不僅強調行為，也重視意義，最終引發了我們將在第四十章探討的方法論挑戰。此外，人本主義心理學強調以整體觀理解一個人，並探索人的潛能，替那些對心理經驗其他面向（如自我效能、靈性和正念）感興趣的研究者提供了理論基礎。最終，它也催生了正向心理學——我們將在第三十七章探討這個領域。

17

心理學從軍去

一個轉折點一應用心理學與軍事研究

英國正處於戰時，有一萬人被徵召到布萊切利園（Bletchley Park，譯注：位於英格蘭布萊切利鎮）工作。他們被安置在當地村落，在搭建於莊園內的臨時棚屋群裡工作。每個人都心知他們從事的是一項大型密碼破解計畫，計畫的成敗對戰爭勝負至關重要。但沒有人談論這件事——即便對朋友、家人和甚至是配偶都未提及。有些人一輩子都絕口不提這件事，另一些人則直到半個多世紀後才加以憶述。他們的房東甚至也不會問東問西，大家都懂得「無心之言出人命」（careless talk costs lives，譯注：這是英國一九四〇年代著名的海報標語）的道理。

第二次世界大戰徹底改變了歐洲。歐陸各國面臨入侵、匱乏甚至饑饉的動盪。猶太人和羅姆人被圍捕並驅趕至集中營，許多人逃亡，但大多數遭屠殺。在英國，全國上下都投入戰爭。

第二次世界大戰也改變了心理學。第一次世界大戰曾催生了研究腦部創傷或心理創傷的全新領域，但第二次世界大戰讓心理學走出理論，為戰爭出力：幾乎所有具備相關知識的人都被要求貢獻所長。在英國，許多心理學家在布萊切利園從事密碼破解工作，另一些則參與軍事相關的其他領域工作。他們協助修訂徵兵和選拔程序，以充分發揮軍事人員的天賦和技能，並開發心理學技術來鼓舞部隊士氣。一些高度保密的單位甚至從事相反的任務：進行心理戰，包括研究如何削弱敵人士氣，動搖其鬥志。這些心理學家都不願多談他們的工作，大多數人絕口不提，有些人則直到數十年後才願意透露。

以弗雷德里克·巴特利（Frederic Bartlett）為例，他先前對記憶的研究開啟了認知、社會心理學和人類學之間的關聯。他著名的「鬼魂戰爭」（war of the ghosts）研究顯示，人們會調整記憶以符合既有的文化與個人期待，而他相信人類學與心理學之間更緊密的連結能強化社會心理學。他在一九三〇年代曾擔任英國皇家空軍的顧問，他的研究工作持續到二次世界大戰。他的主要研究是分析隨著英國皇家空軍擴編、飛行員任務需求升高而顯現的心理問題。

跟戰爭相關的心理學研究如火如荼

巴特利是劍橋大學實驗心理學系系主任，這意味著許多與戰爭相關的心理學研究都在該校系進行。他與當時極具影響力的心理學家肯尼斯·克雷克（Kenneth Craik）密切合作。如今幾乎已經被人遺忘的是，克雷克對現實情境中的挑戰和心理學如何協助解決這些問題特別感興趣。他除了是心理學家，還是才華橫溢的工程師，特別擅長創建模型和模擬，能夠透過實驗，研究疲勞和面臨多重選擇等環境與心理壓力源。戰爭期間，克雷克與巴特利一起建立了一個重要研究機構：劍橋大學醫學研究委員會的應用心理學單位。該單位聘用了許多日後成名的心理學家，克雷克則成為首任主任。戰爭結束前夕，他在一場摩托車事故中喪生，但留下了寶貴的遺產。

唐納德·布羅德本特（Donald Broadbent）是其中一位在克雷克應用心理學單位發展研究興趣的心理學家（這樣的心理學家很多）。布羅德本特戰時在皇家空軍服役，對人們如何與複雜的技術互動產生興趣。他對注意力進行了廣泛研究，開發出一種選擇性注意力過濾模型，後來由他在醫學研究委員會單位的同事安妮．特雷斯曼（Anne Treisman）改善精進。他還研究了那些讓人們可以長時間保持精確注意力（避免出錯）的因素，其研究至今仍與空中交通管制等複雜工作直接相關。

理查德．格雷戈里（Richard Gregory）二戰期間在英國皇家空軍通訊部隊服役，戰後進入劍橋大學就讀。他特別感興趣的領域是知覺，並認為知覺就是一個假設驗證的過程。最早提出這個想法的是亥姆霍茲，他認為大腦為了理解它所接收到的訊息，會根據先驗知識和經驗形成假設，再與知覺接受的資訊去比對從而理解它們。格雷戈里積極推廣這個理論，並在愛丁堡大學創建了機器智慧與知覺學系（後來更名為人工智慧學系）。他在皇家空軍的經歷讓他對視錯覺特別感興趣（這是人們經常因資訊誤讀而做出錯誤判斷的現象）。他的諸多成就之一是創立了布里斯托探索館，讓一般大眾能親身體驗科學現象。在他漫長而充實的一生中，他不斷發表關於知覺和幻覺的演講分享他的熱忱。

格雷戈里並不是唯一對知覺感興趣的心理學家。在美國，詹姆斯．吉布森（J.J. Gibson）起初從哲學領域展開學術生涯，後來他迷上實驗心理學，並以視覺記憶的實驗研究取得了博士學位。幾年後執教心理學時，他結識了完形心理學家考夫卡，後者一直認為知覺是心理學的核心。吉布森並不完全認同考夫卡的觀點，但他確認知覺是理解世界的關鍵。然而，他認為知覺不涉及複雜的認知活動，反而是一個更直接的過程。吉布森的理論核心在於，知覺對進行知覺的人或動物有何實用價值？亦即，知覺最初為什麼會演化出來？這促使他提出：我們並非將物體視為與自己分離的個體，而是透過物體提供的行動可能性（例如能否食用、坐臥或拿取等等）來塑造對其的感知。這一類示能性（affordance）的概念成為吉布森知覺理論的核心組成。

替戰爭做出實質貢獻

戰爭期間，吉布森領導美國空軍的一個心理研究小組。他關注的重點之一是優化飛行員篩選機制。他運用自己的心理學專業知識，發展出一種基於飛行員如何解讀與運用動態影像中呈現資訊的新方法。這進而引發他的興趣去研究人們如何透過解讀紋理或顏色變化以判斷距離，以及運動在日常知覺中的重要性。吉布森區分了形式知覺（我們用來理解靜態圖片或影像的知覺）和物體知覺（當知覺者或物體本身處於運動狀態時形成的知覺）。戰後，他將這些見解整合到他的生態知覺（ecological perception）理論中，該理論被普遍認為是二十世紀最重要的心理學理論之一。

這種轉化過程很典型地體現了戰爭對心理學的影響。雖然多數實際研究被歸類為軍事情報機密而未發表，但戰爭結束後，參與各項計畫的心理學家，將他們從工作中獲得的理論和創見彙整後出版發表。在一九四六年到一九五五年間，許多極具影響力的著作問世，為一九八〇年代的認知革命奠定了堅實根基，並強化了該學科的理論基礎。

其他心理學家也以各種方式為戰爭做出貢獻。在美國，阿爾方斯・查帕尼斯（Alphonse

Chapanis）和保羅．費茨（Paul Fitts）受邀去分析 B-17 空中堡壘轟炸機頻繁發生的墜機事故，當時這類事故都被歸咎於飛行員操作失誤所造成。心理學家注意到，所有事故發生的模式都幾乎相似。他們調查後發現，問題並非出自飛行員，而是駕駛艙的設計缺陷。這型飛機的兩種控制裝置在外觀和手感上過於近似，導致得飛行員在專注調整飛機準備著陸時，很容易誤拉錯誤的操縱桿，最終釀成災難。他們重新設計了控制裝置，使起落架控制桿與機翼控制桿在手感有明顯差異，從此事故發生率大幅減少。

傑羅姆．布魯納（J.S. Bruner）也參與了美國的戰時工作，但他投入的領域非常不同。他在一九三九年取得心理學學士學位，隨後進入哈佛大學攻讀博士，一九四一年提出的論文題目是〈交戰國家國際廣播的心理分析〉。因此，他在一九四〇年代加入官方號稱的戰略研究辦公室（通常被稱為艾森豪的心戰部門）工作，一點也不讓人意外。布魯納對謠言、政治宣傳以及如何操縱大眾信念特別感興趣。戰後，他在哈佛和牛津大學任教，深入研究認知心理學和教育心理。其中一項研究涉及兒童如何如何透過動作、圖像和符號來傳達訊息。這項成果在教育領域影響深遠，還催生了另一個意想不到的結果：設計師艾倫．凱（Alan Kay）曾贈予布魯納一台早期的麥金塔電腦，並表示這台電腦友善的圖形介面，正是受到他的研究所啟發。

確認成為應用科學的一員

第二次世界大戰對社會心理學和認知心理學的發展都產生了巨大影響。在戰前，社會心理學家便已經關注說服和宣傳的議題，但在戰時這些主題變得益發重要，敵對雙方都高度運用這方面的研究成果並獲得了巨大成效。其他心理學家則研究動機與士氣的影響因素，例如研究排級單位的袍澤情誼和同袍的支持度等。戰爭也讓臨床心理學的價值獲得更多重視。第一次世界大戰人們已認識到砲彈休克症（即我們現在所說的創傷後壓力症候群），而二戰期間，心理學家積極參與開發篩檢方法，試圖找出心理最脆弱的人。他們當然並未取得普遍的成功，卻也成功研發出治療方法，讓出現創傷後壓力症候群的士兵可以重返戰場。他們的工作幫助人們接受心理測驗作為臨床應用心理學的重要環節。

對創傷後壓力症候群認識更多之後，也開始改變社會對壓力本身的覺察。人們越來越認識到，壓力並非單純的臨床問題（儘管在極端情況下可能會變得如此），而是日常生活經驗的一部分。這讓大眾明白，被極度壓力（如PTSD）所苦的人不一定是「異常」的。他們對極端和創傷經歷產生的反應是可以理解的，但這並不意味他們患有精神疾病。

這些戰時經歷有助於鞏固臨床心理學這門學科。戰後，英國在莫茲利醫院（Maudsley hospital）成立了首個臨床心理學部門，隨後迅速發展出臨床心理學的訓練和資格認證。莫茲利醫院主要聚焦在行為治療方法，並率先開發治療恐懼症與厭惡療法等技術。

第二次世界大戰因此成了心理學的轉折點，隨著這門學科愈來愈被當作是一門應用科學，其在眾多領域的寶貴知識都獲得重視。即使是未直接替軍方工作的心理學家，也受到戰爭及其影響的衝擊。日後位列史上最著名的心理學家所羅門．阿希（Solomon Asch），在戰前便展開他的心理學職涯，研究印象形成與權威人物的影響力。希特勒發動二戰後，阿希調整了研究重點，改為探討宣傳機制以及人們受到政治宣傳影響的過程。後來，這些研究引導他轉而研究從眾行為和人際影響力，並因此聲名大噪。

戰爭結束後，特別是集中營慘狀的揭露，引發更多心理學研究的興起，人們試圖理解為什麼個人和社會變成跟這些罪行同謀。這為心理學確立了一個研究議程，我們將在接下來兩章深入探討。

18

解釋納粹主義

攻擊行為的精神分析與生物學解釋

血、痛楚、閃電、爆炸！男子尖叫著醒過來，他剛剛在夢裡又重現戰爭期間在前線目睹的恐怖情景。即便他正安全地待在家裡（他已返家好幾個月了），這些可怕的夢魘仍每晚侵襲著他。他害怕入睡，甚至在醒著的時候也會被閃現的回憶糾纏困擾。最終，他的妻子說服他去著名精神分析學家佛洛伊德主持的診所求診，說這或許能提供幫助。

佛洛伊德向來主張夢境揭示了無意識心智的無意識願望滿足。但一戰後，他的許多病人都是反覆被惡夢困擾的士兵，他們在夢中不斷重演戰爭中經歷過的創傷和恐怖。一九二〇年，他寫出〈超越快樂原則〉（Beyond the Pleasure Principle）一文，主張人除了原慾之外，必然有另一種基本能量存在，與原慾或愛慾（eros）相對。他稱之另一種基本能量為桑納托斯。（在希臘神話中，愛神 Eros 是愛與創造力的化身，而死神 Thanatos 則是死亡的化身。）

如前所述，根據佛洛伊德最初的精神分析理論，人的動機是來自「愛慾」，它是人追求生命和創造性的基本驅力。愛慾產生了被稱為原慾的能量，然後這種能量會受到自我的控制。但第一次世界大戰及其後遺症讓佛洛伊德重新省思。一九一二年，莎賓娜．史碧爾埃發表的一篇論文，也激發了他的修正觀點。史碧爾埃是早期的少數女性精神分析學家之一，她在論文中提出，破壞性也是無意識動機的一部分。作為活躍於佛洛伊德維也納圈子的成員，她曾與榮格和佛洛依德共事，為精神分析理論做出許多貢獻。儘管佛洛伊德沒有立即接受她的觀點，但他後來承認她啟發了自己的思路，而臨床工作則進一步深化了這一思路。

法西斯主義如何興起

在佛洛伊德看來，桑納托斯是一種原始、根本、破壞性的力量，與追求生存、滿足欲望和繁衍後代的正向驅力背道而馳。他認為，這是解釋殘暴和不人道行為（包括對別人和對自己殘暴）的唯一方法。佛洛伊德相信，桑納托斯不只是攻擊性的源頭，也是某些人渴望掌控他人、追求權力的原因。因此，對佛洛伊德派的精神分析學家而言，這理論解釋了在兩次世界大戰期間逐漸興起的法西斯主義政治運動。法西斯運動不僅限於德國，在全歐洲甚至英國都可見其蹤跡。它起源於一戰時期的義大利，迅速獲得民眾支持，其領袖墨索里尼（Benito Mussolini）更於一九二二年奪取了義大利政權。

法西斯主義是一種強烈的民族主義運動，其特徵是高度獨裁、鎮壓反對派並贊成使用暴力來實現政治目標。它通常圍繞著一位強人領袖，有時（但非必然）與種族主義密切相關。義大利法西斯主義並非特別反猶太——墨索里尼政府中本有許多猶太人擔任要職，後來在希特勒的強迫下才罷免他們。眾所周知，希特勒的法西斯主義有強烈的反猶傾向，因為他的個人目標之一便是徹底消滅猶太民族：他一掌權就將計畫付諸實施，首先是透過打壓猶太人的法律，後來則透過死亡集中營。二戰結束時集中營的曝光，顯示法西斯主義如何催生極端的社會偏見並帶來悲劇後果。這給心理學提出了諸多疑問。對部分學者而言，這些問題聚焦於社會影響如何支配個人（我們將在接下來幾章探討相關研究）；而對另一部分學者來說，這引發了關於什麼樣的人格類型可能會擁抱極端意識形態，甚至認可或支持種族滅絕。後者中最知名心理學家之一，便是西奧多・阿多諾（Theodor Adorno）。

阿多諾多才多藝，既是社會學家和心理學家，也是音樂家和作曲家。戰前，他曾是法蘭克福學派（Frankfurt school）的成員——該學派由一群志同道合的學者組成，運用佛洛伊德、馬克思和黑格爾的思想，分析與批判當時的社會。後來受到德國日益強大的法西斯運動騷擾，阿多諾先移居英國，隨後又前往美國，繼續結合社會研究與音樂產業工作。後來，他與弗蘭克爾－布倫斯維克（Frenkel-Brunswik）、萊文森（Levinson）和桑福德（Sanford）等多位知名社會學家共同撰寫的《威權型人格》（*The Authoritarian Personality*）一書迅速走紅。

這本書透過對美國白人的訪談，歸納出擁有極右翼信仰的人一些典型的思維方式。其中之一是典型的僵化特質：即使面對相反的證據，他們仍堅持自己的信念，完全拒絕改變想法；另一種態度是無法容忍模稜兩可：他們不善處理含糊不清的觀點，堅持要分出明確的對與錯。在爭論中，他們迅速選邊站，然後不管別人說什麼都堅持己見。

威權型人格的特徵

在阿多諾和他的同事看來，這些特點屬於某種完整人格症候群的一部分。它們反映了一種高度威權主義的人格傾向，認同懲罰性的社會制裁，對「圈外人」表現出強烈的偏見，並持有極右翼的個人信念。阿多諾等稱此為威權型人格。針對這些人的研究顯示，他們成長於嚴格、獨裁的家庭，自小父母便不允許討論或反對，甚至不允許表達失望情緒。這種教養方式在當時並不特別罕見，但根據精神分析理論，這種對待會在孩子心中積累大量被壓抑的憤怒。然而，由於家教嚴格，孩子無法表達這些情緒。

阿多諾與其他執筆者指出，這種對父母專橫的敵意深藏在孩子的無意識中，無法進入意識層面。這會導致防衛機制的形成，以阻止任何隱藏的憤怒浮出水面。阿多諾和他的同事認為，正是這些防衛機制塑造了威權型人格結構。例如，如果他們對新觀念抱持開放態度，可能會讓他們不自覺思考禁忌——即自己實際上對父母感到憤怒。保持思維僵化並拒絕承認模稜兩可，他們得以阻斷這些情感浮現的可能。

威權型人格的另一個特徵是對權威人物的高度服從。研究人員認為這是一種針對內心敵意的反向作用（reaction formation）——佛洛伊德理論中的防衛機制之一，透過這種機制，被壓抑的行為會轉化成相反的表現。壓抑對權威的攻擊性很重要，因為孩子對父母的敵意可能與此相關聯。誇張地支持權威，可以避免任何可能延伸到父母身上的批評或挑戰。這也是這類人群傾向對他人（尤其是那些持不同意見的人）充滿敵意的原因，他們需要一個管道轉移內心的憤怒。透過表達對另一個群體（例如黑人、猶太人、長髮嬉皮）的敵意，他們得以安全地釋放憤怒——也就是說無須面對自己的內在衝突。

阿多諾開發出一套心理測驗來衡量威權型人格傾向，該測驗被稱為「F量表」（F是法西斯主義的縮寫）。它測量九種人格特質，阿多諾認為這些特質正是防衛機制的直接產物。這些特質包括：一、墨守成規：懷疑任何不同於「正常」的人；二、順從：對權威人物過度服從；三、攻擊性：對任何挑戰權威或質疑其不足的人具攻擊性或敵意；四、反內省（anti-intraception）：主張嚴厲懲罰並拒絕反省；五、迷信：相信結果由命運決定，人類無法掌控；六、強勢：盛氣凌人甚至霸凌的態度；七、破壞性批判：對創新或顛覆性觀念抱持敵意；八、投射傾向：將自己的無意識衝動歸咎於他人；九、性議題偏執：對性行為有誇張且負面的執著。

阿多諾對人們具攻擊性的解釋並不是當時唯一流行的理論。奧地利生物學家康拉德·勞倫茲（Konrad Lorenz）對動物行為特別感興趣——但他感興趣的不同於美國盛行的實驗室動物行為研究，而是他童年時期在農場和鄉村觀察到的動物自然行為。勞倫茲與同事尼科·廷貝亨（Niko Tinbergen）並稱為動物行為學（ethology）的創始人，該領域研究動物在自然環境下的行為模式。然而，兩人的工作因第二次世界大戰中斷：勞倫茲被視為納粹合作者，而廷貝亨是荷蘭人，戰時淪為戰俘多年，之後前往牛津大學任教，兩人因此有長達數年的摩擦，這點不難理解。

從動物行為學看人類的攻擊行為

勞倫茲戰前的許多研究聚焦於印記作用（imprinting），這是一種依附形式，我們將在第二十二章進一部探討。但他也大量撰寫有關動物攻擊行為的論述，主張攻擊性是一種人與動物與生俱來的驅力。他認為，包括人類在內的哺乳動物會不斷產生攻擊性能量，如果不即時釋放，能量就會累積在某種儲存庫中，最終必須以某種方式釋放，否則就會外溢到其他活動中。以動物來說，這種能量會透過特定的訊號刺激釋放。例如，雄性知更鳥看到另一隻知更鳥的紅色胸羽時會引發攻擊行為。在勞倫茲看來，這種行為能量的壓力模型也適用於其他本能行為，但特別能用來解釋攻擊行為。

勞倫茲主張，人與其他動物的不同之處在於，其他動物遺傳了一套安撫姿態（appeasement gestures），同一物種的個體會對此姿態做出反應。例如，一隻狗在被另一隻狗威脅時會翻身露出肚子。這種露出罩門的表現是一種安撫姿態，會讓另一隻狗自動停止攻擊。安撫姿態限制了攻擊行為的破壞力，讓同一物種的成員不會互相殘殺。但根據勞倫茲的說法，人類並沒有遺傳這種安撫姿態，這意味著一旦釋放出攻擊性能量，就可能持續攻擊直至對方死亡。他據此主張，人類比其他動物更具破壞性，也更加危險。

在勞倫茲及其追隨者而言，這解釋了戰爭的成因：戰爭是自然的領域本能之延伸，而過剩的攻擊性能量加劇了這一點。但即使在和平時期，男性（勞倫茲的理論幾乎未納入女性）體內儲存的攻擊性能量仍不斷累積。勞倫茲相信，這些能量必須導向更安全的管道，否則就會以暴力形式釋放。他認為唯一的控制方法是透過宣洩（catharsis）——宣洩是古希臘人發展出的概念，指以較安全的方式消耗這些能量。勞倫茲認為，運動和體育競技活動就是解答，它們可以讓人們在安全的情境中釋放強大的攻擊性能量。

勞倫茲的見解並不是特別新穎：大多數人類社會都認識到，以某些方法讓年輕男性釋放睪固酮驅動的能量是明智之舉，包括讓他們在鄉村集市上展示氣力、參加足球等團隊比賽，又或是跳極耗費體力的舞蹈。然而，勞倫茲的貢獻是創建一種生物學理論，使他的觀點看起來有科學依據，並將個人能量與戰爭的大規模破壞畫上等號。他的模型意味著：一、攻擊性是人類一種基本的本能，無可避免；二、戰爭只是這種本能的展現；三、戰爭本身作為人類處境的一部分，很可能也是無法避免的。當然，其他心理學家指出，士兵需要高度條件化的訓練才能鼓起勇氣殺人，而民眾在戰時也需要大量的宣傳才能被動員，這些都是後續辯論的焦點。

19

從眾和默許

阿希和米爾格倫的服從研究

山姆不開心。他自願參加一項心理學實驗，與另外五個人並排而坐。實驗主持人剛剛展示了一張畫有三條線的卡片，問這些志願者哪一條線最長。答案顯而易見是A線條。山姆排在倒數第二位，而讓他詫異的是，他前面三個人都說C線條比較長。但A線條明明比C線條長，山姆如實作答。但當最後一個人也回答是C線條時，他更驚訝了。實驗主持人接著向他們展示另一張卡片。答案依舊顯而易見，但面前三個人再次給出同樣錯誤的答案。輪到山姆時，他發現自己流汗了。他該怎麼辦？難道有什麼他沒有注意到的細節嗎？不，正確答案仍然明明白白的。但山姆再一次成為唯一這樣回答的人。他的焦慮增加了。到了第三個問題時，他屈服了。為了不再當小組中唯一的異議者，他改為跟其他人一樣給出錯誤答案。但這樣做其實一點也沒有緩解他的焦慮。

山姆參加的是所羅門．阿希在一九六〇年代進行的一項社會心理學實驗。阿希是完形心理學家，堅信當時主流的行為主義解釋無法充分說明社會行為。阿希曾與韋特墨和科勒共同在賓州的斯沃斯莫爾學院（Swarthmore College）任教，當時該學院已成為美國完形心理學的中心。完形主義學派強調，社會行為必須置於其所處的整體脈絡中才能真正被理解，若孤立去研究它們將失去意義。二戰結束後不久，阿希想釐清一個問題：儘管有那麼多人私下並不認同，為什麼整個德國最終會服從納粹的政策？

他參考了土耳其心理學家穆札弗．謝里夫（Muzafer Sherif）的研究。謝里夫在大蕭條時期移民到美國，一九三二年曾赴柏林聽柯勒講授完形心理學。當時納粹黨剛剛掌權，公開反對他們的人寥寥無幾（雖然私下不同意他們的人眾多）。謝里夫對此很感興趣，他著手進行實驗研究。他利用自動移位效應（autokinetic effect，黑暗房間中單一光點產生看似移動的錯覺），要求受試者估計光點移動了多遠。這項任務的關鍵在於，每個人都會知覺到光點移動，但每個人判斷的移動距離並不相同。當他對受試者單獨測試時，每個人的答案都是前後一致，但同一小組不同成員的答案卻相差甚多。但當他對整個小組一起進行測試，他們聽到彼此的判斷後，就會傾向於逐漸達成一個集體判斷標準。不僅如此，在這之後再對他們進行單獨測試，他們仍然會遵守群體規範。

表達異議時所受到的壓力

謝里夫的研究顯示，人會在答案模糊的情境下從眾。但在答案顯而易見的情況下呢？阿希想知道這點。在後來的一系列經典實驗中，他發現我們與其他人保持一致的傾向是如此強烈，以至於有些人即便知道是錯誤答案仍選擇這樣說。阿希也觀察到，即使是那些堅持正確答案的人，也會在公開反對群體時承受巨大壓力。當那些明知故錯的受試者被問到為什麼要這樣做時，他們認為在一個相對無關緊要的測試中，與別人保持一致比正確更重要。

在阿希看來，這有助於解釋當年德國民眾的行為。如果只是在心理學實驗室的安全環境中表達不同意見就已經感受到如此大的壓力，那麼在一個公開表示異議將導致失業、入獄甚至人身攻擊的社會裡，情況不是會更糟嗎？不僅如此，少數勇於公然反對納粹政策的人，要麼被迫流亡，要麼最終被關進集中營。

一九八〇年代，一系列重複阿希實驗的研究者質疑其理論是否屬於特定時代的產物——也就是說一九五〇年代的人是否普遍比當代的人更加從眾。這些複製研究顯示受試者的從眾傾向大幅降低，以致有一段時間，人們相信阿希的實驗結果只是得自較為順服的世代。然而，針對此項對阿希的質疑，研究者史蒂芬・佩林（Stephen Perrin）和克里斯托弗・斯賓塞（Christopher Spencer）證實，他們的受試者在說出與別人不同的答案時同樣感受到極大壓力。進一步的研究顯示出複製實驗存在著方法上的問題：由於刻意挑選未曾聽說過阿希實驗的受試者，結果招募到了許多物理學、工程學等理科生——這些學生將測量的準確性看得非常重要，甚至重於社會認同。而後續以一般受試者為樣本的實驗則顯示，「阿希效應」一如既往的強大。

其他心理學家探索了從眾行為的不同面向。他們發現，即使小組的其他成員都不在旁邊，受試者仍然會順從一個明顯錯誤的結論，但只要存在一名異議者（即便異議者所持的是第三種觀點），就足以讓受試者堅持己見而不再服從大多數。這一點同樣適用於抽象或明確的任務（阿希的實驗是針對後者）。然而，如果任務涉及政治議題，那麼即便受試者不認同多數意見，甚至存在持不同觀點的異議者，仍會傾向與大多數人的意見保持一致。不過，自信心極強或那些自認在政治領域具備專業能力的人，鮮少出現從眾行為。

阿希效應是社會心理學最具說服力的發現之一，它釐清了為什麼一般民眾會接受德國納粹黨日趨極端的觀點與政策。但對許多人而言，他們對納粹的涉入更為直接：正如紐倫堡戰爭審判所揭露的，成千上萬人以軍人或平民身分參與了第三帝國的運作。探索這種高度服從行為背後心理機制的任務，落在了阿希的學生史丹利・米爾格倫（Stanley Milgram）肩上。

震驚世人的電擊實驗

米爾格倫的初步研究是詢問很多心理學家與精神科醫生，請他們估計有多少人會願意對他人施以致命的電擊。他們的估計一致偏低，不到三%。然後，他在報紙上刊登廣告招募志願者，聲稱參與一項研究記憶與學習的實驗。當志願者來到實驗室時，會被介紹認識另一名志願者（其實是事先安排好的演員），然後兩人透過抽籤決定誰當學生，誰當老師。真正的志願者總是會抽中老師，並且還相信這是隨機分配的結果。

隨後，「學生」被綁在椅子上，並被告知要承受一些輕微、但不會造成永久性傷害的電擊。他裝出好像很焦慮，並表示自己心臟不好。實驗主持人會讓擔任老師的真正志願者先接受一次十五伏特的電擊，讓他感覺一下被電擊是什麼感受（這是整個實驗中唯一一次真實的電擊）。然後，他們前往隔壁的房間，坐在控制台前，透過麥克風和揚聲器與學生通話。控制台有一排共三十個開關，分別標示著從十五伏特到四百五十伏特的字樣，每個開關遞增十五伏特，並附有說明標籤：從第一個開關的「輕微電擊」開始，三百伏特的標注是「危險：強烈電擊」，最後一個開關則標示「XXX」。

實驗的流程為老師朗讀一個單字，然後給出四個選項。學生必須指出與原字意思相同的選項，如果答錯了，就會被電擊一下。每答錯一次，電擊強度就會增加一級，學生的聲音（其實是預先錄製的）也會從輕微的咕噥，逐漸升高至疼痛尖叫，最後，當電流到了三百三十伏特時，陷入一陣不祥的沉默。實驗主持人會催促老師繼續施以電擊，並說些「實驗需要你繼續」、「你別無選擇，必須進行下去」之類的話。

米爾格倫的實驗結果震驚了所有人。所有受試者都推進至三百伏特的電擊，而不是之前專家們預測的三%。這時學生會拒絕回答，但老師被告知若不回答則視同答錯，一樣要繼續增加電擊強度。在實驗中，六三%的老師堅持到最後，哪怕隔壁房間一片死寂——他們心裡不排除對方可能已經死亡。

其他國家複製同樣的實驗後也得到類似的結果，只存在一些輕微的文化差異。例如，澳洲受試者堅持到最後的人數略少於美國，約旦則略高。米爾格倫親自進行了二十一種版本的的實驗變體，包括有一次老師可以自由選擇電擊強度，結果只有不到三%的人把強度調到最大；另一次是學生完全不發出聲音，結果大多數人都把電擊開到最大。當實驗主持人裝出友善的態度時，願意服從調到極限的受試者降至一半；但當他們看到有其他受試者不服從指令時，比例更是驟降到只有一成。

邪惡是如何誕生的

然而對米爾格倫而言，最明顯的是受試者經歷的道德壓力。他們明顯很沮喪，會跟實驗主持人爭論並懇求停止實驗，但總是被要求繼續下去，有時甚至還是被頗為粗魯的對待。一些受試者透過否認或迴避等心理防衛機制應對，亦即拒絕承認正在發生的事，或按下開關時輕輕用力，彷彿這樣就可以把電擊減到最低程度。大多數受試者試圖幫助學生，例如在朗讀選項時故意把正確答案唸得特別大聲。但對很多人來說，迫使他們繼續下去的壓力實在太大。

然而，並非所有受試者都如此。格雷琴・布蘭特（Gretchen Brandt）和簡・倫薩勒（Jan Rensaleer）是米爾格倫實驗中的兩名受試者，他們很輕而易舉地拒絕服從。布蘭特在電擊增強二百一十伏特時，冷靜地轉向實驗主持人，堅決表示拒絕繼續。倫薩勒同樣鎮定地拒絕，直到實驗主持人聲稱他別無選擇只能繼續下去時，他生氣了，堅定地回答說他有選擇的權利。原來，這兩名受試者都經歷過盲目服從的後果：布蘭特在納粹德國長大，倫薩勒則在二戰期間住在荷蘭。對他們來說，拒絕服從簡直是道德義務。

一篇批評米爾格倫實驗的論文，激發了人們對研究倫理的擔憂，最終促成嚴格的倫理規範，防止了未來再出現類似實驗。批評的核心在於，他的實驗可能會讓受試者發現自己有能力「殺死」另一個人，因而造成心理傷害。不過，米爾格倫在這方面其實極為謹慎。他對所有受試者進行了長期追蹤訪談，不僅在實驗結束後立即關懷，更在數年後確認他們未因此承受內心創傷。然而，其他研究者未必如此嚴謹。

在紐倫堡大審中，被告最常見的標準辯詞是他們只是服從命令。但法官們裁定這並不構不充分的理由，因為那些命令涉及積極配合屠殺數百萬人。漢娜・鄂蘭（Hannah Arendt）在《平庸的邪惡》（*The Banality of Evil*）一書中，詳細研究了阿道夫・艾希曼（Adolf Eichmann）這號人物：他是戰時負責確保猶太大屠殺順利執行、讓死亡列車準時抵達的負責人。在審判中，艾希曼給人的印象並不是特別的邪惡，甚至並不特別仇視猶太人（儘管近年出現的證據對此提出質疑）。事實上，大多數參與大屠殺的人多是普通人，他們認為自己只是在做好本職工作。米爾格倫的研究，正是有助我們理解這種現象是如何發生的關鍵。

20

心智的回歸

米勒、布魯納和奈瑟——認知方法的倡導者

老鼠和統計數據（Rats and stats）！二十世紀中葉有些社會科學家喜歡這樣貶低心理學。考慮到學術經費的激烈競爭，這種羞辱往往帶有權力鬥爭的動機，而且嚴格來說並不正確，然而其中確實帶有幾分真實性。一九六〇年代典型的心理學系學生，需要接受全面的學習理論訓練（主要是基於實驗室老鼠在迷宮中的行為），同時也需要精研統計學方法（它們是心理測量的基礎）。當時的研究方法嚴格仰賴可測量的量化數據，更重要的是，心理學被嚴格地視為行為科學，任何提及心智的言論幾乎等同異端邪說。

第二次世界大戰結束後的最初幾年，美國和英國的實驗心理學都是被行為主義傳統所主導。根據約翰．華生主張刺激—反應學習在所有生物中本質相同的論點，當時大部分心理學研究是用動物（通常是實驗室老鼠）為對象。針對人類的研究也在同樣嚴格的實驗範式下進行，也只使用被明確證明和可量化的行為來提供數據，並對其他類型的資訊抱持高度懷疑。心理學的素材來源是行為，而非思想、觀念或對話，這是不容質疑的鐵律。任何提及「心智」存在的嘗試，都被視為模糊不清的思維，不配冠以科學之名。

這種研究取向引發了社會學、人類學等鄰近學科學者的強烈反對，其中一些敵意至今猶存。這些學者毫不懷疑人類有心智，更認為研究這些心智本身很有意思，也很必要。他們並不孤單。許多實驗心理學家一樣對嚴格的行為主義方法感到不安。喬治．米勒（George A. Miller）就是其中之一。

哈佛成立認知研究中心

一九六〇年，米勒擔任哈佛大學實驗心理學教授，從事語言與溝通領域的實驗研究。然而這些研究讓他對純粹行為主義方法的有效性產生諸多揮之不去的疑慮。經過一年的學術休假（期間他探索了鄰近學科的見解），他意識到自己無法再接受哈佛狹隘的實驗路徑。他與朋友傑羅姆・布魯納討論，發現英雄所見略同（布魯納是社會心理學家和發展心理學家，一直在相關領域進行研究）。於是，兩人聯袂建議哈佛大學成立一個新的研究中心，最終促成哈佛認知研究中心的誕生。

對米勒而言，就連中心的名稱使用「認知」二字，都像是在傳播異端。長期深耕實驗傳統的他，意識到這對行為主義模型而言是多大的挑戰。新方法主張：一、人類確實有心智這樣的東西存在；二、心智能夠處理訊息；三、心智會影響人類行為。布魯納倒沒有那麼不安，主要是因為完形心理學的影響，社會心理學從未真正接受行為主義模型，所以他對認知二字心安理得。他們共同成為美國心理學新運動的領袖：這項運動保留實驗傳統，卻著重探究思維、問題解決、概念形成與記憶等心智功能。

所幸他們兩人都是傑出且受人尊敬的知名心理學家，他們的運動也出現得恰逢其時。行為主義受到的質疑不斷增加，越來越多心理學家對認知功能產生興趣。他們得以重拾被行為主義者摒棄的早期實驗研究（例如威廉・詹姆斯和艾賓浩斯的研究），並以客觀的實驗方法探索人類思維的各個面向。

漸漸地，思維重新成為實驗心理學的研究範疇。在動物學習研究繼續進行的同時，對解決問題、知覺和記憶的研究也開始被期刊主編和學術界重要把關者所認可。但值得注意的是，幾乎沒有人使用心智一詞。而認知聽起來比較科學，也避開了多年來的偏見。

布魯納曾在艾森豪的心理戰部門擔任社會心理學家，從事宣傳和大眾態度研究。戰後隨即赴哈佛大學任教於教育心理學領域。他當時一項經典實驗是請貧窮人家和有錢人家的孩子估計不同面值的硬幣大小。不出意外，貧窮的孩子總是高估硬幣的大小。這為布魯納提供了實證證據，證明知覺並非如行為主義者所假設的那樣，只是單純的神經學過程。他與同事萊奧・波斯曼（Leo Postman）進行了多項研究，證明心理定勢（mental set）或心理準備狀態（preparedness）的影響。這些研究毫無疑問與心智有關，但嚴格遵守實驗傳統進行。一九五六年，他發表了《思維研究》（*A Study of Thinking*）一書，探討這些和其他研究發現。所以對布魯納來說，米勒的提議既適時又恰當。

挑戰行為主義的主導地位

米勒在休假期間認識了心理語言學家諾姆・杭士基。儘管杭士基嚴格來說不是心理學家，但他對米勒乃至後來對心理學都產生了深遠的影響，並被奉為認知科學的創始人之一。杭士基的父親是希伯來語專家，可能是這個原因，年輕的杭士基決定研究兒童如何掌握語言能力。一開始，他先是在行為主義傳統下進行研究，認為語言本質上是透過經驗獲得的：幼童先是聽到周圍的人所說的語言，並逐漸解讀這種語言的規則和原則。杭士基努力想讓這個假設成立，卻發現它無法真正解釋幼童學習語言時實際發生的情況。他遇到的主要難題是語言能力和行為的落差：一個孩子（或者說任何人）在說話時可能只使用有限的語法形式，但仍然有能力理解更多的內容，甚至包括他們以前從未接觸過的表達方式。此外，世界各地的兒童都是在相似的年齡和以相似的方式掌握語言。

正如我們在第十三章中看到的，杭士基得出的結論是，掌握語言必定是人類與生俱來的能力。他認為，正在發育中的大腦的結構會自然產生基本語法意識：也就是說，無論實際上學習的是哪種語言，大腦都可以提取出語言的基本原則。他對心理學新的認知運動的真正影響，始於他評論史金納著作《言語行為》的長篇書評，我們說過，他在其中質疑史金納關於語言是透過操作性條件制約形成的觀點。儘管心理學家對杭士基模型的細節進行了爭論，而且如今很少有人會全盤接受這個模型，但它對語言心理學來說是一次徹底的震撼。對米勒而言，這是對行為主義的又一次挑戰，這增強了他挑戰行為主義主導地位的決心。

哈佛認知研究中心成立於一九六〇年，布魯納和米勒都將該中心作為他們後續研究的根據地。布魯納繼續研究心理定勢，而米勒則研究記憶。米勒最著名的研究是他提出的「神奇數字七」。他用這個說法描述自己的研究發現：人們在任何時候只能記住數量有限的資訊。這些資訊可能是一些單個的字母或數字，也可能是有意義的組塊，例如BBC或CNN，但大多數人平均一次只能記住七個項目。當然，這只是一個平均值：有些人可能只能記住五到六個，而有些人可以記住八到九個，但不管怎樣，我們能夠持續專注的資訊量肯定是有限的——儘管我們可以記住大量存儲的資訊，並在遇到相關時把它們提取出來。

米勒的論文激發了好幾個研究項目，這些項目得到的共識是，存在三種不同類型的記憶：一種是即時的感官「緩衝器」，它保留著感官印象的殘留；一種是短期記憶，就像我們輸入網路銀行的驗證碼時會用到的記憶；還有一種長期記憶，我們用它來儲存一生中的資訊。從那之後，心理學家繼續探索這些記憶存儲的精確本質，並識別出好幾種類型的記憶，例如程序性記憶（我們在泡茶時可能會用到）以及情景記憶（像是你對上次假期的記憶）。我們將在第三十二章探討電腦建模對認知心理學的影響時，再回頭來討論其中的一些觀點。

認知心理學的首次提出

烏爾里克·奈瑟是另一位讓美國實驗心理學轉而納入認知領域的重要人物。在米勒鼓起勇氣公開表示對認知感興趣之前，他曾是米勒的研究生，他畢業後還在斯沃斯莫爾學院學習過。這讓他有機會接觸到柯勒及其同事，並激發起他對心理過程如何在社會脈絡中發揮作用的日益濃厚興趣。後來他轉到布蘭迪斯大學（Brandeis University）任教——正如第十五章所述，馬斯洛在那裡也用他發展的第三勢力同時挑戰行為主義和精神分析。奈瑟尤其喜歡馬斯洛堅持的一個主張：心理學首先應該是一股向善的力量，因此應該強調人類心智的積極面向。

奈瑟自己的研究是關於我們如何處理知覺訊息，尤其是我們如何搜尋特定的事物或人。在實驗形式中，這意味著在數字或字母陣列中搜尋特定的數字，但即使使用這種抽象的方法，奈瑟也顯示知覺不僅僅是一個常規的生理過程。字母的形式和受試者的心理準備狀態，都能對表面上看起來相當機械性的任務產生實質性的影響。

一九六七年，他出版了一本極具影響力的著作《認知心理學》（*Cognitive Psychology*）。這本書不僅提出了一個新領域的名字，還展示了如何對資訊在大腦中的流動和處理方式進行建模。這自然會讓人將其與電腦（當時是一種新穎且迷人的創新）處理資訊的方式聯繫起來，研究資訊處理也成為認知研究的一個主要焦點。研究人員開始開發運算模型，但重要的是，他們延續了在嚴格控制的實驗室條件下進行研究的實驗傳統，使用盡可能不具意義的材料，以避免受到既有知識的「污染」。

對資訊處理的關注讓認知研究更容易被主流心理學所接受，但這也讓奈瑟非常擔心。他覺得考慮認知的社會和個人背景很重要，而認知研究人員嚴格的實驗方法忽略了這個重點。透過採用嚴格的實驗控制來消除所有可能的污染因素，他們實際上研究的是相當人為的、與日常經驗脫節的東西。他在一九七六年出版的《認知與現實》（*Cognition and Reality*）一書中概述了這個想法。該書將知覺描述為認知的核心，將其視為一個由先前經驗和即時情境所影響的連續的知覺搜尋循環。儘管這本書與真實的人類行為更為相關，但事實證明它在認知研究人員中並不那麼受歡迎。奈瑟黯然地表示，他猜想自己等於在告訴人們，他們所做的事情其實並不值得，所以他們會反應欠佳也是情理中事。

實驗室中的認知與日常生活的認知之間的這種矛盾從未真正消失。它影響了詹姆斯．吉布森在大約同一時期發展的知覺理論，而這一理論直到二十世紀九〇年代才真正得到認可，這一點我們將在第三十三章讀到，它也為二十世紀末的一系列後續發展提供了思路。但是，接受認知作為心理學中一個有效的研究領域，是對行為主義主導地位的重大挑戰，也是實驗心理學發展中的一個里程碑。

21

情緒與壓力

戰鬥或逃跑反應、壓力和心理免疫學

你是否曾追趕過公車或火車卻沒趕上？你站在公車站或月台上，猛喘大氣，心臟砰砰直跳，感覺有點冒汗，需要花幾分鐘才能較為恢復平靜。這種時候，你也特別容易被激怒。如果有人說了一些讓你覺得愚蠢或無聊的話，你很容易就會反唇相譏或是覺得比平常更容易惱火。

這一切都與你身體所處的狀態有關：你正處於心理學家稱之為喚醒（arousal）的狀態。（可不要與性興奮搞混！）這是一種生存機制，當你感到害怕或受到威脅，甚至只是擔心錯過公車時，你的身體會試圖確保你擁有盡可能多的能量。這是因為在原始時代，當你感到害怕或受到威脅，你十之八九是遇到了猛獸之類，你要麼必須戰鬥，不然就必須逃跑。如果選擇戰鬥，你便需要竭盡全力，因為失敗可能會讓你喪命。同樣，如果選擇逃跑，你也需要竭盡全力，因為一旦被追上，你一樣可能會送命。這時替以後保留能量是沒有意義的——因為可能不會再有以後了！

這種反應是自動發生的，被稱為戰鬥或逃跑反應（fight or flight）——為什麼會這樣稱呼理由應該已經很明顯了。它涉及許多生理變化：你會深呼吸，讓更多的氧氣進入血液；心跳加快、血壓升高，好讓氧氣更快到達肌肉；血液變稠，更容易凝血（以防你受傷）；消化功能會發生變化，讓脂肪和糖更快被轉化為能量，但會暫停消化較複雜的食物（例如蛋白質）。當你受到驚嚇，你的皮膚會因為血液流向內臟變得更蒼白。你還會出汗，起雞皮疙瘩——這些反應在人類身上只是演化留下的殘餘特徵，但對長毛的哺乳動物來說，雞皮疙瘩會讓牠的毛髮豎起，看起來體型更大，可能讓敵人較不願攻擊。

壓力如何影響我們的生理

戰鬥或逃跑反應作為一套完整的生理反應，最早是由沃爾特・坎農（Walter Cannon）在一九一五年確認。當然，更早之前人們便知道其存在。常被稱為美國心理學之父的威廉・詹姆斯認為，這種反應實際上可以解釋我們如何感受情緒。他舉了一個例子：當你在樓梯上絆倒，本能會馬上抓住扶手穩住身體，當下你會不假思索地做出反應，但之後你會感覺心跳加快，呼吸急促，手心可能冒汗。詹姆斯認為，直到那時你才會感到驚慌——你的大腦將這些生理感受解讀為對跌倒的恐懼。詹姆斯有一句名言：「我們不是因為感到難過而哭泣，而是因為哭泣而感到難過。」他的意思是，我們的情緒來自於大腦對身體生理反應的詮釋。當然，詹姆斯的理論不難找出漏洞（例如，身體一開始怎麼知道要產生這些反應？）。但他的顛覆性論確實催生了相關研究，最終幫助我們理解壓力及其如何影響我們。

在現代社會，人們不常碰到需要戰鬥或逃跑的直接威脅。讓我們感到焦慮或恐懼的事情更為間接，例如擔心無法償還貸款或對人際關係感到焦慮。這些壓力往往也是持久的，不會很快消失。這引出了漢斯・薛利（Hans Selye）的研究：他是匈牙利裔加拿大內分泌學家，對癌症患者和其他人如何體驗特殊的症狀（他稱之為壓力）感到興趣。

薛利在一九五六年出版《生活的壓力》（*The Stress of Life*），書一出版便成為暢銷書。他指出，喚醒反應並不是一種全有或全無的反應，它也可能以較輕微的形式出現，甚至較輕微的壓力也可以引發相同但程度較輕的生理變化。你的心跳只是加快了一點，出汗量只比平時多了一些，其他的變化也沒有那麼激烈。反應依然存在，只是幾乎難以察覺。

有時，這種反應也是有益的。運動員和競賽者發現，一定程度的喚醒狀態能讓他們發揮最佳水準。大多數活動都有一個最優的喚醒水平：它在一定程度上可以幫助我們提升，但若過度反而會干擾我們的表現。惱怒可能會幫助你在爭辯中暢所欲言，但如果你過於氣憤，可能會很難找到合適的字眼。這被稱為耶克斯－道森法則（Yerkes–Dodson Law），雖然早在一九〇八年就被提出，不過要到很久以後人們才真正理解其機制。根據該定律，簡單任務的最優喚醒水平高於複雜任務的最優喚醒水平。當你用吸塵器吸地毯時如果非常生氣，可能會讓你做得更快；但如果要寫一封抱怨的電子郵件，同樣的狀態對你毫無幫助。最好冷靜一點以達到寫抱怨信的最優喚醒水平，而非超過它。

即使是焦慮或恐懼的想法也會在某種程度上觸發喚醒反應，這正是測謊機能夠捕捉的訊號。測謊機記錄了多種類型的交感神經反應（喚醒是由交感神經系統的活動所引起），可以偵測到一個人蓄意說謊時出現的極細微的生理變化。然而困難在於，它們偵測到的是生理喚醒狀態，需要仰賴受過專業訓練的訪談者，才能區分因焦慮所產生的陳述與謊言。

薛利發現，無論是長期處於輕微壓力源下的動物，或是癌症患者、肺結核患者，他們呈現的喚醒反應模式與生理症狀具有相似性。這些徵狀肯定是由壓力引起的，且在動物和人類身上表現近似，但又不太像瞬間喚醒反應。薛利稱此為一般適應症候群（general adaptation syndrome, GAS），並認為人

（和動物）在面對長期、持續的壓力時，會經歷一個明確的適應過程。

薛利的一般適應症候群分為三個階段：首先是警報階段，此時喚醒反應相當明顯。但如果壓力持續一段時間，就會進入第二階段：抵抗階段。在這個階段，人（或動物）看似已恢復平靜，但血液中仍然有等量的腎上腺素，且容易對壓力事件（或知覺到的壓力事件）產生過度反應。眾所周知，對金錢或工作的持續焦慮會破壞人際關係，很大部分原因即在此。處於這種狀態的人會反應過度，很容易與親人發生爭執，而頻繁的爭吵會讓關係變得緊張。

正如薛利所指出，抵抗階段對身體的傷害極大。它會耗盡身體的能量儲備，並大幅降低我們對感染的抵抗力。如果這種情況持續足夠久，個體就會進入第三階段：耗竭階段，最終會放棄掙扎。如果此時正在對抗癌症或其他疾病，通常會導致死亡。

研究壓力變成一門顯學

自從薛利的著作問世以來，圍繞著壓力發展出一個龐大的產業，其範圍涵蓋從壓力成因的學術研究到減輕壓力的建議，以及積極管理壓力的方法。他的研究催生了心理學的兩個新領域：一是心理免疫學，探討心理因素與身體免疫系統之間的關係；二是代理和控制心理學，它幫助心理學家和心理治療師找出因應策略，幫助人們應對長期壓力的負面影響。我們將在第三十四章進一步探討這個概念。

心理免疫學的研究角度有多種。一是從純粹的生理層面探討，研究人員發現，長期承受壓力的人，血液中糖皮質激素的化學物質濃度會升高。隨著時間推移，這些激素會附著在作為人體抵禦感染主力的白血球上，降低其防禦效能。因此，處於壓力下的人更容易感染感冒、流感等傳染性疾病，並且經常感到疲倦虛弱。許多其他疾病也被發現與長期壓力有關，包括心臟病和胃潰瘍。

一九五〇年代有一項惡名昭彰的動物實驗：布雷迪的猴子。研究人員將猴子成對地飼養，並定時對牠們施以電擊。每對猴子中有一隻身邊配備有按鈕，只要按壓就能讓電擊暫停二十秒；另一隻則無計可施，只能承受加諸牠身上的一切。雖然兩隻猴子都承受相同的身體疼痛，但其中一隻還承受了額外的心理壓力，因為牠必須頻繁地按下按鈕（每次電擊長達六小時）。實驗結束後，好幾隻可控制按鈕的猴子死於十二指腸潰瘍，而牠們的消極被動夥伴卻沒有這問題。神經行為學家約瑟夫．布雷迪（Joseph Brady）將此解釋為長期壓力引起的胃酸度變化，而他的實驗則被視為胃潰瘍與壓力有關的「證據」。

可想而知，當動物福利日後成為心理學實驗的重要關切事項時，這項實驗招致了相當多的批評。不過那是後話了。

不過，心理免疫學還有其他的研究視角。例如，人類學家羅賓．霍頓（Robin Horton）指出，非技術社會對付傳染病的方式，往往體認到壓力對人類抗感染能力有重要影響。霍頓提到，傳統的非洲醫療人員（通常被貶稱為「巫醫」）在診治得到傳染病的患者時，會詢問他們最近的人際互動情形：

他們與誰爭吵過、有沒有一直擔心某人，尤其關注社會壓力源，例如最近與親友之間的衝突。

也有正向的壓力

在西方人眼中，這種治病方式似乎很不合理。但正如霍頓所指出的，在一個嬰兒死亡率居高不下的社會，這種做法其實很合理，因為任何能存活到成年的人，必然已具備較強的抗病能力。問題的關鍵不在於感染從何而來，而是為何人體的抵抗力會降低至足以染病。在這類社會中，社會壓力往往是最可能的原因。

薛利也指出，並非所有的壓力都是負面的；有時壓力也能帶來好處。他將正向壓力稱為優質壓力（eustress），並指出其生理反應與負向壓力其實並無差異。但優質壓力對心理和生理都有好處。有時，個體如何理解正在發生的事件才是關鍵所在。進一步研究顯示，無論人或動物，關鍵在於他們對正在發生的事是否有一種控制感。如果覺得自己能夠以某種方式掌控壓力，我們就能應對更強大的壓力。這項洞見影響深遠，尤其重要的是它最終催生出一個全新的心理學分支：正向心理學（positive psychology）。我們將在本書的第三十七章進一步探討。

22

關係發展

希臘人、蓋倫和東方的影響

你可能見過小鴨排成一列跟著鴨媽媽，或是小鵝跟隨人類「養父母」走的景像。牠們會這樣做主要是因為印記作用──那是一種特殊且非常快速的學習形式，在早熟性動物（即所出生後不久就能四處走動的動物）身上尤其明顯。由於牠們幾乎一出生就能移動，很容易會走失而成為附近掠食者的獵物，牠們很快就自然而然地學會必須緊跟在母親後面，一旦掉隊就會焦慮。實驗顯示，這種學習背後的機制是天生的：剛孵化的小鴨和小鵝會跟隨牠們第一眼看到的移動物體，甚至會翻越障礙或穿過長草，克服物理阻礙以持續跟隨。

二次大戰前，康拉德·勞倫茲在歐洲研究過印記作用，當時許多研究人員都認定，母嬰依附關係就是透過這種機制形成。然而在美國，行為主義傳統占主導地位，主流的觀點認為嬰兒會對母親產生依附，是因為母親提供了食物──被餵食產生愉悅的感覺，這種感覺透過制約作用而與母親的存在連結在一起。行為主義者堅稱這就是母嬰依附關係的形成方式。

然而，這個想法受到哈洛著名的猴子依附實驗的挑戰。我們在第十五章讀過這個實驗，它顯示儘管幼猴是鐵絲母猴餵養的，但牠們更寧願依偎在絨布母猴身邊。然而隨著這些幼猴逐漸長大，牠們的發育明顯不正常，牠們無法與其他猴子有效互動，經常被霸凌──人工飼育方式剝奪了牠們學習群居物種基本社交技能的機會。哈洛後來進行的實驗顯示，社交接觸可以很大幅度地減輕這種損害。他將幼猴放在一起養育，不讓牠們接觸成年的猴子。雖然不是在完全正常的環境中養大，但這些猴子更能有效地與其他猴子互動，並在最終融入更大的社會群體。哈洛成功地挑戰了行為主義者認為依附關係僅來自於餵養的假設，但他也表明，這些依附的本質可能會產生長遠影響。我們將在本章稍後進一步討論。

依附關係研究的拓展

勞倫茲所建立的印記作用模型很快就被接受為對依附行為的解釋。畢竟，印記仍屬於一種學習方式，且一度被視為所有動物（包括人類）建立基本依附關係的過程。對心理學家約翰・鮑比（John Bowlby）而言，印記作用正是他的研究起點，而他的名字也已成了依附理論的同義詞。在經歷過一段多樣的職業生涯（包括在皇家海軍服役）後，鮑比對心理學產生了興趣。當時他在劍橋大學聽了弗雷德里克・巴特利講授的生物心理學課，又閱讀了精神分析理論。戰前他便對依附現象感興趣，但他在戰時從事軍官甄選的工作，則幫助他累積了方法論和統計學知識。戰後，他進入塔維斯托克研究所（Tavistock Institute），成立了一個研究單位探討母子分離後的影響。

鮑比擁有深厚的精神分析背景，而他在塔維斯托克的工作主要基於梅蘭妮・克萊因的理論。但他認為，精神分析並無法充分解釋依附關係中斷時（例如分離）發生的現象。他與同樣關注關係研究的動物行為學家羅伯特・辛德（Robert Hinde）是好友，兩人常討論當時關於依附關係的行為生態學研究。鮑比對哈洛的幼猴實驗深感興趣，並據此推論：人類具有一種生物傾向，會與主要照顧者（即滿足他們日常需求的人）建立並維持依附關係。這種傾向促使親子發展出雙向的親密關係，並成為成年後人際關係的基礎。

鮑比在一九五〇年代發表了他的理論，從那時起，他的基本依附模型獲得廣泛認同。後來他又對理論進行了一些精煉，把其他家庭關係類型（例如父親和祖父母的角色）納入。但他認為依附是單一的過程，而嬰兒與母親的關係是特殊的：他將此稱為單向依附。然而，他的同事瑪麗·安斯沃斯（Mary Ainsworth）的研究顯示，依附關係可能存在多種類型。

瑪麗·安斯沃斯運用一種「陌生情境技術」研究依附關係。此方法讓非常年幼的孩子面對陌生人，過程中母親可能在場或不在場。她也對孤兒和住院兒童的行為進行研究，並識別出三種基本的依附類型：「安全型依附」、「不安全依附－迴避型」和「不安全依附－矛盾／抗拒型」。安全型依附的孩子有母親在身旁時充滿信心，但母親短暫不在身旁也不會特別焦慮，很容易安撫。其他依附類型的孩子較可能在母親返回時拒絕親近，或只是試探性地接近母親。安斯沃斯也發現，安全型依附嬰兒的母親往往更敏銳、更能及時回應寶寶的需求，即便是在嬰兒剛出生的頭幾個月也是如此，而且她們抱嬰兒的動作，比那些被歸類在迴避型或矛盾型嬰兒的母親更加輕柔細心。

這些發現與魯道夫·謝弗（Rudolph Schaffer）在一九六〇年代中期的研究相互呼應。謝弗在嬰兒家中進行親子互動的行為學研究，發現嬰兒最強烈依附的對象不一定是照顧他們時間最多的人，而是對他們發出的訊號反應最敏感的人。這個人通常是母親，但有時也可能是每天晚上只陪伴嬰兒一個小時左右的人。對嬰兒的敏感回應才是關鍵。謝弗的觀察讓依附理論能夠解釋看似不尋常的案例：例如嬰兒的主要依附對象是上班族父親而不是全職育兒的母親。

母親必得全職育兒嗎？

在二戰後幾十年間，母親是否應該全職育兒已經成為社會爭議的焦點。如前所述，鮑比堅信親密且具保護性的母職至關重要，他在暢銷作《兒童照顧與愛的成長》（*Child Care and the Growth of Love*）中提到，若親子關係被干擾打斷，可能會對孩子造成潛在的情感傷害。此觀點引發了廣泛的社會辯論，除了受到戰後對孤兒與住院兒童的研究刺激，也因社會對對青少年犯罪的日益擔憂而加劇。當時社會對「垮掉的一代」、搖滾樂和年輕人蔑視傳統法律秩序感到焦慮，甚至引發一股對世風日下的道德恐慌。

鮑比根據他對有精神障礙的年輕人的研究指出，幼年的母愛剝奪破壞了青少年與他人建立健康關係的能力，從而導致他們的犯罪行為。他認為，在極端情況下，母愛剝奪甚至可能產生「無情感型精神病態」，即一種完全缺乏社會依附感或社會責任感的心理心態。

鮑比在書中列舉了可能損害兒童依附關係的情境，進一步加劇了爭論。他列舉的其中一項情況是「母親全職工作」，這不僅引發社會激辯，也掀起了政治爭議。當時，戰後復員的軍人需要就業，政府當局因而鼓勵在戰時出外工作的婦女回歸家庭，當好全職的「家庭主婦」。但許多婦女反對「被迫趕回廚房」，而且有些家庭無法在只靠單薪過活。然而，全職工作的母親可能某種程度上會傷害孩子的觀念深植在大眾心中，成為真實存在的社會壓力。

一九六〇年代，邁克爾．魯特（Michael Rutter）重新評估了鮑比的研究證據和母愛剝奪的理論本身。他發現，青少年犯罪通常是對當下處境的反應：來自壓力家庭的青少年更有可能犯罪，而那些來自壓力得到解決的家庭的青少年，往往會變回不那麼叛逆。魯特的著作質疑了人們對母愛剝奪的擔憂，多年以來持續再版——主要是因為職業婦女是否適合育兒的爭論，在整個社會持續延燒。

野孩子回歸正常社會的研究

母愛剝奪的爭論也讓人們關注到嚴重剝奪和持續忽視的影響力。數百年來，關於「野孩子」的傳聞層出不窮（野孩子是指在荒野被發現，明顯未與其他人類接觸過的孩子）。例如雙胞胎羅穆盧斯和雷穆斯的故事：他們在嬰兒時期就被遺棄，靠一頭母狼的哺乳才活下來，長大後成為強大的戰士並建立了羅馬城。不過，近代多數有關野孩子的記載，都把他們描述成野性難馴，無法適應文明生活的個體。

和許多人一樣，鮑比也認同佛洛伊德的觀點，認為早期受到傷害的童年經驗會對成年後的生活產生長遠影響。但針對嚴重被剝奪兒童的案例顯示，透過適當的照顧，這些兒童仍有可能獲得顯著的康復。一個極著名的案例是一位叫吉妮（Genie）的女孩，她十四歲時被人發現，她從二十個月大時就被父親囚禁，綁在椅子上僅用嬰兒食品餵食。她被禁止與家人說話，如果她發出任何聲響就會遭到懲罰。當她被發現時，她無法說話或理解語言。但在心理學家團隊的照顧和訓練下，她學得很快，幾年後已經可以相當熟練地使用語言了。

然而可悲的是，吉妮成為了當時方法論束縛的受害者。儘管研究人員累積了大量實質性資料，包括吉妮的紀錄影片與訪談錄音，但在當時的主流心理學界看來，這些非量化的資料只能算是軼聞，缺乏科學性，根本不能視作實證證據。研究經費因此遭到撤銷，吉妮被送回照護體系，在寄養家庭中再次受到虐待。甚至幾十年後，曾經照顧過她的研究人員蘇珊·柯蒂斯（Susan Curtiss）想要聯繫她，仍一再被拒絕。

其他案例則較為正面。一對姊妹收養了兩名受到嚴重忽視的六歲捷克雙胞胎。這對雙胞胎曾被鎖在小櫥櫃或地窖，沒有任何人際接觸，也沒有玩具。他們被發現時，幾乎無法走路，只能說出幾個字（而且還都是在父親開始照顧他們之前學會的）。但在充滿愛的照顧和刺激下，他們進步很快，發展出新的技能和能力。他們在學校很開朗，很受歡迎，與養母建立了溫暖親密的關係。

在另一起案例中，一名關在閣樓遭受到嚴重忽視的六歲半兒童被發現，她名叫伊莎貝爾，隨後獲得充滿愛的照顧和長期的專業協助。剛被發現時，她無法說話，也無法辨認物體或人。但十八個月後，她迅速復原。在接受心理學家評估時，她給人的印像是個聰明快樂的小女孩，在學校表現很好，很受同學歡迎。她比其他同齡的孩子學得更快，並彌補了她過去缺乏的技能。她非但沒有受到無法挽回的傷害，所受到的照護反而加速了她的康復。正如第五章所述，安娜．佛洛伊德在「鬥牛犬河岸」的研究中也觀察到類似效應。這些研究顯示，兒童具有驚人的復原力，即使早期經歷創傷，仍可透過關愛和適當的學習機會來克服影響。

因此，依附理論的發展歷程，從行為主義堅持的刺激－反應制約，轉向一種生物學的本能模型，再到強調與母親連結的精神分析取向，並最終承認社會互動和關愛，在早期經驗和修復創傷兩方面都至關重要。二十世紀後半葉，心理學許多領域也逐漸體認到社會互動的重要性，與依附理論的發展互相呼應。

23

社會學習

群體衝突、規範與領導風格

正如我們在第二十章中讀到過的，喬治·米勒必須鼓起勇氣挑戰行為主義的主導地位。但與此同時，另一位心理學家正悄悄地從事這項工作。艾伯特·班杜拉（Albert Bandura）——當之無愧是心理學界最著名的人物之一——也對行為主義者堅稱所有學習都源自試誤的刺激－反應連結的觀點感到不認同。

班杜拉一貫秉持實用主義的主張，這可能源於他在高中畢業後，曾在加拿大育空地區工作過一段時間。他發現那裡的人勤奮、豪飲、熱愛賭博，與他自己成長的艾伯塔省鄉村截然不同，這幫助他對整體人生有了更廣闊的視野。他在唸大學時愛上心理學純屬偶然，當時他與一些早起上課的醫學和工程學學生共乘一輛車通勤上學。由於他自己的課比較晚，便選了一門早上的課來聽聽，結果遇到了心理學，從此為之著迷。畢業後，他前往愛荷華大學攻讀博士，師從阿瑟·本頓（Arthur Benton），而本頓曾是威廉·詹姆斯和克拉克·赫爾的學生：詹姆斯是認知心智重要性的實驗主義者，赫爾則是嚴格的行為主義者，代表當時的主流方法。

透過觀察和模仿他人間接學習

班杜拉對學習這個主題很感興趣，但他認為行為主義者堅稱學習只能透過直接試誤的觀點過於狹隘。事實上，他相信我們大部分的學習都是透過觀察和模仿他人的間接學習。班杜拉在一九六〇年代初開始研究他所謂的「觀察學習」，並進行了如今已非常知名的波波娃娃（bobo doll）實驗。在這些實驗中，研究者讓兒童觀看大人威嚇甚至攻擊一個沙袋造型人偶（被稱為波波娃娃）的影片，隨後將兒童帶進一間遊戲室，裡面有許多玩具（包括一個波波娃娃）。反覆的實驗結果顯示，兒童會模仿他們在影片上看到的行為。由此可見，他們透過觀察他人的行為來學習，而非透過自己的試誤經驗。

班杜拉小心翼翼地務求自己的研究嚴格按照行為主義和實驗原則進行。他對觀察學習的證明獲得廣泛認同，也因此悄悄將一小部分心智表徵的概念融入了嚴格的行為主義學習理論中。這就是為什麼他有時會被視為認知行為主義創始者之一的原因（在我看來完全合理）。班杜拉持續研究模仿與認同的不同面向，尤其關注典範學習和自我調節的影響。到了一九七七年，認知運動在美國逐漸興起，他終於能公開探討認知因素的影響。他的著作《社會學習理論》（*Social Learning Theory*），公開討論了社會影響如何作用於認知與行為。班杜拉靜悄悄地對學習歷程的心理學知識產生深遠影響，但其學術遺產未止於此。他後續進一步探索個人能動性的各種機制，我們將在第三十四章回頭來討論這個主題。

不過，社會心理學家向來不受行為主義影響，這主要是移居美國的完形心理學家的影響。此時，人們益發關注社會議題：一九六〇年代，馬丁・路德・金恩起而領導民權運動，安吉拉・戴維斯（Angela Davis）公開主張黑人權利和共產主義，麥爾坎・X（Malcolm X）則致力推動非裔美國人的團結。可想而知，美國社會愈來愈擔心社會偏見，而這種擔憂也反映在當時的研究計畫中。

曾因研究從眾行為啟發阿希著名實驗的穆扎弗・謝里夫，在一九四五年與他的研究助理卡羅琳・伍德（Carolyn Wood）結婚。兩人共同探索影響群體規範形成與群體間敵意發展的因素。謝里夫因這些研究聲名大噪，但事實上，正如他憤慨強調的：卡羅琳才是大部分研究背後真正的推動者和理論家。然而，當時盛行的性別歧視加上學術精英主義，卡羅琳無法以自己的名義發表研究，她寫的論文必須歸屬於丈夫名下。直到最近，卡羅琳・謝里夫才獲得應有的榮譽。

群體規範形成的著名實驗

他們最著名的研究之一是一九六一年發表的強盜洞公園實驗。實驗在一個男孩夏令營進行，謝里夫夫婦精心挑選了兩組條件相近的受試者，每組各有二十二名十二歲男孩。實驗第一階段旨在探討群體認同如何形成：兩組成員被預先隔開，研究人員鼓勵男孩支持自己的群體。男孩們發展出自己的地位階層，替自己的團隊命名（老鷹隊和響尾蛇隊），還製作了自己的隊旗。領導者很自然產生，群體也發展出非正式的行為規則和規範。當他們意識到營地還有另一組人存在時，競爭意識也開始萌芽。

實驗到了第二階段，心理學家替兩組人安排競賽活動，得勝一方可獲得誘人獎品。兩組人隨即對另一組產生敵意。在這期間，他們第一次被安排在一起用餐，每逢這些時候，他們經常會謾罵並開唱嘲諷對方的歌。接下來五天，敵意持續升級：他們襲擊對方的小屋，燒毀對方的旗幟，甚至向管理員抱怨為什麼要和另一組一起共餐。

第三階段，研究人員刻意設計了共同活動（例如國慶慶祝活動），刻意將兩組人拉在一起。但這些做法似乎無效：群體間的敵意依舊強烈。直到兩組人必須共同解決一個嚴重的共同問題（例如修復營地供水的輸水管），他們才開始彼此合作。其他的共同任務也強化了這種合作，例如有一次，兩組人合力推倒一棵阻礙他們使用運動場的危樹；又有一次，全體男孩湊錢購買一部當晚播放的電影。這些共同活動非常成功，以至於夏令營結束時，兩組人已經融為一體。他們要求共乘一輛遊覽車回家，甚至將他們的獎金集合在一起，購買飲料請每個人在回程時享用。

強盜洞公園實驗有力地證明了群體規範如何形成，以及群體間互動該如何引導。這項研究引發了學界對社會歷程的興趣，推動了領導行為和偏見的相關研究。然而，與當時歐洲興起的群體研究不同，由於美國文化、社會與心理學理論占主導地位的個人主義預設，研究焦點仍集中在群體中的個人行為，而非群體本身的整體影響。

這種趨勢也體現在其他研究中。許多研究者援引較早期的研究，例如社會心理學家拉皮爾（LaPiere）在一九三〇年代發表的報告：他與一對中國夫婦朋友橫跨美國旅行時，他們入住了幾家旅館，這些旅館老闆一向對中國人抱持強烈偏見並公開表達，但奇怪的是，該對中國夫婦受到的接待並不比任何其他人差。此後許多的實驗室研究探討這種態度與行為顯著矛盾的現象，並發展出各種複雜解釋。然而，這些研究並未考量阿希的從眾行為研究——阿希的研究顯示，人類的社會屬性使其在面對面的情境中，不願與他人發生衝突或對抗。相反地，大多數用來解釋態度與行為明顯矛盾而提出的理論，都把焦點放在個人如何處理訊息的層面。

不過，並非所有關於偏見的研究都有同樣的局限。一九六八年，教師珍．艾略特（Jane Elliott）因馬丁．路德．金恩遇刺事件的刺激，決定與她的三年級學生討論身為美國黑人的處境。全班學生同意透過一項實驗體驗看看那是什麼感覺。珍．艾略特根據學生眼睛是藍色還是棕色將他們分成兩組。第一週，藍眼睛的孩子被定義為優勢群體；第二週，換成棕色眼睛的孩子。每次實驗中，劣勢群體組別的孩子都要佩戴用以識別的布領圈，並受到較差的待遇；而優勢群體的孩子則獲得特權，在課堂上備受優待。

這個實驗產生的效應比珍．艾略特預期的更為激烈。處於優勢群體的孩子開始對另一組表現出傲慢態度，常常以一種高高在上、盛氣凌人的口吻跟後者說話。他們的學業表現也更好了，有時甚至能在過去無法通過的測驗中取得高分。另一方面，劣勢群體的孩子變得膽怯順從，學業成績下滑，他們傾向自成一個團體，與其他人保持距離。珍．艾略特的實驗雖然不是同類型研究的首創，卻廣為流傳，並被視為美國社會心理學的里程碑。

她的實驗清楚證明了謝里夫夫婦所稱的「現實衝突理論」，該理論用來解釋群體偏見如何形成。該理論主張，如果涉及對特權的真正競爭，那麼，群體之間的衝突，還有隨之而來的群體成員對其他人的偏見，就很有可能會發展出來。當兩個群體爭奪特權時，擁有特權的群體會變得有防禦心態，處處保護自己的優勢，而沒有特權的群體的成員會感到挫折和嫉妒，其結果是帶來群體間的敵意，若處於缺乏約束的情境下，更會引發衝突。這理論是亨利・泰菲爾（Henri Tajfel）的「社會認同理論」的重要先驅，後者是歐洲社會心理學的核心理論之一。我們會在第二十八章進一步探討。

領導風格對工作團隊的影響

群體歷程的研究對主流心理學影響有限，卻在組織心理學領域產生了深遠影響。在二戰前，完形心理學家庫爾特・勒溫對領導風格進行了研究。戰後，他的理論成為管理和組織領導的典範，影響尤為顯著。勒溫的經典研究是對男孩課後模型製作社的群體為對象，心理學家將他們分為三組：一組由嚴格專斷的領導者帶領；一組由民主領導者帶領，他會與男孩們聊天並與討論他們的作品；第三組則由放任型領導者帶領，他大部分時間對男孩們幾乎是放牛吃草。七星期後，領導者進行輪換，再七星期後再輪換一次，直到每組別都分別由三種類型的領導者帶領過為止。

勒溫發現，三種領導風格產生了截然不同的行為模式：專斷型領導者帶領的群體成員工作努力，但彼此之間缺乏真正的合作，如果領導者不在，他們幾乎完全停止工作；放任型領導者的群體不僅整體工作投入度低，成員彼此還表現出好鬥與爭吵；然而，民主型領導者的群體，無論領導者是否在場，都始終如一愉快地工作，成員間也經常互相幫助。

勒溫的研究於一九三九年發表，在當時對管理理論產生了深遠影響並持續至今。這項研究也激發了更多關於群體歷程的研究，例如人們在群體討論中扮演的不同角色類型，以及領導者的期望如何形成自我應驗（因為人們相信期望而使其成真）。例如，道格拉斯．麥格雷戈（Douglas McGregor）把領導者區分為「X理論領導者」和「Y理論領導者」兩種類型：前者相信人是懶惰的，只有在強迫他們工作的情況下才會工作；後者則認為人通常樂於工作，只要他們受到尊重和信任就會賣力工作。這些信念同樣都可能自我應驗：在X理論領導者下工作的人，會因感受到較少認可而缺乏動力，他們更可能請病假，並且通常不會那麼投入工作。麥格雷戈的理論至今仍影響著組織心理學和管理理論，儘管它對主流的社會心理學的影響較為有限。

隨著戰後心理學的發展，其研究重心逐漸聚焦在人與群體的互動模式。心理學家探討了公開表達的偏見未必反映在個人的行為上，群體規範如何型塑並強化或抑制偏見，以及不同領導類型如何引發截然不同的行為模式。在下一章，我們將探討旨在理解態度如何改變的心理學研究。

24

改變態度

認知失調、態度測量與偏見理論

報紙頭條標題寫著：「大洪水要來了，快逃！」鹽湖城和全球大部分地區很快就會被一場巨大洪水淹沒——精確來說，這將在一九五四年十二月二十一日發生。這是靈媒桃樂西・馬丁（Dorothy Martin，又名基奇太太〔Mrs Keech〕）放出的消息，她聲稱收到來自克拉里昂星球的外星人警告。當時，美國人對不明飛行物體正處於一片狂熱之中，所以很多人相信外星人要乘坐飛碟來拯救倖存者。基奇太太聚集了一群信徒，撤往能俯瞰整座城市的高地。這些信徒中有許多人為應對這場災難採取了激烈行動：有些人賣掉房子和家當，有些人辭職或結束戀愛關係，所有人都在期待世界末日於當天降臨。

十二月二十二日拂曉，大洪水沒有來，世界也沒有毀滅。這對萊昂・費斯汀格、亨利・里肯（Henry Riecken）和斯坦利・沙赫特（Stanley Schachter）等幾位社會心理學家看來，這是完美的研究素材——他們當時偽裝成信徒，加入了基奇太太的團體。他們在活動前、等待期間和活動結束後分別與團體成員交談，探究他們如何處理信念與現實上的矛盾。一些對團體不是那麼忠誠的人直接離開了，但最忠誠的成員主張，正是他們的行動和信仰才導致上帝心軟，拯救了世界。他們透過修改自己的信念，試圖替自己的行為合理化並辯護。

在費斯汀格和他的團隊看來，這是認知失調的明顯例子。承認最初的預言出錯會讓這些人產生不舒服的心理衝突——他們不僅要承認自己錯了，還必須面對自己採取的極端行為根本毫無必要。透過改變信念合理化自己的行為，他們便能避免因信念矛盾而引發的認知緊張。費斯汀格的研究發表於態度研究蔚為風潮的時期，它作為態度改變的一個清晰例證而備受矚目。

正如之前所指出的，戰後時期的美國心理學主要由行為主義觀點主導。從一開始作為少數派運動，其核心思想已潛移默化地被接受，而它支配主流心理學的方式是透過題目的假設，而不是有哪些心理學家出面替行為主義背書。而讓它被接受的主要因素是它採取量化研究，以及人們愈來愈相信，任何真正的科學都應該以數學為基礎。

用量化方式測量態度

從法蘭西斯·高爾頓和查爾斯·斯皮爾曼那麼早期的時代以來，統計技術便一直是心理測量領域的一部分。J·P·吉爾福（J.P. Guilford）在一九四二年出版了一本供心理學和教育學學生使用的綜合統計手冊，此書到一九六〇年代已發行到第四版。強調統計分析產生了好些影響：其一，正如我們在吉妮的悲劇案例中看到的，將定性分析形式視為非「有效的」證據而被摒棄；其二，促使其他社會科學愈來愈覺得心理學只是「老鼠和統計數據」，有時甚至還懷有敵意。但它也讓心理學家能夠對態度等心理歷程進行研究——只要這些歷程可以用量化方式測量。

如第九章所述，態度研究始於二戰之前，但它真正蓬勃發展是在戰後的數十年間。研究人員探討了態度的各個面向：如何以科學方法測量態度、態度與個人價值觀如何連結、態度的功能為何，以及人們的態度是否具有一致性等等。關於態度和行為之間的確切關係也一直存在爭論，並且有大量的理論試圖解釋態度的本質及其形成機制。

隨著研究人員試圖掌握態度更細微的面向，對態度的測量用上了多種不同的形式。例如，查爾斯・奧斯古德（Charles Osgood）的語義差異法，使用成對的形容詞作為明喻或隱喻，請受測者指出他們認為某特定事件或物品，在多大程度上具有溫暖或冷漠、友好或敵意等屬性。儘管這設計富有創意，但語義差異法的分析仍然存在兩項問題：其一，它假定每個人對相同詞彙有相同的意義；其次也更重要的是，它依賴對結果的定性解釋。

在當時，被認為真正重要的是數值數據。倫西斯・李克特（Rensis Likert）開發出的量表系統提供了一種解決方案。李克特提出包括五個點到七個點的連續量表，可讓受測者給出漸進式反應。例如，研究者可能請受試者表示對某一陳述的認同程度。這種量表並不提供精確的數字，卻能產生順序數據——即顯示出某分數相對是高於或低於另一個分數的數據（有統計技術可處理這一類數據）。李克特量表至今仍被廣泛應用在意見調查、消費者研究，以及態度或信念的測量。

各種態度理論的範疇非常多元，從認為態度只是反映社會判斷到認為態度是為了維持認知平衡，不一而足。奧地利心理學家弗里茨・海德（Fritz Heider）認為，人們強烈傾向追求自己的態度前後一致，而不一致（或至少是人們自己意識到的不一致）會導致認知壓力。正是這一觀點替費斯汀格的認知失調研究奠定了基礎。

態度的功能與與偏見的升級

其他研究則探討態度的功能，並歸納出人們至少以四種方式運用態度：首先，態度可以為我們的經驗賦予意義，幫助我們理解世界以及該如何對人或事件做出反應；其次，態度具有功利性功能，透過讓我們展現社會可接受的形象，協助我們與社會進行互動；第三，態度讓我們能夠表達我們的個人價值觀，以及表達我們視為內在自我中較積極的面向；第四，態度能服務無意識目的，像是有些態度之所以對人有用，是因為它們掩蓋了無意識的內心衝突或動機。例如，某些人之所以表達出強烈的偏見態度，可能其實是透過「反向作用」掩蓋自己在該議題上的內心衝突。

態度研究的另一個分支，探討人們的行為，為何常常與他們聲稱的態度不符的現象。一種常見的解釋是，人們在特定情境下的態度與整體性的世界觀態度存在重大差異。例如，這或許能解釋上一章提到的拉皮爾報告中所敘述：旅館老闆雖曾公開表達對華人的偏見，卻在一對中國夫婦入住時突然表現歡迎。馬丁・菲什拜因（Martin Fishbein）和艾塞克・阿傑森（Icek Ajzen）對各種不同的態度和行為研究進行了統合分析，並提出理性行為理論。該理論基於一項假設：人通常會理性行事，考量自身行動的影響。因此，如果你想預測人的行為，觀察他們的行為意圖，比從態度直接預測更有效。

對於態度的研究興趣也催生出用以解釋偏見的理論——偏見在二戰後幾十年是美國的熱門話題。我們在前面介紹過一些在戰後立即發展出來的部分解釋，但在隨後的數十年間，又有很多其他理論問世。例如，到了一九七〇年代，心理學家開始提出文化理論，指出美國南方對黑人的偏見比北方更普遍、也更極端，並主張這如何反映出兩地的整體文化差異。

這種見解得到其他研究的支持。一項針對移民到辛巴威（當時稱南羅德西亞）的白人移民態度變化的研究發現，他們停留的時間愈長，種族偏見就愈深。同時期另一項研究比較了荷蘭和英國這兩個黑人和白人比例相近的國家的種族偏見，發現荷蘭的種族偏見要低得多。關鍵差異在於荷蘭文化明確反對這種偏見，並將種族主義言論視為社會不可接受的行為，反觀當時英國的情況卻並非如此。總體而言，社會與文化規範對偏見的影響力，顯然遠超過人格特質。

當然，這無法解釋所有現象。即使在高度寬容的社會中，仍然有部分人持有偏見，不過有證據顯示，家庭內部的小型文化往往會強化這種態度。但偏見態度與實際社會歧視之間的關聯更難以釐清。高爾頓．奧爾波特提出五階段論，指出社會偏見會分階段逐漸升高，最後演變至如同納粹德國極端滅絕政策的程度。最初的階段是「仇恨言論」的階段，然後發展到「迴避」階段，這時主流群體會刻意避免與少數群體接觸，但還不會對其加以具體傷害。接著演變成就業、住房和社會參與上的主動歧視，進而很容易就邁入第四階段，針對人身和財產的攻擊頻率大幅增加。最後第五階段，則是試圖完全剷除一個少數群體，例如猶太大屠殺、盧安達大屠殺以及其他許多悲慘的例子。奧爾波特認為，正因如此，解決看似表層的偏見（例如表現在日常言論的偏見）至關重要。如果放任不管，很容易導致更極端的行為。

一九四〇年，卡爾・霍夫蘭（Carl Hovland）和羅伯特・西爾斯（Robert Sears）發表了一項影響深遠的研究。他們記錄了美國南部經濟幸福指標與黑人受到私刑頻率的關聯，發現每當私刑的次數顯著增加時，經濟狀況往往同時惡化。這即是一種尋找替罪羊的機制，當經濟環境變遷或其他不討喜的社會變化出現，就會歸咎於少數群體或外部群體，即便這些變化與他們毫無關聯。指責移民搶了我們的工作或坐享國家資源等論調，就是典型的替罪羊機制的運作體現。替罪羊理論雖然無法解釋所有偏見，但它仍然是解釋社會偏見程度變化的有力理由。

改變態度的研究方興未艾

當然，真正關鍵的問題在於，如何改變人們的態度？費斯汀格的認知失調理論提供了一種可能。在他和研究團隊滲透到基奇太太的信眾群體，並見證他們對世界末日並未來臨時的反應之前，他們早已在實驗室裡研究認知失調現象。他們的研究計畫源於弗里茨・海德的認知平衡理論——基奇太太的預言及信眾群體的行為，展現了人們的信念被明顯否定時的反應，而這是個極為戲劇性的案例。

費斯汀格的實驗室研究顯示，大多數情況下，我們能應對輕微的認知失衡。只有當兩種信念或態度直接矛盾，且當事人意識到這種矛盾的時候，認知失調才會真正生效。此時的反應通常是，要麼改變其中一種認知，要麼新增一種額外的認知來「解釋」明顯的矛盾。拉皮爾研究中持有偏見的旅館老闆，便是透過新增「這對中國夫婦特別友善」的信念，合理化自身態度的矛盾。基奇太太的忠實信徒並未改變自己的核心認知，他們只是給自己新增了一個「我們的行動已經感動上帝」的信念作為解釋。

認知失調理論獲得了大量實驗證據支持，至今仍是導致人們改變態度的主要因素之一。相較於冷戰時期的部分研究，這套理論還算是較為溫和的。隨著冷戰的發展，部分研究者開始致力探究更為極端的改變態度手段，例如透過藥物或洗腦。

25

冷戰時期的心理學

明尼蘇達飢餓實驗與中情局精神控制實驗

你願意奉科學之名挨餓嗎？有三十六人這麼做了。事實上，願意參與的人還不只他們：這三十六人是從更多的志願者中挑選出來的。在這項名為「明尼蘇達飢餓實驗」的研究中，他們被要求在二十四週內只能攝取極少量的飲食，以達到體重嚴重下降的效果。下一階段，研究人員逐漸增加他們的食物攝取，但會調整每個人不同的蛋白質和維生素攝取量，以便觀察哪些食物可以最有效地幫助他們恢復體能。最後，受試者獲准在接下來的八週內，任意吃他們想吃的東西。

在半飢餓期間，受試者被要求每天步行二十二英里，且僅能攝取饑荒時期的食物——基本上只有麵包和馬鈴薯。可想而知，他們開始對食物產生強烈執著：有些人會把食物切成小塊，然後慢慢地吃；另一些人則收集食譜書或餐具。他們的心理健康顯著惡化，出現更多歇斯底里、疑病傾向和憂鬱情緒，並感覺頭暈、行動遲緩。後兩種症狀在他們恢復飲食後消失，但其他心理症狀並未改善。部分受試者報告說，他們花了好幾年才感覺恢復正常。

這項實驗經常被視為有倫理瑕疵的案例。但受試者在整個研究過程中都受到嚴密監控，研究人員也小心翼翼地遵守被認為應該奉行的倫理原則。從實驗中獲得的資訊被整理成小冊子，用於指導救助機構協助半飢餓狀態的倖存者恢復——這對二戰後初期的西歐民眾至關重要，當時有很大一部分人口處於飢餓邊緣。這些發現至今仍被用於幫助厭食症或其他飲食失調患者康復。或許最值得注意的是，當初的受試者在事隔五十七年後受訪，除了一人之外，其餘所有人都表示願意再次參與這項實驗。

一九四五年，在集中營慘案曝光後，針對戰犯的紐倫堡大審制定了一套名為《紐倫堡公約》的倫理原則。二次大戰前，人們普遍認為只要奉科學之名進行的研究即具有正當性，至於受試者的福祉大可不必理會。隨著集中營內進行的極端非人道實驗曝光，那些被起訴者辯稱這些實驗旨在進一步了解人類的種種狀況，本質上與戰前進行的其他研究並無不同。但法官們駁回此一說法，最終制定了《紐倫堡公約》，確立人體研究的規範標準。

該公約的一個核心原則是，研究僅能以志願者為對象，不能用囚犯等被強迫的受試者。研究也必須有利於社會福祉，進行時要避免不必要的痛苦（注意，這裡的關鍵詞是「不必要的」）。明尼蘇達州飢餓實驗的啟動，正是出於戰後歐洲普遍面臨的饑荒危機。雖然研究人員小心翼翼謹守當時的倫理原則，但並非所有人都如此嚴謹。

美蘇冷戰下的科學競爭

二戰後數年，蘇俄和美國原本就不睦的關係逐漸惡化。到了一九五〇年代，雙方更是處於公開的敵對狀態：兩國代表截然不同的經濟與政治體制，雖未直接交戰，但在全球一系列區域戰爭中各自支持敵對陣營。在美國，麥卡錫參議員等政客操縱反共情緒到了近乎歇斯底里的程度，發動多起獵巫行動，企圖將同情共產主義的人驅離權力或有影響力的職位。

此時，關於蘇俄使用洗腦技術的傳聞甚囂塵上。這些技術，最初是由那些出於意識形態因素而叛逃到蘇聯的人士所敘述，之後韓戰戰俘獲釋返國後的證言更強化了這些傳聞。他們描述敵人為了讓他們承認意識形態上的「錯誤」並相信共產主義更加優越，對他們施行了漫長的折磨。一九五〇年代末，英國精神科醫生威廉．薩金特（William Sargant）在《心智之戰》（*Battle for the Mind*）一書中描述了這些技術，他不僅指出這些「現代」方法與早期宗教逼人改宗手段的相似之處，又以巴夫洛夫對狗進行的制約實驗作為理據依據。薩金特認為，只要施加足夠的壓力源和系統性的飢餓，幾乎任何人最終都會屈服於洗腦技術。

但後來曝光的事實是，薩金特在他的書中刻意迴避了自己曾間接參與美國情報界一項名為MK-Ultra的大型計畫。該計畫始於一九五三年，是一連串有系統、跨領域的非法實驗。

MK-Ultra計畫有好幾個目標：一是找出實現洗腦的方法；二是測試是否可創造出如同小說《滿洲候選人》（*The Manchurian Candidate*）描述的那種受催眠後遇指令而觸發的刺客；三是探索是否能用化學藥物合成出可靠的「吐真藥」等等。MK-Ultra計畫各方面系統性地違反了《紐倫堡公約》（美國是該公約的簽約國）。

MK-Ultra計畫探索了很多使人喪失方向感的手段，包括言語貶損、電擊與性虐待。其中一項關鍵做法是感覺剝奪：受試者被包裹在填充物中無法移動，或置於水槽中漂浮，透過多種方法剝奪視覺、聽覺甚至觸覺等感官輸入。這些實驗常常讓受試者終生飽受困擾，留下憂鬱症或更嚴重的精神疾病等等。

迷幻藥大行其道

MK-Ultra 計畫規模龐大，牽涉大學、醫院和監獄。據稱，當時美國行為科學界任何有點知名度的學者，幾乎都以某種形式取得中情局的資助。不過，多數科學家並不清楚資金的真正來源——經費是透過外圍組織發放，而這些組織不會揭露資金的實際出處。有些人直到很久以後才發現，他們的研究已經成為 MK-Ultra 計畫的一部分。臨床心理學家提摩西．李瑞博士（Dr Timothy Leary）便是其中之一，他當時正從事將致幻藥物ＬＳＤ（麥角酸二乙醯胺）用於治療用途。先前，李瑞在一九五七年旅遊墨西哥期間服用了麥司卡林（mescaline），對迷幻藥的力量產生興趣，並聲稱這經歷是他人生的轉捩點。回到美國後，他成立了「哈佛計畫」，其中他自己的研究項目調查了包括ＬＳＤ在內的精神活性藥物效應。

根據李瑞的研究結果，他認為這種藥物可以在心理治療中發揮積極作用，前提是要妥善注意服用者的精神狀態和服用時的周邊情境。他還進行過「康科德監獄實驗」，結果顯示，若囚犯在嚴密指導下服用ＬＳＤ，再犯率可以降低三分之一。然而，或許不夠明智的是，李瑞狂熱地傳播他的發現，倡議每個人服用ＬＳＤ來拓展思維。許多美國年輕人在他的激勵下輟學，加入新興的反主流文化運動。他的極端觀點讓哈佛大學難以接受，最終被解除教授職務，但他仍持續公開鼓吹服用ＬＳＤ來拓展思維。保守的美國體制對此起初是感到難堪，繼而引發憤怒。一九六八年，ＬＳＤ被列為非法（此前一直合法），此後李瑞多次因毒品罪被捕。

然而與此同時，中情局一直饒有興味地關注他的研究。他們從生產LSD的瑞士實驗室購入大量LSD，甚至可能還資助該實驗室，因為他們幾乎資助了所有能找到的精神活性藥物研究，以及其他許多計畫。中情局對LSD進行的實驗有些相當離奇古怪，例如探索給大象服用這種藥物會有什麼後果——他們奇怪的理論依據是，既然LSD看似會讓人狂性大發，那它或許也能讓大象引發類似公象發情時的狂暴狀態。當時已經有研究表明，服用這種藥物的蜘蛛會結出極其規律的蛛網，山羊會重複走出幾何圖案的路徑，貓則會擺出奇怪的姿勢。既然如此，那為什麼不試試大象的反應呢？在我看來，真正的問題應該是，為什麼要這麼做？但無論如何，奧克拉荷馬市動物園一頭叫圖斯科（Tusko）的大象，因服下過量的LSD死亡，引發媒體譁然。但另外兩頭養在一個祕密地點的大象卻沒有什麼事：研究人員在牠們的飲用水中添加了低劑量的LSD，結果牠們只是搖搖晃晃了一陣子，然後藥效消退。

中情局也進行了許多其他祕密實驗，表面上聲稱要研究LSD作為「吐真藥」的潛力，但更多時候只是單純為了觀察它如何讓人精神迷亂。數千名美國人和加拿大人在不知情的情況下參與了這些實驗，而在肯塔基州的萊辛頓，幾百名有毒癮的監獄囚犯被誘以海洛因作為賄賂，參與服用LSD和麥司卡林的實驗。在馬里蘭州的埃奇伍德（Edgewood），近七千名士兵被有系統性地暴露在各種化學物質中：除了精神活性藥物外，還包括有機磷酸酯和芥子氣。這些軍人承受了長期的生理與心理後遺症：三分之一的人在四十多歲時死亡，倖存下來的人則因健康惡化終身傷殘。一九七五年，美國國會終於對埃奇伍德實驗場展開調查，最後將該單位關閉。

非人道實驗四處擴散

在此期間，人們常常會在未被告知的情況下服下LSD，甚至中情局人員亦難倖免。李瑞曾建議注意服用者精神狀態和服用情境的警告，則完全被漠視。不疑有他的受試者（甚至是訪客），可能會在喝咖啡或其他懵然不知的情形下攝入LSD。大約二十分鐘後，他們才被告知自己服下了藥物（非一律告知）。這些實驗又持續了十年，產生一系列後果，包括失憶、癱瘓、憂鬱症和精神分裂，但這些後果從未回報給醫護人員。在一個著名案例中，參與實驗的一名科學家弗蘭克·奧爾森博士（Dr Frank Olson）從十三層樓的窗戶跳下，表面上看是藥物誘發的憂鬱症導致。他是自己跳下去的還是被推下去？眾說紛紜。官方判定是自殺，但他的家人堅稱他對這個計畫一直心存疑慮，其後的驗屍報告顯示，他在墜樓前頭部有受到重擊的痕跡。

類似的疑案並非罕見。原因在於項目的機密性，加上中情局局長在一九七三年水門事件檔案曝光時，下令銷毀所有與MK-Ultra計畫相關的文件。直到部分文件因為被錯誤地歸檔到另一棟大樓，該計畫才得以曝光。除此之外，文件還揭露了中情局曾對孩童進行過非人道的實驗——這些孩童的父母因為涉及兒童色情產業而不敢舉報。一九九〇年代有過多起訴訟，少數 MK-Ultra 計畫的受害者獲得賠償，但僅限那些能明確證明自己的健康或心理創傷與實驗有直接關聯的人。MK-Ultra 計畫成為陰謀論者的熱門題材，因為當年許多事件確實在極祕密地情況下進行，而且受影響的人數眾多。

與 MK-Ultra 計畫不無相關的是，與中情局研究有關聯的同一批精神科醫生，正致力開發一系列對精神病人日趨嚴厲的治療方法。威廉·薩金特便是其中之一。這些治療方法包括胰島素休克療法，亦即給予患者極高劑量胰島素，使他們陷入瀕死昏迷狀態（有時候還長時間維持在此狀態）。另一項主要實驗是電擊療法，將電流通過大腦，引發嚴重抽搐和暫時性失憶，如果重複施行（有時甚至每天進行），症狀可能會惡化成永久性傷害。電擊療法在緩解憂鬱症方面取得明顯功效（可能是因為失憶讓患者暫時忘了自己的煩惱），這使其被當作一種精神治療手段，一直持續到一九七〇年代後期。儘管後來使用頻率變低。隨著氯丙嗪（Largactil）等抗精神病藥物的問世，精神治療方法才變得不再那麼極端，但其殘酷性也激起了反動，我們將在下一章探討。

26

挑戰精神病學正統

對醫學模式的批判與反精神病醫學運動

時值一九六〇年代，世界煥然一新。具有挑戰性的思想四處湧現，年輕人透過時尚、音樂，以及他們看待世界問題的角度與因應態度，大聲表達自我主張。他們的運動受到尼采、沙特等哲學家，西蒙・波娃等女性主義者，以及法蘭茲・法農（Frantz Fanon）等黑人激進分子的激進思想推動。這些理念甚至滲透到精神病學領域，整個以醫學模式看待精神疾病的取向開始受到質疑。

一九六一年，湯瑪斯・薩斯（Thomas Szasz）出版的《精神疾病的迷思》（*The Myth of Mental Illness*）引發了一場特殊的爭辯。他質疑精神障礙者在醫學意義上確實患有疾病的觀點。如前一章所述，薩斯愈來愈擔心強制精神治療的濫用。這種治療變得日趨嚴苛，而且往往相當殘忍。他也對精神科診斷的進行方式，及其與醫學診斷的差異感到質疑。

薩斯的核心論點在於，「精神疾病」一詞本質上具有誤導性。如果所謂的精神疾病具有器質性或神經性成因，那麼它其實就是生理疾病，將其稱為精神疾病自然會誤導。但如果精神疾病沒有器質性成因，那它根本就不能稱為疾病，僅僅是反映人們在生活中遇到的困境。在薩斯看來，用「生活中的難題」看待這些現象更具實質意義，因為這能引導人們關注如何幫助個體學會應對自身難題。

精神疾病是社會性的，非醫學性的

精神疾病一詞最初其實是個比喻，暗示有此類困擾的人應該被當作病人對待。但人們已經逐漸忘記它其實是一種比喻，精神病人「有病」的概念反而在醫學思維中根深柢固。這不只是因為醫療專業的權力（儘管薩斯認為這是因素之一），也因為病人樂於將自身的問題視為疾病：這意味著他們對生病無能為力，從而卸除了個人的責任，並期待他人介入處理，進而治愈自己。

薩斯批判的重點在於如何診斷精神疾病。精神疾病的診斷標準，例如見諸《精神疾病診斷與統計手冊》（DSM）中的標準，本質上是社會性的，而非醫學性的：它們就像在顯示一個人與家人和朋友相處或履行社會責任時的能力水平。人們往往因為不符合公認的社會行為模式、進行不適當的溝通或感覺無法應對日常生活，便被判定患有精神疾病。薩斯認為，這些是生活中的問題，不是疾病。但醫學界卻將其視為生理障礙，並認為醫療手段足以治療這些問題。

此外，這些診斷標準往往取決於精神科醫師自身對「正常」的定義，而這在本質上也是一種社會判斷。薩斯舉出漂泊症（drapetomania）這種精神疾病為例：它原是指奴隸有逃離種植園的傾向，但卻在美國南方被歸類為精神疾病的診斷範疇。十九世紀初，中產階級女孩如果未婚生子，也有可能會被家人認為精神有問題而被送進精神病院。有些女孩因而在精神病院待了四十年或更長時間。

如果薩斯的批判能發揮作用，將會是好事一件。但遺憾的是，精神醫學界並未重視他的主張（儘管不是每個心理治療師都是這種態度）。他被描述為現代精神醫學界最不受歡迎的人物之一，而精神病學診斷反映出社會判斷的傾向，至今仍未緩減。《精神疾病診斷與統計手冊》不斷新增疾病類別，常常把在其他文化或西方文化的不同地區被認為完全正常的行為，說成是某種症候群。兒童氣質的許多日常差異，也因此被醫學化。例如，過去總有一些孩子很好動，很容易就會在課堂裡坐不住，當時常見的做法是讓這些孩子到操場跑幾圈消耗精力，再回到教室上課。但近年來，有一種趨勢是給這類孩子服藥，讓他們在教室裡安靜下來。

限於篇幅，我們無法舉出所有將社會判斷當作精神疾病診斷的例子，但這些問題絕非小事。我們在第六章讀到，納粹德國有系統地屠殺那些被判定為有精神缺陷或障礙的人。偉大的數學家艾倫·圖靈（Alan Turing）曾為盟軍贏得二次世界大戰做出巨大貢獻，但在一九五〇年代，他因同性戀性向被迫接受一系列殘酷的精神治療後自殺身亡。世界各地也不乏將政治異議人士判定為精神障礙，而以需要精神治療為由驅逐出境的例子。精神醫學壓制異議聲音的能力，簡直是專制政權最方便的工具。

一場反精神病學運動

薩斯的見解在當時引發了熱烈討論，並成為一場新挑戰的部分基礎，媒體也將其稱之為反精神病學運動——儘管許多參與其中的專業人士相當排斥這個稱呼。這場運動由定居在倫敦的南非精神病學家大衛·庫珀（David Cooper）所發起。和許多人一樣，他對當時一些極度粗暴的精神治療方式深感不安，尤其讓他反感的是濫用電痙攣療法（美國稱之為電擊療法）和胰島素休克療法，這兩類療法當時已經普遍到令人憂心。

庫柏也受到米歇爾・傅柯（Michel Foucault）在《瘋癲與文明》（*Madness and Civilization*）一書中勾勒出瘋癲史的影響。該書探討將瘋癲者與社會隔離其實是最近才發生的事，是隨著文藝復興時期科學方法的興起後才出現。在此之前，精神錯亂的人仍被視為社會的一分子而被接納。在倫敦，庫柏參與了一項名為「別墅21」（Villa 21）的激進治療計畫，這計畫旨在盡量縮減以醫學手段治療精神分裂症，希望打破專家與病患之間的界線，並恢復患者的自主權與力量。治療方式主要是團體治療，只有在病患過度興奮或不安時，才偶而會使用新的鎮靜藥物氯丙嗪，但這必須徵得患者的同意。這個實驗社群於一九六六年結束，並不是因為它不成功，主要是因為來自精神醫學界傳統勢力的反對。

庫柏的結論是，精神病院其實無法治療精神疾病，而此類問題的社會根源（例如家庭內部問題）才是最重要的。一九六七年，他出版了《精神病學和反精神病學》（*Psychiatry and Anti-Psychiatry*）一書，質疑神智正常與瘋癲之間的界線，並探索傳統治療方法的替代方案。庫柏將自己描述為一名存在主義馬克思主義者，並歸結認為：瘋顛與精神錯亂本質上都源自一個人的真實自我與其他人強加、並被其內化的自我之間的衝突。他對治療的看法是，治療應專注於觀察人們在日常生活中如何對待彼此。他也探討使用擴展意識的藥物，想以此作為幫助人們以另類方式覺察自身問題的過程之一。

庫柏初抵英國時，便與另一位精神病學家萊恩（R.D. Laing）成為朋友。兩人對精神病學的看法相近，不過在政治立場上則未必相同：萊恩對馬克思主義沒有好感，卻是沙特的存在主義堅定信徒。萊恩在英國陸軍的某精神醫療單位任職一段時間，在那裡他目睹了胰島素休克療法和電痙攣療法的不當使用（甚至常常是殘忍的濫用）。一九五六年，他進入倫敦的塔維斯托克中心，與約翰・鮑比等人共事，並接受精神分析的培訓。

如同薩斯一樣，萊恩對精神疾病診斷的有效性提出質疑，理由是醫學診斷是根據生物學證據做出的，而精神疾病診斷卻是根據社會行為。他反對將精神分裂症視為一種疾病或遺傳性症候群的觀點，與薩斯一樣，他認為這是溝通和社會互動的問題。萊恩和同事亞倫・埃斯特森（Aaron Esterson）發表了多篇個案研究，說明家庭中溝通不良如何可能導致個體最終退縮至精神分裂狀態。這些人看似紊亂的溝通內容常常被視為瘋癲的證據，但這些表現其實往往是他們所處痛苦的隱喻。例如，曾有個女孩的精神分裂症狀包括會產生自己在觀看一場網球比賽的幻覺。進一步對她的家庭進行調查顯示，她的父母關係緊張，處於對立狀態，而女孩常常被父母捲入爭端，被迫在雙方之間傳遞不愉快的訊息。

萊恩也借鑒了人類學家格雷戈里・貝特森（Gregory Bateson）的研究，後者對精神分裂症也有提出過類似觀點。一九五〇年代，貝特森提出一種名為雙重束縛（double-bind）的不良溝通模式，其包含四個條件：第一，當事人接收到相互矛盾的訊息（無論是言語上還是情感上的）。例如，有人說「我愛你」，但他們的肢體語言卻透露出厭惡或甚至憎恨；又例如孩子被告知可以有話直說，但如果他們真這樣做卻遭到責備或禁止。第二，當事人無法以任何形式的後設溝通釐清矛盾，例如你不可能詢問哪個訊息才是真的。第三，當事人無法脫離該情境。第四，如果不遵照要求去做就會受到某種懲罰或制裁。換句話說，當事人發現自己處於一種做什麼都是錯的處境，無論採取任何行動，都會被重要他人（通常是家人）否定或懲罰。

精神醫學的進步影響了心理治療

反精神病學運動在整個一九六〇年代不斷壯大，匯集了來自許多不同國家的思想與學說。其成員除了薩斯、庫柏和萊恩之外，還包括美國精神科醫師西奧多．利茲（Theodore Lidz）、義大利醫師喬治．安東努奇（Giorgio Antonucci）、法國精神分析學家費利克斯．瓜塔里（Félix Guattari）和義大利精神病學家法蘭柯．巴薩利亞（Franco Basaglia）。這場運動從來不是正式的組織，更像是一種鬆散的聯盟，參與者還包括其他知名人士，如臨床心理學家提摩西．李瑞和社會學家厄文．高夫曼（Erving Goffman）。一九六〇年代中期，他們成立了費城協會（Philadelphia Association）：一個致力推廣精神分裂症與其他精神疾病另類治療方式的國際團體。該協會隨後創辦了另一個治療社群：金斯利會館（Kingsley Hall）。這項計畫獲得庫柏的支持，但或許是因為他先前的經驗，他並未直接參與。萊恩則投入其中，他透過媒體公開討論該計畫並拍攝紀錄片，讓該計畫聞名國際。

儘管反精神病學運動沒有達成其成員重新定義精神疾病的目標，但確實開闢了一種更人性化的精神治療方法。這在一定程度上得益於新藥物的出現，它讓醫師可以採用化學療法而不是用體罰壓制有暴力傾向的病人。舊有的治療方式此後數十年雖仍持續採用，但頻率已經大幅降低。

儘管將精神病人視為自主個體的理念在精神醫學界始終未能完全落實，卻對心理治療領域產生深遠影響。我們將在第三十四章進一步探討。支持這類新方法的代表人物是喬治・凱利（George Kelly），他是個人建構理論（Personal Construct theory）的創建者。與他同時代的學者一樣，他的治療模式反映出對個體日益增長的尊重——這已成為心理治療取向的主要特徵。

27

美國的社會心理學

個人空間、吸引力測量、旁觀者介入和個人主義取向

珍妮特感到惱火。她馬上就要考試了，正努力專心溫習功課。她坐在圖書館裡慣常的座位上，有人卻一屁股坐到她旁邊。桌子四周明明有足夠的空間，為什麼這個女的偏偏要坐這麼近？這不合理，也讓人不舒服。珍妮特盡量坐在椅子的邊緣，身體朝入侵者的反方向傾斜，盡可能遠離對方。她試著把注意力集中在書本上，卻越來越難專心。入侵者靠得太近了。即便沒有實際的身體接觸，她仍感到壓力和不舒服。最後，珍妮特放棄了。她收拾書本，換到別處坐下。坐在幾張桌子外的一名觀察者，默默記下她移動的時間，就像他先前也記下入侵者坐下的時間。

珍妮特在不知情下成為一項「個人空間」心理研究的對象。這項研究的靈感來自社會學家哈羅德．加芬克爾（Harold Garfinkel）的理論，他的俗民方法論主張透過蓄意打破不知不覺的日常行為規則，讓這些規則變得顯而易見。一九六六年，南希．費利佩（Nancy Jo Felipe）和羅伯特．索默（Robert Sommer）在圖書館進行的研究，便採用了相同的方法。他們想要探索不同程度的親密距離會如何引發他人反應。這項研究後來成為社會心理學中探討個人空間的經典案例。

這項研究相當符合當時美國社會心理學實驗的典型模式。大學校園提供了一個相對可控的環境，便於研究進行。當學習理論學者與認知心理學家需要能高度控制的實驗室設施時，社會心理學家則善用學生交誼廳、餐廳、教室，甚至學生宿舍作為潛在的實驗場域。他們有現成的受試者，既有志願者，也有如珍妮特這樣的不知情者，他們甚至不知道自己正在參與實驗。

吸引力的影響成了熱門主題

結果就是，催生了大量探索學生生活各個方面的研究。吸引力的影響因素是一個熱門主題：不同的研究人員探索了外表吸引力的效果、相似性與互補性、身體距離（例如合住一間公寓），以及相互喜歡的效應。有些研究在學生活動的校園範圍內進行，其他像是對外表吸引力的研究，則在實驗室中透過對照片評分的方式進行。這些研究成果發展並探討了多種理論，反映出當時心理學領域常見的不同研究取向。行為學派的解釋認為，吸引力來自正向強化作用，亦即兩個人互動時的自我肯定。認知學派則傾向強調認知相似性，即雙方在想法和觀點上的共識。對社會交換與互惠理論感興趣的心理學家則主張，吸引力本質上是一種評價形式，人們會根據潛在的好處或壞處來權衡一段可能的關係。

隨著二十世紀後半葉的繼續推進，這類研究面臨越來越多的挑戰。例如，人們對部分研究所使用測量方法的有效性產生質疑：對照片的評分，真能反映與真人接觸時的吸引力感受嗎？這些質疑因一些現實生活中的研究而加劇，例如西奧多・紐科姆（Theodore Newcomb）對空間接近性（proximity）的研究。他在研究中提供學生免費住宿，並根據各種因素（例如態度的相似或差異性）分配室友。紐科姆發現，光是長時間合住一間公寓或成為室友，就足以讓學生之間建立友誼——無論他們的態度是否相似。

其他挑戰則與實驗倫理相關。雖然這些挑戰要到幾十年後才受到重視，但早在一九七〇年代便有人為之發聲。美國和英國心理學協會都制定了人類研究指導方針，這些方針明訂實驗不可使用欺騙手段，也不可使用不知情的參與者（此時「參與者」一詞也逐漸取代「受試者」）。然而，這些規範起初成效有限，因為許多研究者認為現實情境研究本質上屬於觀察性質，且無論如何，所涉及的欺騙相當輕微。但人們對這些議題的擔憂日漸高漲，儘管在某些研究中仍須使用欺騙手段並強調在倫理上站得住腳，但過去那種輕率且例行性地使用欺騙的做法已逐漸式微。

另一類質疑最初由歐文．西爾弗曼（Irwin Silverman）等批評者於一九七〇年代提出，但直到後來才逐漸被接受。這項質疑關乎美國心理學系學生的行為，是否可以作為普遍人類行為樣本的代表性。近年來，這類挑戰的聲浪更加強烈，反映出人們對多樣性與包容性的日益重視，也凸顯了全球其他地區的心理學發展所帶來的覺醒與挑戰。我們將在第四十章進一步探討這些議題。

隨著研究人員開始探索非言語溝通和人類知覺等面向，美國心理學中認知與行為取向之間逐漸達成平衡，也反映在社會心理學領域。本章開頭提到的研究是一項對空間接近學（proxemics）或個人空間的調查。其他同類型研究則顯示，對個人空間的需求會因文化差異而異，也會因親密對話與非親密對話中的不同而異。對手勢和臉部表情的研究也顯示具有文化差異，儘管表達基本情緒的面部表情似乎具普遍性，在人類所有文化中都一致。這些研究還包括互動的其他面向，例如眼神接觸的各種意涵（從表達親密的眼神到充滿敵意的瞪視），對話交流的本質（例如公認的眼神接觸和言語交流的時間），以及副語言（paralanguage）的使用（例如語調和「嗯」、「呃」之類的填充詞）。

許多這類研究採取行為學派的觀點。例如，當實驗室受試者觀看目標物品的圖像時，研究者會測量其瞳孔的擴張程度或凝視的時間長短。有些研究（如本章開頭的圖書館研究）在更貼近真實生活的情境中使用行為指標。然而，另一些研究（例如研究人們的穿著或舉止給人留下的印象）則更偏向認知取向。這些研究自然會進一步去研究我們如何看待他人，而這也與第二十四章討論到對態度研究日漸濃厚的興趣有關。

雖然人格測驗和特質理論已經發展了很長一段時間，但這裡的焦點在於我們對他人特質的假設。我們常常憑藉很少的資訊，就能建構出整套關於他人性格的看法。例如，當我們知道某人是圖書館員而另一人是林務員，可能就會對他們產生完全不同的假設，認為他們具有不同且獨特的人格特質。這些特質究竟反映了我們判斷人格的核心特徵，還是僅屬於邊緣特徵？以及它們是否參雜了評價？多年來一直在學術界具有爭議。但幾乎所有從事此領域的學者都認定，特質描述的意涵總是一致的，例如無論誰使用「善良」或「具攻擊性」等詞彙，其含意都是相同的。但我們將會在第三十四章讀到，喬治・凱利針對我們如何使用個人建構（personal constructs）的研究，挑戰了此一觀念。

什麼情況我們會介入？

社會心理學的其他面向則是因應當時發生的事件而發展。當新聞報導妙齡女子凱蒂・吉諾維斯

（Kitty Genovese）慘遭謀殺後，報導聲稱附近公寓有好幾人目睹了兇殺過程，卻沒有人打電話報警求救。儘管後來的調查顯示，這些報導並不準確，但它們在當時的美國卻廣為採信，還被寫進了心理學教科書中。不過，隨著心理學家持續探討哪些因素會鼓勵或抑制人們幫助陌生人時，由於研究顯示，整體而言人們更傾向伸出援手而非袖手旁觀，因此「旁觀者冷漠」的研究後來也被更名為「旁觀者介入」。

學者提出好幾種理論來解釋旁觀者介入現象，其中之一像是居住在城市導致的疏離感，會降低人們幫助陌生人的可能性，但此說法並未獲得證據支持。例如，某項研究要求受試者在一項學習實驗中選擇擔任實驗組或控制組，並告知實驗組會被施以電擊，而控制組則無。受試者並被告知他們將與另一位參與者配對，若他們選擇哪一組，對方將被分配至另一組。理所當然的，超過九成的人都選擇當控制組。不過，當他們被告知另一位參與者因為非常害怕被電擊而要求選擇控制組時，有將近四分之三的人改選實驗組。又如果他們被告知對方決定退讓並任由他們先選擇時，則近九成的人選擇實驗組。這顯示，人們可能會願意違背自己的利益，幫助甚至素未謀面的人。

其他研究顯示，即便人們看到有人喝醉了（而不是生病或有殘疾），也會傾向幫助他們，儘管幫助的可能性並非完全相同。比伯・拉塔內（Bibb Latané）等人在一系列現場實驗中發現，願意幫助看似酒醉者的人，少於幫助因其他原因癱倒的人——不過多數人仍然會提供幫助。在另一個研究中，研究者在街頭向行人乞要小額金錢。他們有時聲稱是為了要打電話，有時會表示因為錢包被偷，有時則完全不給任何理由。即便如此，仍有三分之一的行人會掏錢出來；而若有說明理由，超過一半的人會給錢。

社會力量影響介入的程度

不過，也有一些因素會抑制助人行為，包括人們觀看電視的時間多寡。研究一再顯示，經常看電視的人往往認為世界比實際情況危險得多。這意味者他們可能較不願意介入幫助別人，因為他們想像（不是特別符合現實）這樣做可能會對自身帶來危險。實驗室研究也揭示了其他因素：某項研究要求受試大學生坐在等候室，有些三人一組，有些獨自一人。突然，從通風口格柵冒出煙霧。單獨等待的人立刻通報了異狀；而三人一組的成員，則花了更長時間才有人通報。當被問及原因時，小組成員表示，他們會觀察其他人的行為來判斷自己該做什麼反應：沒有人想當第一個採取行動的人，因為其他人若沒有反應，表示事情似乎並不嚴重。其他研究也獲得類似結果，拉塔內和他的同事認為，這就是他們所謂的多數人的無知（pluralistic ignorance）：集體否認顯而易見問題實際上的重要性的一種現象。此外，還有責任分散的感覺，亦即認為周圍其他人一樣有責任採取行動。

拉塔內進而提出社會影響法則（Law of Social Impact），勾勒出人們在任何時候都會面臨的多種社會力量。拉塔內認為，這些社會力量就像一組照在一個人身上的燈泡，以此類比，燈泡的亮度可能各不相同，產生的影響力也有強弱之分。例如，某人的母親或姊妹可能比純粹的陌生人更有影響力。燈泡的數量也很重要，因為更多人往往會產生更大的影響力。此外，燈泡與一個人的距離遠近也很關鍵，無論是物理上的距離（如實際上靠得很近），還是心理上的距離（需要幫助的人是否為親人，或處境特別艱難）。

社會影響理論為人類行為反應提供了看似合理的解釋，但它將社會影響視為作用於個體的外部力量。此時，歐洲社會心理學家則發展出截然不同的思路，因為他們在二戰期間和戰後，經歷了與美國不同的社會影響。

28

歐洲的社會心理學

群體歸屬對認知與行為的影響，及意義的共同建構

隨著弗勞德・奧爾波特堅定認為社會心理學只是個體心理學的一部分，美國社會心理學堅守個人主義取向。然而，歐洲的觀點卻大相逕庭。這有其歷史原因：歐洲曾激烈見證社會運動自我延續的方式——這些運動不僅掌控人們的行為、更俘獲人心，最終支配整個社會，即便一開始它們只是少數群體。顯然，以個人主義解釋社會行為已嚴重不足。

如前所述，許多歐洲心理學家因納粹威脅逃至美國或英國，但他們的觀點未必被接受。例如，布魯諾・貝特罕（Bruno Bettelheim）從集中營倖存下來並移民美國，但他撰寫集中營經歷的論文卻遭到漠視。傳統社會心理學既沒有處理這類議題的理論取向，也沒有面對這些如此殘酷現實的意願。此外，在歐洲，整個國家被多數人存疑的信念所支配，這究竟是怎麼發生的？逐漸地，歐洲的社會心理學家開始發展出足以解釋這些社會生活現實的堅實理論。一種新的社會心理學應運而生，它由兩個關鍵理論主導，分別是亨利・泰菲爾（Henri Tajfel）提出的社會認同理論和塞爾日・莫斯科維奇（Serge Moscovici）倡議的社會表徵理論。

社會認同所探討的核心是群體歸屬，以及「他群和我群」的對立如何滲透進我們對世界的認知。我們的個人認同也包含我們所屬的社會群體，它們可以成為我們如何看待自己的一部分。當我以心理學家的身分發言時，我不僅是扮演一個角色，更是在認同這個身分：我將自己視為心理學家。但我同時也屬於其他社會群體：無論是組織性的正式群體，還是像在地社區這樣的非正式群體。這些群體全都有助於個體意識到自己是誰，即自我認同。但這些影響大多是無意識的，只有在情境相關時才會顯現。例如，一場關於誰應該洗碗的爭執，若性別成為爭論焦點，有可能會從個人衝突昇華為群體間的對立。

群體認同的心理歷程

社會認同理論緊扣現實，體認到真實的社會群體在權力、影響力，以及取得社會或經濟資源的機會上存在差異。這些差異會影響人們彼此間的行為方式，甚至可能成為重大社會衝突，乃至戰爭的根源。不過該理論並非源自研究社會衝突或戰爭，而是始於泰菲爾及其團隊在一九七〇年代進行的一系列研究。當時他們想要探討群體歸屬如何影響決策過程。研究人員根據毫無意義的標準（例如受試者是坐在藍色還是綠色的椅子上）將受試者隨意劃分為不同組別。當受試者被要求將代幣分配給各個組別時，即便缺乏實質理由，他們總是會持續偏袒自己所屬的組別。

這自然讓研究者想要進一步探究，泰菲爾和同事約翰·特納（John Turner）開始探討群體歸屬如何幫助人們定義自己與他人的關係。他們最終於一九七九年在一篇題為〈群體間衝突的整合理論〉論文中，發表了他們的社會認同理論。他們認為，群體認同的過程依賴三項基本的心理歷程：歸類、社會比較以及自尊需求。

分類是我們日常認知活動的基礎。我們無時無刻不被各種資訊包圍，如果不進行心理上的梳理，根本就應付不了這個大雜燴。因此我們會自動形成類別來組織這些資訊，把各種事物和人進行分組。

但我們不只將人群分類，還會對不同群體進行比較。這可能是指在兩個類別之間分出高下，也可能只是識別它們之間的差異而不做評價。早期的最小群體研究顯示，單純的分類行為本身就可能會引發競爭和敵意。但後續研究發現，只有在資源競爭的情況下，這種現象才會發生。如果沒有這種競爭，則無論是在最小群體研究中還是在真實世界裡，不同群體都可以和平共存。

第三項心理歷程是認同的情感面向。不同社會群體在權力和地位上存在差異，這會影響屬於這些群體的人對自我的感受，這種歸屬感會建立或損害他們的自尊。我們需要感受到歸屬於自己的群體是一件正面的事情，如果我們認為它是負面的，就必須設法應對。這讓我們有四種選擇：一、我們可以嘗試透過社會流動或其他方式完全脫離原有的群體；二、我們可以改變比較對象的參照群體，例如將自己的村莊與其他村莊比較，而不是與大城市比較；三、與所屬的群體保持距離，堅持「我和其他人不一樣」，努力確保我們被視為個體，而不僅僅是群體的代表；四、或者我們可以嘗試改變所屬群體本身的地位。這似乎不切實際，但只要看看近年社會對性別角色的看法轉變，或是整體社會對身心殘障人士的態度變化，就能明白這是有可能成功的。在第四種歷程中，群體的社會表徵發生了變化，而這也將我們帶向歐洲社會心理學中的第二個主要理論。

社會表徵理論由法國心理學家塞爾日·莫斯科維奇於一九七〇年代提出。莫斯科維奇一直對於精神分析如何被大眾討論，以及媒體如何報導這些觀點感到興趣。當時精神分析在法國非常流行，引起諸多討論，但不同的政治團體對它的看法大相逕庭。那些鎖定讀者群為法國專業知識分子與受過高等教育人士的報紙，傾向以中立風格介紹精神分析；而那些代表天主教右翼的媒體則審查該理論，只報導他們認為符合正統天主教信仰的面向，完全避談原慾與性等爭議性話題。另一方面，共產主義報刊則將該理論描述為資產階級意識形態與典型資本主義的例證，視之為馬克思主義研究取向的競爭對手。這些差異如此深刻，在莫斯科維奇看來，它們清楚體現了傳播風格如何反映潛在的信仰體系。

這促使他發展出社會表徵理論，該理論聚焦於人們在日常生活中的慣常解釋和理論。「社會表徵」是社會、個人，有時是特定社會群體視為理所當然的資訊，它們使人們能夠解釋自身的個人經歷，同時提供共同理解以便彼此溝通。

群體歸屬影響社會認知與行為

本質上，社會表徵透過兩種方式讓陌生的觀念或經驗變得可以理解，部分透過將它們錨定在既有的熟悉知識，部分透過隱喻將它們「客體化」。這些隱喻常常被嵌入日常語言中而不被察覺，例如「修剪經濟」（pruning the economy）或進行必要的「削減措施」（cutbacks）之類的說法。園藝是許多人熟悉的領域，因此這些隱喻可以幫助他們理解正在發生的現象。而這些隱喻本身也反映了一種潛藏的世界觀。它們是否反映真相並不重要，重要的是它們被廣為分享，並被普遍接受為一種解釋。

社會表徵與社會認同直接相關，因為人們更傾向接受所屬群體成員所共享的意義或解釋。沒有人是在真空環境中長大的，我們都受到文化、家庭與周遭人群的影響——包括我們透過大眾媒體和社交媒體所聽聞到的訊息。這不僅塑造了我們對他人的看法，甚至影響了我們物理世界的認知，因為我們往往傾向接受別人告訴我們的事情。正如倫敦政治經濟學院教授羅布．法爾（Rob Farr）所指出，多數人都接受玻璃易碎的說法，而不會想親自拿錘子去驗證。

知道了這些有助於我們理解，為什麼人們經常會各說各話，沒有真正的交集。這是因為他們都透過自身的社會表徵理解世界，而這些表徵可能與另一人使用的解釋沒有任何共通之處。這種情況發生在各種情境中：從因執著性別角色而聽不進對方說了什麼的夫妻，到試圖協商勞資糾紛的公司管理階層與工會幹部，或醫療人員與健康觀念截然不同的民眾對話。在二〇二〇至二〇二二年新冠疫情大流行期間流傳的「反疫苗」論點，正是社會表徵的驚人例證！

社會認同理論和社會表徵理論成為了歐洲社會心理學的核心。兩者在一九七〇年代初期走在了一塊，部分是透過一本特定期刊的推動，部分是泰菲爾一篇名為〈歐洲社會心理學的若干發展〉的論文。該論文為這一新研究取向確立了焦點，並清楚地將這兩個理論定位為其分析框架，明確將這種方法與實用主義、強調反應驅動的美國社會心理學類型區分開來。

這兩大理論反映出理解不同群體歸屬對我們的社會認知與行為大有影響。它們共同解釋了歐洲不同社會如何回應納粹威脅以及其他社會運動，並催生出一種社會心理學研究的範式，能在個體與社會層面解釋群體關係、社會偏見和人際衝突等議題。但這只是故事的一部分：精神分析學派在歐洲從未像在美國那樣被小覷，而且正如我們所見，它在一九六〇年代重新興起，尤其在法國備受重視，與此同時，其他社會心理學研究取向也陸續誕生。

人類理解自身經驗的重要本質

另一個不同的研究取向是社會建構主義，在英國社會心理學界尤其興盛。這種方法借鑒傅柯和索緒爾（Ferdinand de Saussure）等歐洲知識分子的思想，同樣聚焦於人們如何詮釋自身所處的世界。其核心主張是，人們使用的意義本質上是集體性的，是透過話語、儀式和貌似簡單但饒有深意的互動過程建構出來的。社會建構主義屬於更廣泛的後現代主義運動的一部分，深受哲學家尼采強調相對主義與「客觀」現實之不可企及的思想影響。

社會心理學中的社會建構主義取向傾向於聚焦意義如何在日常互動中顯現，例如透過分析各種形式的話語。從事此領域研究的心理學家通常會分析對話或其他形式的話語，尋找表面對話底下更深層的意涵。例如，社工與試圖重新獲得孩子監護權的父母之間的討論，隱含著潛在的權力與控制議題，而他們談話的本質即會反映這些議題。另一個例子是，從一家人針對皇室婚禮的討論顯示，群體成員如何評價並共享詮釋，最終形成了對該事件的共識敘述。

這種方法與社會表徵理論存在許多相似之處，考慮到它們都有傳統歐洲重智主義（intellectualism）的理論淵源，這種情形並非全然巧合。然而，社會表徵理論與社會認同理論一樣，堅定地立足於實驗傳統（雖然不是行為主義），透過實證方法探討這些議題；而社會建構主義者則對此類實證研究深感質疑。儘管如此，它們在意義與現實的共享建構上得出相似結論，揭示了人類理解自身經驗的重要本質，也幫助我們理解為何心理學領域會在世界其他地區出現如此多元的研究視角。

29

全球心理學

從日本、中國到俄羅斯、印度與南美洲

如前所述，心理學作為一門科學學科主要在歐洲與美國發展。但世界其他地區的情況如何？頻繁的國際交流不僅透過貿易將各國聯繫起來，思想與知識也是主要的影響力量。亞洲國家的大學已經成立多年，隨著哲學著作與其他典籍被翻譯為各國語言，人們的好奇心與日俱增，世界其他地區的學者也紛紛前往歐美學習。

中國和日本或許是頭兩個最早擁抱心理學這門新興學科的非西方國家。兩國皆有數百年的哲學思想傳統，探討過類似的心理與人性問題，一八七五年約瑟夫．海文（Joseph Haven）的《心理哲學》（*Mental Philosophy*）一書被翻譯成日文，中日兩國的知識分子由是開始接觸心理學的西方哲學先驅思想。

日本第一位心理學教授是元良勇次郎（Yujiro Motora），他留學美國時曾師從斯坦利．霍爾（G. Stanley Hall）學習心理學，霍爾是美國心理學會首任會長、也是盡心盡力的心理學家和教育工作者。元良勇次郎於一八八八年返回日本，並在東京帝國大學擔任心理物理學兼任講師。一九〇三年，他與首批學生中的松本亦太郎（Matataro Matsumoto）合作，創辦了日本第一個心理實驗室。松本也曾經留美，在耶魯大學跟隨馮特的一名研究生愛德華．斯克里普特爾（Edward Scripture）學習。就這樣，元良（任教於東京帝大）與松本（任教於京都帝大）共同為日本的實驗心理學奠定了堅實基礎。一九〇五年，首批七名日本心理學系學生從東京帝國大學畢業。

起初，日本心理學的發展非常多元，但一個早期事件將其牢牢地嵌入了實驗傳統。事件起因是福來友吉（Tomokichi Fukurai），他曾師從元良勇次郎，後來成為東京大學心理學副教授。福來最初研究催眠，後來對超心理研究（尤其是透視能力，即千里眼）產生濃厚興趣。可想而知，他的研究引發相當大的公眾關注，但他的研究程序備受爭議，同事們也無法接受。在多次勸誡與警告之後，他在一九一三年被解職。這一處分反映出當時學界更堅定地致力將心理學建立在完全科學的基礎上。

在全日本心理學會議（由時任東京帝國大學教授的松本亦太郎籌辦）之後，日本心理學會於一九二七年正式成立。當時日本多所大學都已開設心理學課程，因此心理學家們很高興有這個機會分享他們的研究成果。這個新組織創辦了《日本心理學雜誌》，由松本出任會長直至去世。此時，日本心理學深受完形心理學的影響，國內大多數研究都反映此一取向，特別關注認知歷程及其在教育上的應用。

隨著戰爭的爆發，情況劇烈改變。儘管仍有人舉辦會議與出版期刊，但日本心理學要直到一九四七年才真正恢復正常發展。此時，新一代學者接班，而日本也正經歷國家飽受蹂躪後的重建工作。日本心理學向來與教育緊密相連，而日本的教育體系更迅速建立起全球頂尖的識字率與科技水準。隨著國家的工業化，應用心理學也蓬勃發展，其概念被廣泛應用於製造業。如今，日本心理學仍以其在應用心理學領域的專業聞名，但認知心理學、社會心理學、教育心理學和臨床心理學也同樣高度發展。日本心理學大體上遵循美國模式，但更強調情感體驗與正向幸福感。例如，日本心理學家對工作幸福感進行了廣泛研究，而這類議題直到近期才進入西方職業心理學的研究議程。

中國心理學界的歷史動盪與復興

在中國，如同日本的情況，心理學思想向來是悠久知性傳統的一部分，儒家、道家和佛教的禪宗皆體現了對心理現象的探索。作為一門獨立學科的現代心理學是由教育改革家蔡元培引入，他曾在萊比錫的馮特實驗室學習，並積極推動中國的教育機構開設心理學課程。一九一七年，他在北京大學創立中國第一個心理學實驗室。三年後，南京的東南大學成立第一個獨立的心理學系，而中國心理學會也在一九二一年成立。這時的中國心理學傾向採納西方的研究取向，同時探討行為主義、精神分析，以及學習與記憶等認知歷程。然而，中國這段時期局勢動盪，心理學的正規發展更因一九三七年爆發的抗日戰爭而中斷，直到一九四九年中華人民共和國成立後才重新起步。

早期頗具影響力的中國心理學家之一是曾在倫敦跟隨查爾斯·斯皮爾曼學習的陳立，他被譽為中國工業心理學之父，也是智力研究領域的重要人物。當時，心理計量學的發展與中國的社會政策高度契合：中國在古代就已實施選拔官員的考試，從漢代（西元前二〇五年至西元二二〇年）開始便常態化地使用成套的測驗。據信，英國東印度公司在殖民活動中採用的官員任用和升遷考試制度（成效卓著），就是直接照搬自中國。

中華人民共和國成立後，中國心理學的發展發生了轉折。學界被要求遵循馬列主義和毛澤東思想，因西方心理學被中共視為資產階級意識形態的體現，獨立的心理學系因而被廢除。心理學家須效仿蘇聯模式，尤其是巴夫洛夫的研究，並轉至教育系或哲學系任教。

此外，心理計量因過於聚焦個體能力而備受質疑。一九五〇年代中期，被譽為中國現代心理計量測驗之母的張厚粲在北京師範大學擔任教授。文化大革命期間，高等教育停辦，她曾入獄多年並被迫接受再教育，與其他學者一樣餓著肚子長時間在田間勞動幹活。她倖存下來後重返心理學崗位，最終在北京師範大學心理系成立了測驗研究小組。她的工作修復並振興了該領域，使心理測量在中國公職考試中重新發揮作用，促進了認知和中文語言的更多研究。

中國的現代心理學大致已從那些年的動盪中復原過來，現在是一門蓬勃發展的學科。學界持續致力於發展可以回應中國獨特文化遺產與現代社會問題的本土心理學，同時也積極推動行為遺傳學的研究，並在認知、發展與社會心理學領域開展豐碩的研究計畫。然而，中國心理學變革的步伐快速，說不定本文所述的內容已經稍嫌過時了。

馬列主義的意識形態框架

俄國心理學與中國心理學類似，初期發展與歐洲其他國家關係密切：巴夫洛夫曾造訪馮特在萊比錫的實驗室，莎賓娜·史碧爾埃是佛洛伊德精神分析圈子的活躍成員，俄國、歐洲和美國心理學家之間溝通密切。到十九世紀末，幾乎所有俄國大學都開設了欣欣向榮的心理學系。然而，革命後情況發生變化，西方心理學被視為資產階級意識形態的工具。

馬克思列寧主義意識形態滲透到科學管理並指導學術工作。例如，達爾文的理論遭到摒棄，取而代之的是拉馬克（Jean-Baptiste Lamarck）的演化論：他主張後天獲得性遺傳，亦即人或動物在其一生中獲得的能力或特徵可以遺傳給後代。這理論的潛在的意涵是，人可能透過接受訓練形塑新的存在方式，並代代相傳，成為旨在培養「新蘇維埃人」（當然也包括「新蘇維埃女性」）教育計畫的基礎。但對許多從事相關領域研究的生物學家與心理學家而言，對拉馬克遺傳學的強制推崇無異於意識形態的枷鎖。

然而，並非所有研究都受此限制。巴夫洛夫的研究證實了學習即使在基礎神經層級也能發生，以及亞歷山大．盧里亞（Alexander Luria）和列夫．維高斯基等其他傑出心理學家的著作，都能融入馬列主義這一理論框架。我們已經知道維高斯基的理論在半個世紀後，對西方發展心理學產生重大影響。盧里亞對大腦功能的研究，也對西方神經心理學有著關鍵影響。心理學研究在馬克思列寧主義範式和蘇維埃意識形態的框架下繼續進行。例如，太空心理學蓬勃發展，而由首位太空人尤里．加加林（Yuri Gagarin）和心理學家弗拉基米爾．列別捷夫（Vladimir Lebedev）合著的《心理學與空間》（*Psychology and Space*），更成為暢銷書。

近年來，俄國心理學致力於研究文化影響，而晚近更是將目標訂在發展並闡述一套具鮮明特色的俄羅斯心理學。這反映了全球化心理學的一個共同走向——其他國家的心理學家也開始從本國獨特的文化與歷史脈絡出發，重新評估西方研究取向的適切性。

反映傳統文化或本土原住民文化

這股思潮在印度心理學界尤其顯著。印度與中國日本一樣，擁有直接關注個人生命的存在與本質的悠久思想傳統。現代心理學在英國殖民時期傳入印度，大學的心理學課程主要借鑑英美心理學家的研究。然而自獨立以來，特別是進入本世紀，印度心理學的研究焦點變得愈來愈反映本土文化特色，一種獨樹一幟的印度心理學應運而生。此一取向的特徵是關注印度傳統的信仰與修煉（例如阿育吠陀醫學與冥想），並特別強調探索心理學中與人類積極面向（例如幸福感與成就）相關的面向與應用。

印度心理學並非全盤否定西方心理學。相反的，它會擇取與印度文化相關的概念和理論發展。因此，學界除了積極探究如知覺、認知、情緒和創造力等領域，也深入探討人格、價值觀和靈性等更深層的面向。其研究方法不限於嚴格的實驗範式，而是兼容多種方法，包括敘事分析、歷程分析，以及定性與量化並重的研究數據分析。

在許多方面，印度心理學也預示了全球其他地區心理學的發展方向：學界愈發重視多元文化主義，並嘗試以尊重的態度運用心理學探索原住民的信仰與知識體系。在此過程中，心理學常常需要重新審視自己，推動理論假設的去殖民化，亦即釐清哪些理論或應用只是反映殖民時代的偏見，哪些仍可以在其他脈絡中加以適當修正後仍然具有效力。例如，當社會認同理論被應用在東南亞文化時，雖然底層心理歷程本質相同，但其對人們日常生活的影響卻呈現截然不同的樣態。

發展本土心理學的趨勢在南美洲各地也顯著可見。大學裡教授的正統心理學往往反映每個國家自身的殖民歷史，研究取向從歐洲的精神分析到美國行為主義皆有。隨著應用心理學在南美洲的日益普及，更凸顯其廣泛的多樣性，因此專業心理學家已在南美洲大陸建立網絡，匯集資訊並討論專業資格與標準的合理化。但南美洲同時涵蓋眾多不同的原住民族群，這些國家的心理學家正積極探索，如何將既有的心理學概念與原民的知識方法整合。

本章所涵蓋的內容不可避免地有其局限，但採用心理學知識來反映傳統文化或本土原住民文化的趨勢，在全球範圍內皆可見到。而在北非，法蘭茲．法農的著作中發展出一種嶄新且顛覆性的心理學取向，用以理解自我與認同，我們將在下一章中深入探討。

30

文化與自我

法農與殖民視角下的認同理論

心理學作為一門科學學科雖然起源於十九世紀，但它真正蓬勃發展是在第二次世界大戰之後。這一方面反映了教育機構的擴張，另一方面也與消費主義的興起相關——人們愈來愈關注如何影響消費者行為以促使他們購買更多商品，至少在西方國家是這樣。然而全球其他地區也因文化、經濟的巨變，以及馬克思主義和社會主義等政治思想的強烈衝擊而產生變革。這些平等主義思想雖然被美國等資本主義國家領袖所厭惡恐懼，但它們在殖民地國家卻深具吸引力，背後原因或許有其相似性。

這些議題也反映在心理學中，特別是體現在關於自我認同的理論上。在美國，心理學對自我概念的研究幾乎完全聚焦在個體：研究者探討成就需求等動機驅力，或分析可能影響個人自我概念的因素。其潛在假設認為，自我是獨立的，儘管有時會受到社會因素影響，但本質上是分離且自主的。

個人主義是美國社會的基本假設，但其他地區未必認同這種觀點。一九六〇年代的青年文化讓美國人初次隱約意識到這一點，當時前往印度旅行的年輕嬉皮士將另類思想帶回西方，其中便包括印度教的自我觀。印度教認為，自我是圍繞著「真我」（*atman*）的外在層疊結構，而真我是與最內在的真實自我形成完美合一的狀態。雖然每個人都有真我，但卻非人人都能達到這種境界：它需要自律的內在冥想，且個體都有責任照顧好自己的自我狀態。

其核心挑戰在於，人們相信自我的外在層面（如貪婪、欲望、自我中心等無意識特質）常常阻礙人們達成「個我」（*jiva*，印度教經典對真實自我的稱呼）。另外，印度人又有「輪迴」的概念，相信一個人會經歷多次投胎轉世，至於會轉世為人還是動物，取決於其在追求真實自我過程中透過正向行動而累積的「業力」（*karma*）。

這種自我觀雖然強調個體，卻與西方截然不同，並透過提摩西・李瑞和一些爭議性較少的心理學家與心理治療師的努力，在心理治療領域占有一席之地，但始終未真正影響美國主流心理學。在歐洲，正如我們前面所述，主要的社會心理學理論則能以不同方式建構自我概念，解釋為什麼一個普通個體會被捲入大規模偏見與社會行動（例如猶太人大屠殺）。但核心問題仍圍繞這些現象對個體的影響，某種程度上仍然屬於個人主義取向。

個人主義並非全世界主流

在世界大多數地區，個人主義並非主流觀念。人們不認為個體是獨立存在的，而將其視為所屬社會文化中由家人和朋友構成的完整社會網絡的一部分。例如，在澳洲原住民社會，決策權屬於整個社群（西方社會可能認為這些是個人事務），像是某人是否該進大學就讀，或從事某一特定職業。這些決定由群體整體做出，既考量個人的意願與性格，也會評估其對社會群體或整個社會的影響。例如，澳洲原住民搖滾樂團 Yothu Yindi 的成員，總是強烈意識到自己是澳洲原住民文化的一分子，因此總是與部落長老討論樂團的發展與機會。儘管他們在音樂界取得了一些個人成就，但他們的自我認知主要是基於作為社會群體成員的身分。

在大多數傳統社會中，人們認為自我牢固地植根於社會：歸屬於某個社會群體是個人身分認同的核心，無法剝離。在這些社會中，人們仍被視為獨立個體，擁有獨特個性與才能，但他們普遍認為，這些特質是由文化和社會情境形塑而成。

就像文化本身多元紛呈，文化嵌入自我的方式也各不相同。例如，在日本文化中，孩子從嬰幼兒時期就開始被教導社會化，意識到自己的行動會對他人產生影響。因此，日本人的自我意識對社會恥感和內化罪惡感高度敏感，進而衍生出對歸屬感與群體認同帶來的社會回饋的強烈重視。因此，日本人更傾向不公開談論個人想法，以免擾亂社會共識，並一貫用「社會可接受性」視為規範公眾行為的核心準則。

獨立個體的觀念同樣也不適用於傳統非洲社會。心理學家和人類學家的研究顯示，在許多非洲南部國家，對自我的理解完全離不開他們生活的脈絡和他們與自然世界的關係。完全獨立的自我被認為是不切實際的神話，即便可能達成，也會造就心理失衡、失去人性本質的個體。從傳統非洲社會到西方大學就讀的學生，常常描述自己有一種嚴重的孤獨感，覺得自己「只存在一半」——這深刻體現了他們的原生文化對其自我概念的重要性。

來自其他文化的心理學家也得出同樣觀察或其他類似發現，他們試圖顯示西方傳統自我觀的局限，以及這些觀念如何影響心理學的其他面向。儘管其中部分研究確實發表於學術期刊，但其對主流心理學的貢獻更多被視為「有趣的奇聞」，而非對人類認同本質的顛覆性洞見。「個體是獨立的，社會影響是外在的」這類觀念依舊主導學界，即便極端的個人主義讓西方文化成為特例，根本不能代表多數人類（即生活在世界其他地區的人們）的處境。

順帶一提，純粹的個人主義是否真能代表西方文化本身也值得商榷。儘管傳統希臘哲學（進而影響主流心理學）假定獨立自我的存在，但實際上，我們的日常生活遠比學界所承認的更緊密嵌入於家庭、朋友與社會脈絡中。以美國和英國文化為例，無論是媒體戲劇或新聞報導，都把家庭視為至關重要的核心。除了家庭，朋友圈、興趣網絡、宗教團體和其他人際連結，在我們的自我認知中都扮演關鍵角色。歐洲社會心理學雖提供理論框架承認這一點，但西方主流心理學從過去至今，嚴重低估了文化與脈絡對自我概念的重要性。

法農挑戰西方主流心理學

但世界其他地區並非如此。二十世紀下半葉，非西方心理學領域最具影響力的著作之一，當屬法蘭茲・法農的《黑皮膚，白面具》（*Black Skin, White Masks*）。這部一九五〇年代問世的作品，不僅在北非，更在全世界的殖民體系中引發巨大震撼。索馬利亞甚至還有一所以他命名的法農大學。

為什麼這本書會產生這麼大的影響？法農是精神科醫生家暨政治哲學家，在法國殖民地馬丁尼克島長大。身為黑人，他強烈地意識到殖民者與被殖民者之間的社會鴻溝。一九四〇年法國淪陷於納粹手中時，法農年僅十五歲，當時馬丁尼克島被法國水手接管，這些人以暴力方式表露出他們的種族歧視態度，對當地居民徹底蔑視。法農後來加入戴高樂陣營參與戰事，對種族歧視態度的感受變得尤為深刻。戰後，法農前往法國以完成學業並考取專業資格，隨後出版了《黑皮膚，白面具》。本書最初是他的博士論文，探討他在法國及過去經歷的種族主義對心理的影響，卻因政治性的內容遭駁回，於是他改為將它出版成書。

《黑皮膚，白面具》探討在殖民或後殖民社會中，黑人認同與自我概念如何與白人存在本質差異，即便雙方看似處於相近背景。法農論及語言如何被用來鞏固這些差異：任何語言都蘊含其世界觀，夾帶有社會預設與隱含意義，並假定說話人屬於該語言所構建的世界。在法國殖民社會，使用克里奧爾語（Creole）被視為缺乏教育或智力的表徵，情形一如英國殖民地中的洋涇浜英語。然而，當黑人精通「白人語言」（法語），卻又遭到懷疑甚至被視為具有威脅性。儘管如此，馬丁尼克島和其他法國殖民地的黑人，仍被鼓勵說白人的法語，而這意味著他們必須接受與自身現實經驗截然不同的世界觀。

法農的書挑戰了數項關於殖民社會黑人本質的普遍假設。例如，當時一種觀點認為，社會階層差異部分源自黑人的依賴情結與自卑感。法農則提出反駁指出，日常種族互動不斷傳遞黑人低劣的訊息，換言之，「低等人」是種族主義者創造出來的。這些互動的另一個後果是讓人容易染上精神疾病。作為精神科醫生，法農明確指出，黑人受到的對待會造成情感創傷。他也嚴厲批判佛洛伊德和其他著名精神分析學家，認為他們的理論甚至完全否認這些問題的存在，更遑論解決。

法農給心理學的核心訊息是，殖民社會中的黑人有著一種完全不同類型的自我概念。他認為，即使是他們基本的身體基模（body-schema）也不是統一的，因為他們的身體——特別是他們的膚色——不僅與自身有關，而且不可避免與他所謂的歷史種族基模綁定在一起。他指出，黑人必然會被視為其種族與社會處境的代表，這讓他們無法被當作獨立個體看待。

法農理論被西方刻意忽視

法農後來的另一本著作《地球上受苦的人》（*The Wretched of the Earth*）探討了殖民化與去殖民化的過程。他先前已經揭示殖民時期的種族主義如何滲透到人們的個體心靈中，而在這本書中，他進一步剖析階級、種族與經濟如何共同支撐對少數群體的壓迫。法農的著作在西方心理學界幾乎被完全忽視，這或許是必然的。我很幸運，一九七〇年代當我就讀心理學系時有人向我推介了這些理論——推介者是我的一位激進的馬克思主義友人，而不是來自心理學專業課程。法農的思想影響了世界各地的反殖民組織，也影響了美國黑豹黨等西方黑人激進團體。此外，它更開啟了對種族如何影響自我概念的深層分析，推動了持續至今的意識覺醒運動。

法農與其他非西方學者的研究，挑戰了主流社會心理學中許多被廣為接受的概念是否能一體適用。這並非全盤否定西方心理學的有效性。例如，有些心理歷程可能放諸四海皆準，例如我們將在第三十七章討論的自我效能感（self-efficacy），但其表現形式會因文化脈絡的不同而產生差異。另一個例子是歸屬需求，這可能跟卡爾・羅傑斯提出的積極關注需求（positive regard）的理論相關，而且很可能是具有普遍性的。然而，其他概念則值得商榷，例如「所有人類都有成就需求」這一在美國文化中被反覆驗證的觀點，我們將在第四十章進一步探討這個議題。

31

神經心理學的發展

神經傳導物質、藥物、睡眠剝奪與腦結構的手術鑑識

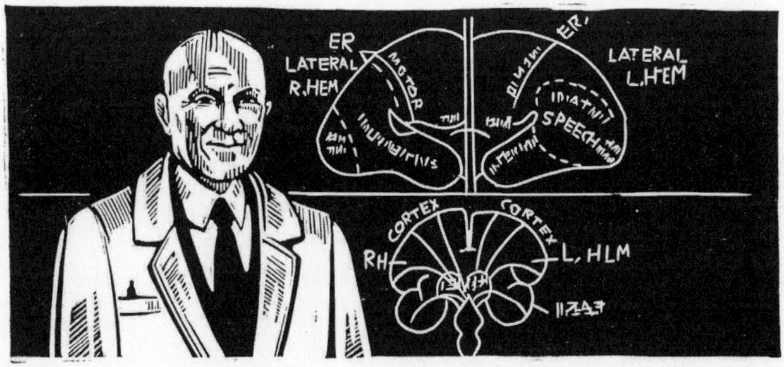

克里斯感到有些困惑。他自願參加實驗，接受了注射，正在等待藥效發作。但另一個與他一起待在等候室的受試者行為卻相當古怪。克里斯納悶他是否喝醉了，但又沒有任何這方面的跡象。那人把一些紙片像球一樣拍來拍去，笑嘻嘻的，看起來很快樂。更重要的是，他的快樂像是有感染力：克里斯對他的一些滑稽動作忍不住微笑，甚至自己也感到有些開心。

克里斯不知道的是，他參與了斯坦利·沙赫特（Stanley Schachter）和傑羅姆·辛格（Jerome Singer）在一九六二年進行的一系列研究。這實驗會替受試者注射無害的生理食鹽水或腎上腺素，然後將他們置於不同的社交情境中。這樣研究旨在探討威廉·詹姆斯提出的「生理反應會決定情緒」的理論（見第二十一章）。但研究人員發現，社會環境對人們感受到的情緒有實質影響。在另一種實驗情境中，裝扮成受試者的演員會假裝生氣，對那些讓他久等的人表現出不耐煩與敵意。那些和演員一起在房間裡等待的受試者往往也會感到憤怒——如果他施打的是安慰劑（生理食鹽水），那麼憤怒的情緒會比較輕微；但如果施打的是腎上腺素，憤怒的程度則會更強烈。另一方面，那些處於「欣快情境」的受試者如果施打了腎上腺素，快樂情緒也會更強烈。

這項實驗招致很多批評：有人認為實驗沒有受到很好的控制，甚至有人聲稱它根本不曾進行。但儘管備受質疑，它仍產生了深遠影響。它呈現出我們的生理狀態與環境之間的關聯，這與人們的日常經驗相符。如果我們壓力很大，往往感到更加易怒，另外，如果我們剛剛做過劇烈運動，我們可能感到更快樂或更憤怒——這取決於我們接下來聽到什麼或必須從事什麼活動而定。

神經學與生化研究的大幅進展

這項研究反映出心理學家越來越有興趣探究生化物質對人類心理的影響。在一九五〇年代到一九六〇年代，研究人員在理解神經傳導物質（可將電性訊息從一個神經細胞傳遞到另一個神經細胞的化學物質）方面有了重大進展。不同的神經傳導物質會產生截然不同的作用。已知的是正腎上腺素（又稱去甲腎上腺素）和血清素與情緒反應有關，它們也被用於治療憂鬱症。多巴胺當時被認為與快樂中樞有關，但最終被確認是大腦中的「獎勵路徑」；腦內啡與腦啡肽會在運動後釋放，使人產生幸福感，但海洛因與鴉片類藥物也能激活它們。乙醯膽鹼則是大腦用來傳遞訊息到肌肉以產生動作的化學物質。研究人員發現，尼古丁會部分阻斷乙醯膽鹼，這就是為什麼吸菸會讓人感覺行動遲緩（儘管人們有時會將這種感覺解讀為放鬆），而戒菸後則會覺得更有活力。當然，如今我們已知更多的神經傳導物質，但對一九六〇年代的心理學家來說，這些革命性的知識首次明確揭示了大腦化學和心理體驗之間的關聯。

另一項發現是神經傳導物質除了可以傳遞訊息，也可以抑制訊息。一個例子是血清素和腎上腺素會抑制睡眠。一九五九年，美國電台DJ彼得・特里普（Peter Tripp）決定表演連續八天不睡覺的實驗，以籌募善款並創造世界紀錄。他坐在時報廣場的一個玻璃展間裡展開不間斷的直播。最初幾天他狀況還好，但到第四天開始出現幻覺，感覺像是有老鼠在身上跑來跑去，鞋子裡有蜘蛛在爬。隨著時間推移，他變得愈來愈疑神疑鬼；到第八天，他已經分不清幻覺和現實。表演結束後，他睡了二十二小時，看起來像恢復正常，但實際上已受到持久的傷害：他在餘生不時會經歷精神病發作。眾所周知，血清素和正腎上腺素都與LSD等精神活性藥物的作用有關，人們也將特里普的實驗結果與長期吸毒對人體的影響相互類比。

這時期的心理學研究也揭示了生物節律的存在，例如我們的警覺程度在二十四小時的週期內會規律地波動。這種節律某種程度上是由日光等時間提示因子（zeitgebers）所驅動，但即使身處於無法獲得這些線索的封閉環境中，人體仍然會產生節律變化。以前人們並未明確意識到這種情況，但洲際航空旅行的普及導致時差反應問題顯現，人們如今必須比乘船或火車旅行在更短的時間內更快適應不同的時區。此外，工業事故（後來擴及到交通事故）總是在清晨時分比較多，此時也是人們警覺性最低的時候，心理學家於是開始釐清其背後發生的原因。

睡眠本身也被證實有週期性循環。當心理學家使用腦電圖來測量大腦整晚的活動時，發現人會從淺層的表面睡眠依序經歷三個層次，最終進入深度睡眠。這些層次對應不同的腦電圖波形，有時也反映出要把人喚醒的困難程度。例外的是一種矛盾模式；從腦電圖判斷受試者似乎處於淺眠狀態，卻出現快速眼動且不容易被喚醒。若在這個階段喚醒他們，他們會報告說自己正在做夢。儘管對於夢的性質有許多奇奇怪怪的理論，但大多數心理學家將夢視為大腦對白天接收到的大量訊息進行整理和鞏固的過程，這也是為什麼我們往往在睡了一個好覺之後，難題便迎刃而解。

大腦功能的逐步解謎

戰後，大腦功能的其他面向也逐漸釐清。早在一九三〇年代，埃加斯・莫尼茲（Egas Moniz）便發現，透過完全切除額葉，可使具攻擊性的猿類變得溫順。戰後，這種稱為腦葉切除術的治療法開始用於有暴力傾向的精神病人。此舉確實能遏止他們的暴力行為，但也讓他們幾乎喪失決策能力。後來一種稱為白質切除術的溫和改良版本，僅切斷連接前額葉與大腦其餘部分的神經纖維，保留前額葉完整，效果雖然類似腦葉切除術但比較沒有那麼極端，一直到一九八〇年代仍然被認為是可接受的精神科療法。

一九五〇年代，加拿大腦外科醫生懷爾德・彭菲爾德（Wilder Penfield）大幅推進了我們對大腦表層（負責思考的區域）運作機制的理解。由於大腦本身沒有感覺神經，彭菲爾德的手術可在病患意識清醒的時候施行。他用小型電極探針刺激不同腦區，並請病患描述他們的感受，據此繪製出運動皮質區與體感皮質區的位置圖（這兩個條狀區域橫貫大腦頂端）。研究發現，身體愈靈活的部位，對應的運動皮質區面積愈大；而愈敏感的部位，對應的體感皮質區也愈大。他以扭曲的人體比例繪製出的皮質小人圖（homunculi），反映出感覺或運動區域的相對大小，至今仍被許多心理學教科書採用。

腦部手術還以其他方式推動了神經心理學發展。先前，彭菲爾德曾證明，大腦右半球控制身體左側，反之亦然。一項針對重度癲癇患者的新手術，讓研究人員得以探就大腦兩個半球分離後的效應。

典型的重度癲癇發作，始於左腦的電活動爆發，並擴散到整個大腦表層。因此外科醫生推斷，如果切斷連接左右腦的胼胝體（亦即連接兩個腦半球的神經纖維束），可限制癲癇的發作範圍，讓病人至少能夠控制住一半的身體。實際進行手術後發現，癲癇發作率幾乎降到零，為病人帶來極大的舒解。

神經心理學家羅傑・斯佩里（Roger Sperry）研究了這些手術造成的心理差異，他在一九六一年發表的論文成了心理學界的熱門話題。他指出，大腦的左右半球可以像兩個獨立的大腦般運作，有時兩者會有不同的想法，具體表現在一隻手的動作直接與另一隻手互相抵觸。其中一名「裂腦」病患描述，每當他用一隻手解開襯衫的紐扣，另一隻手卻緊接著把紐扣重新扣上。另一位病患稱，當她走到衣櫃前打算挑選某件特定的衣服時，結果左手卻拿出完全不同的衣服。

這種差異在實驗測試中也顯示出來。裂腦患者只能閱讀呈現在左腦的文字，右腦則無法處理文字訊息。由於語言區域通常位於左腦，所以這現象並不令人意外。但右腦確實具備對口語的基礎理解能力。患者可能無法用言語描述呈現在右腦的事物，他的左手卻可以從桌子上的物品中伸手選出該物件。另外，如果給他們的兩隻眼睛單獨各看一個圖像，他們只會描述左眼看見的圖像（即傳送到右腦的訊息），但左手卻可以指出右眼看到的圖像內容。此時，嘴裡說的和左手所指出的東西完全不同。

其他腦部手術為神經心理學家提供了更寬廣的研究空間。一九五〇年代，患者亨利・莫萊森（Henry Molaison）接受了腦部手術以圖控制嚴重的癲癇。外科醫生破壞了他大腦兩側稱為海馬體（hippocampus）的區域。手術雖然治癒了莫萊森的癲癇，但也讓他嚴重失憶。他只能記住十六歲之前的生活，完全無法儲存新的記憶，這症狀就這樣持續一生。他不記得自己住在哪裡，誰在照顧他，甚至不認得鏡子裡的自己——不過他卻可以認出童年照片中的自己。

音樂家克萊夫・韋爾林（Clive Wearing）也有類似情形。他在一九八〇年代感染病毒性腦炎，導致大腦的海馬體區域受損。這讓他同時患有逆行性失憶症（無法記起手術前的任何往事）和順行性失憶症（無法儲存新記憶，或至少極度困難，且經常隨即忘卻）。

神經心理學真正奠定學科基礎

其他神經心理學家則運用電刺激技術研究大腦。大衛・休貝爾（David Hubel）和托斯坦・威塞爾（Torstein Wiesel）在一系列對大腦視覺皮質的研究中，使用微型電極刺激貓和猴子視覺皮質中的單一細胞，這讓他們發現了單一神經元的特定功能，並觀察其對視野中不同面向與區域的反應。（他們因這項研究而與羅傑・斯佩里共同獲得諾貝爾獎。）他們的觀察揭示了人類視覺系統如何識別線條與形狀，以及神經元如何對雙眼並列所傳遞的相似訊息產生反應——後者使我們能透過比較而進行精確的距離判斷。

儘管菲尼亞斯・蓋吉、保羅・布羅卡和卡爾・韋尼克早以各自用不同的方式開展神經心理學的研究，但直到一九五〇年代至一九八〇年代，神經心理學才真正奠定學科基礎。這些年間取得的突破進步，從釐定神經傳導物質的生化作用，到識別皮質特定區域與大腦左右半球的不同功能，甚至還探究了個別神經元的運作機制。而隨著下個世紀腦部掃描技術能即時顯示活體腦部的活動，神經心理學也將獲得進一步發展動能。

32

進入電腦時代

認知、注意力與記憶的訊息處理模型

一九七四年，我所任教的心理系迎來了第一台電腦。它被安置在有空調的專屬房間，配備風扇和濾塵器以盡可能減少灰塵。電腦由幾個大型機櫃組成，資訊透過打孔帶捲輸入，只有少數人懂得如何操作。整個系都對得到這台最新科技產品備感興奮，從此不再需要費力手算研究數據，也不必和其他學者爭搶大學地下室裡那台大型主機寶貴的計算時間。

此後電腦技術飛速發展：接下來的十年間，桌上型電腦問世；又過了十年，電腦已漸漸普及到一般家庭。時代的變化何其巨大！現在，即便是最基本的智慧手錶，運算能力也都遠勝我們當年系上那台電腦。

電腦的日益風行，也對心理學產生影響——認知心理學家開始將人腦比喻為一台電腦。此一發展與美國心理學界對認知歷程的接受度提升相互助推。戰後認知心理學穩步發展，逐步動搖了嚴格行為主義的主導地位。正如我們在第二十章所讀到的，一九四五年至一九七二年任職哈佛大學的認知心理學家傑羅姆·布魯納，正是推動此一潮流的關鍵人物。布魯納關注人類的思維方式，尤其好奇我們如何將事物分類以形成概念（例如動物、家具和樹木等等）。他透過實驗，向受試者展示印有陌生符號的卡片，觀察他們如何將卡片歸類。他的一項發現是，面對陌生的事物時，我們會首先提出假設或猜測，推測其間可能的關聯，然後逐一排除不成立的假設，直到找到看似合適的解釋。因此，分類不只是一個消極被動的觀察過程，即便是在一個簡單的實驗室任務中，人們也會積極嘗試釐清問題。

人腦如何解讀訊息

當時大多數的學術心理學都以實驗室為基地。埃莉諾・羅許（Eleanor Rosch）延續了這一脈絡，但她關注的是我們在日常生活中如何實際使用概念。她主張，在真實世界中，並非所有的概念中都具有同等的效力。我們習慣使用的概念可分為三個層級：一、上層層級，統括性的普遍層級，例如動物或家具；二、基本層級，像是狗或椅子；三、下層層級，或稱為更具體的層級，像是貴賓狗或搖椅。基本層級代表我們實際從事的行動，例如椅子的共同功能是用來坐的——它們對人們來說具有日常實用意義，因此更容易被掌握並迅速喚起記憶。

對概念形成的研究也延伸至其他領域，例如研究將詞彙作為符號的運用、兒童如何學習閱讀，以及他們如何獲得語言能力。繼杭士基批判行為主義之後（見第十三章），羅傑・布朗（Roger Brown）主張，兒童會發展出一種早期語法形式，他稱之為電報式言語：以兩個詞組的表達，其中開放式詞彙指稱物件或名詞，樞紐詞則表示動作或所屬關係（例如「我的球」、「更多牛奶」）。在每個案例中，正是個人經驗決定了所習得的概念或語法連結。

在英國，研究焦點則放在認知的不同面向。唐納德・布羅德本特是戰後認知心理學領域的領軍人物，他曾在劍橋大學師從巴特利，並於一九四九年加入劍橋大學應用心理學系。大戰期間他在皇家海軍服役，官方記載是負責人員甄選工作，不過一直有傳聞說他在布萊切利園工作。由於人們對那段時期的事守口如瓶，這則傳聞從未得到證實。無論如何，他在海軍的工作經歷讓他對注意力特別感興趣，包括研究選擇性注意力（我們如何聚焦特定資訊並過濾雜訊），以及持續性注意力（如航空管制員或雷達操作員能維持恆定且精確警覺的時長）。

布羅德本特開發出注意力過濾模型，這對設計師及試圖為從事複雜任務者優化工作條件的研究人員來說價值非凡。他也開啟了對認知模型的研究興趣，此一領域在戰後穩步發展，並為日後所謂的認知革命奠定了堅實基礎——一九七〇至一九八〇年代，認知心理學經歷了大幅拓展。

美國和英國心理學家都對表徵（representation）感興趣，想知道資訊如何儲存於心智中。早年，巴特利曾以基模（schema）模型來描述個人圍繞特定概念所累積的整體知識複合體。基模的範疇比概念更廣，因為概念屬於事實性或資訊性知識，而基模則包含個人理解及生理或感官聯想。當然，這也正是基模難以明確定義的原因。有些認知心理學家以非常窄的方式定義基模，然後卻主張這些定義不足以解釋不同類型的記憶；另一些學者則使用較寬泛的定義，著眼於基模在日常生活中的運用方式。

其他心理學家則聚焦在我們如何運用基模，例如羅伯特·尚克（Robert Schank）與羅伯特·阿貝爾森（Robert Abelson）的社會腳本（social script）模型，該模型指導我們在特定情況下應如何行動，是由社會線索和社會預期所指導。典型的例子是在餐廳用餐時的一系列動作順序。你入座，服務生過來，你點菜，食物上菜，空盤子撤走，繼續上更多的餐點等等。所有這一切都是透過一種共同理解：誰應該做什麼、以何種方式、按照什麼順序，就像戲劇的腳本一樣。尚克和阿貝爾森歸類出三種不同類型的腳本：情境腳本（如剛才的餐廳用餐例子）、個人腳本（例如我們在工作時或與朋友相處時表現的行為模式），以及工具性腳本（用於達成目標的行動流程，例如我們通勤上班的方式）。

針對記憶的心理學研究

儘管有行為主義作梗，心理學家一直對記憶很感興趣，威廉・詹姆斯早年主張人類有兩種記憶的觀點又重新受到重視。詹姆斯曾把記憶區分為長期記憶（可維持數月或數年）和短期記憶（會快速消退，就像我們記住並輸入一次性安全密碼的方式）。一九六八年，理查德・阿特金森（Richard Atkinson）和理查德・希夫林（Richard Shiffrin）提出：進入我們大腦的資訊首先會經過一個感官緩衝器以過濾掉不相關的資訊，接著進入短期記憶；只有經過複誦（rehearsal），訊息才會從短期記憶轉移到長期記憶儲存。在他們的模型裡，持續重複某個訊息便足以將它從短期記憶轉入長期記憶。

他們的模型引發相當多批評。研究人員指出，僅靠複誦是不夠的，訊息的意義與我們投入的心智處理程度同樣關鍵。長期記憶的保存時間也不盡相同：有些記憶僅能持續一個小時左右，有些能持續數週、數月或數年；像是為應付考試所形成的記憶，可能會在考前數週記得很清楚，但考後通常很快就會遺忘。有些心理學家認為，人類其實只有一種記憶儲存系統，但由於我們對訊息進行的處理深度不同，才造成了記憶表現的差異。

就短期記憶而言，我們並不會對訊息進行太多處理：通常僅在使用前透過複誦暫時保存，隨後就會遺忘。弗格斯．克雷克（Fergus Craik）於一九七二年指出，複誦是最表層的處理層級。如果是描述某件東西的外觀，會涉及更多的處理過程，因為必須將訊息的感官模式從視覺轉換為語言。但最深層的處理是探索訊息的意義與應用。根據克雷克的模型，決定訊息可被記住多久關鍵在於處理層級，而不是如阿特金森和希夫林模型所強調的複誦。儘管這個理論的學術爭議難免，但其核心至今仍然是學生溫習功課時的實用指南。

一九八〇年代，艾倫．巴德利（Alan Baddeley）與格雷厄姆．希奇（Graham Hitch）提出一個模型，用更精緻的「工作記憶」概念取代傳統的短期記憶儲存系統。他們經過多年研究，最終提出：人類具備一種類似電腦處理晶片的工作記憶，可以協調多種不同類型的輸入訊息。這些組成包括：一、視覺空間暫存器，用於收集視覺資訊和將其編碼；二、聲音儲存器，用於收集聲音訊息；三、語音迴路，用於解碼語言的意義；四、發聲迴路，用於複誦詞彙。所有功能透過中央執行系統整合在一起，此系統負責處理需要高度專注的認知任務。這是一種與注意力緊密相連的主動存儲系統，因為這時大腦會主動處理並分類訊息，而不是像短期記憶理論所認為的被動儲存。

其他研究人員部分透過實驗研究、部分透過臨床神經學，探索不同類型的長期記憶，其中包括對腦損傷患者的個案研究。這些患者因腦部不同部位受損，導致特定類型記憶喪失，例如，有一類長期記憶被稱為程序性記憶，另一類被稱為陳述性記憶。程序性記憶與我們的基本技能與基模有關，像是騎車、打字。而陳述性記憶是我們對特定事實與事件的記憶，例如人名、生日。因意外導致失憶的患者，通常會喪失陳述性記憶，卻仍能記得如何執行日常事務，例如泡茶或穿衣服。

另一個區分是由大有影響力的加拿大神經心理學家恩德爾．圖爾文（Endel Tulving）所提出的情景記憶和語義記憶之別。情景記憶涵蓋構成我們日常生活流動性、暫時性的經驗，例如記得去年聖誕節拜訪年長嬸嬸的情景。反之，語意記憶是我們對世界的系統化知識，像是知道天鵝絨是柔軟的，或是狗和貓都屬於動物；它也包括我們可能無法輕易用語言表達的知識，例如判斷某個行為是對還是錯。實際上，情景記憶更偏向事實性，聚焦於發生過的具體事件，而語義記憶則與意義和意涵更為相關。

記憶是主動詮釋，而非被動儲存

我們總以為記憶像是對發生過事件的真實記錄，但事實並非如此。伊麗莎白．洛夫特斯（Elizabeth Loftus）曾從事目擊證詞的研究。其中最著名的實驗是讓受試者觀看一段車禍影片，然後分組提問「兩輛車相撞時的速度有多快？」或「兩輛車猛烈撞擊時速度有多快？」一星期後，當他們被要求回憶影片內容時，被問及「猛烈撞擊」的組員竟生動地記得他們看到玻璃碎片，事實上影片並沒有這畫面。這個實驗鮮明地顯示出，我們的記憶會不著痕跡地受到我們的詮釋和事後訊息而調整。

烏爾里克·奈瑟也對真實生活中的記憶感興趣，例如兩人對同一件事有截然不同記憶的現象。他針對自傳性記憶（探討我們對自己的生活的記憶）進行了許多研究，包括重大特殊事件會如何催生出一種閃光燈記憶——我們會清晰記得事件發生時自身所處時空的所有細節。這些記憶強烈而鮮明，但卻未必準確，常常參雜一些後來發生的細節。

在一項關於建構式記憶的經典案例中，奈瑟將現實生活中的對話錄音與一個在場當事人的證詞進行了對比：約翰·迪恩（John Dean）在一九七四水門事件審判中曾經出庭作證（該事件最終導致尼克森總統辭職），他素以記憶力超強聞名，他在作證時能把尼克森說過的話逐字逐句重現。不過，在尼克森的談話錄音曝光後發現，儘管迪恩對談話大意的記憶完全準確，但其記憶中用字與實際對話有出入。奈瑟認為，這證明記憶並非事實性錄影，而是透過我們自身的基模進行詮釋——正如巴特利幾十年前所揭示的，記憶是一個主動建構而非被儲存的過程。我們將在下一章讀到，類似的訊息在知覺研究中愈來愈明顯。

33

理解知覺

我們如何詮釋所感知事物的理論

你在乘坐火車或汽車時可曾注意到，當你看著窗外的風景時，外面的物體似乎正在移動？比較靠近的物體會飛快閃過，但遠處的物體乎與你行進的方向相同，只是移動速度較慢；就連中距離的物體也非靜止不動。如同我們知覺的許多面向，這類現象充滿謎團，並吸引戰後許多心理學家投入研究。

一九〇〇年代後期，美國和英國認知心理學研究取向上的一大差異，在於對知覺理論的重視程度。完形心理學家於一九二〇年代至一九三〇年代提出的知覺組織基本原則已被普遍接受，但美國學界對其他知覺研究的關注度較低。在英國，可能由於劍橋大學應用心理學單位的研究、布羅德本特對注意力的重視，加上學者對電腦建模與模擬技術的濃厚興趣，心理學家用以解釋知覺而發展出的理論備受重視。

知覺者即科學家

關鍵人物之一是理查德．格雷戈里。正如我們在第十七章讀到的，二戰期間他在英國皇家空軍服役，戰後到劍橋跟隨巴特利與神經心理學家奧利佛．贊格威爾（Oliver Zangwill）學習。他花了幾年時間研究從潛水艇逃生的方法，之後建立特殊感官實驗室，研究範疇廣泛，從失明後恢復視力的個案，到為美國空軍解決登月小艇與太空船對接所帶來的知覺問題，不一而足。

除了對心理學的興趣，我們已知格雷戈里還對機械有敏銳的天賦。他發明了許多新儀器，包括用於登月計畫的特殊攝影機，這台設備可以將太空船重返大氣層與著陸時的大氣亂流影響降至最低。一九六七年，他轉任愛丁堡大學，在那裡研發出最早的第一批人工智慧機器人「佛萊迪」（Freddie），它可以辨識並操作物體。但當時人工智慧的研究經費極少，於是他再次轉移陣地，到布里斯托大學開辦了大腦與知覺實驗室。他將知覺研究與機械天賦結合，創建了布里斯托探索科學中心，成為全球最早的互動式科學展覽館。

這段多元的背景促使他提出「知覺者即科學家」的理論，主張：人類知覺主要是基於我們從過去經驗所提出的假設，去詮釋我們所看到的事物。在他的模型中，大腦會利用知覺線索，例如從雙眼視覺獲得的深度線索，或暗示物體位於背景前方的線索。利用這些線索，大腦可以對所看到的東西做出很多有根據的猜測。有時大腦會猜錯，因而產生視覺錯覺，而格雷戈里認為，這些錯誤能讓我們深入理解知覺過程。

格雷戈里的理論汲取了自己的豐富經驗，包括從水下知覺研究到人工智慧的早期探索。他指出，視覺錯覺之所以發生，有時是因為不恰當地套用了日常深度線索，例如認定遠處的物體看起來一定比近處的物體小，或是陰影暗示了立體形狀；有時則是因為我們運用了被稱為「恆常性」的知覺規則，例如即便我們在橙色路燈下看見一輛車，仍然會將其辨識為白色。他對視錯覺的研究極為深入，而他透過布里斯托探索科學中心推廣大眾普及科學的貢獻，讓他同時贏得專業人士與公眾的認可。

與真實世界互動的知覺理論

不過，並不是所有人都認同他的「知覺者即科學家」理論。美國心理學家詹姆斯．吉布森極力反對大腦是透過形成假設來詮釋所見事物的觀點。吉布森主張，在真實世界中，我們不會將事物視為孤立的個體，而是連同豐富的背景與脈絡一起感知。不僅如此，他還進一步主張，人類在世界上是主動行動的主體，試圖將知覺與動作分離是不切實際的。

吉布森認為，知覺的演化是為了幫助動物與人類日常地生存，因此具有生態基礎：動物的生存發生在一個牠可以活躍地四處移動的真實世界中，這創造出一種與觀看紙面或螢幕上的靜態圖像的截然不同視覺體驗。知覺者的移動意味著其視野不斷變化，總是處在吉布森所稱的光流（optical flow）之中。當我們移動時，我們會從不同的角度看見事物，一些背景會被遮蓋或顯露出來，物體表面顯現出不同的紋理和光度，整個視野不斷改變。這些變化即便只來自輕微的頭部運動，更遑論全身行動。在吉布森看來，從不同角度觀察事物並透過自身動作詮釋視覺資訊的能力，是知覺的核心面向，因為這意味著知覺無需推論任何東西，所有必要資訊都已蘊含在眼睛接收到的內容中。

吉布森將他的理論稱為直接知覺。他認為，諸如格雷戈里的模型等需要認知推論的理論，僅限於解釋有限的人工情境中的知覺現象（例如幾何錯覺或知覺實驗室中的刺激）。在這些情境中，人們因為可獲得的訊息極其有限，才不得不使用假設。在真實世界中，訊息要豐富得多。我們擁有過剩的訊息，且這些訊息透過我們身體的活動不斷更新。我們的神經系統已經習慣這些變化，因此能自動察覺視覺光佈（optical array）中的差異所代表的意涵。

不僅如此，我們的視覺處理會自動辨識物體提供的可能性：顯示出我們可以用它們做什麼或怎樣使用它們。例如，一段圓木頭提供了你可以坐在上面的可能性，一根棍子提供了支撐、挖掘、作為武器，或其他任何當下適用的功能。在吉布森看來，真實世界的知覺自動包含這些「示能性」——它們本來就是知覺過程的一部分。吉布森的生態知覺理論完全是與生存綁定，著眼點是放在人類必須積極與世界互動。

烏爾里克・奈瑟將吉布森的理論作為起點，不過與吉布森不同的是，他承認個人知識的作用。奈瑟主張，知覺的核心在於詮釋即時經驗。奈瑟過去曾研究認知心理學的諸多面向，並與柯勒、馬斯洛等人共事與學習。受他們的感染，他堅信心理學應成為一股向善的力量，因此應該強調人性的積極面。這導致他始終關注人類如何與真實世界互動——無論動是前一章探討的記憶，還是知覺。

奈瑟從視覺搜尋研究展開他的知覺理論。他反對當時流行的過濾模型，並與吉布森一樣主張：我們被各種感官得到的豐富訊息包圍，並運用這些訊息做出知覺選擇。他舉例，如果我們想解釋某人為什麼從樹上採摘一顆蘋果，我們不需要一個過濾機制阻擋他採摘那棵樹上的其他蘋果，因為他只是單純選擇了他想採的那一顆。同理，我們會根據即時情境和我們預期的重要性，主動選擇我們須投以注意的對象。人之所以能篩選他們會注意到的東西，是因為我們是世界上的主動行動者，而某些訊息比起其他的訊息更加與我們的當下活動相關。

和吉布森一樣，奈瑟主張知覺的不確定性其實並不多，因為視覺光佈通常會為知覺者提供過剩的訊息。相反的，我們會對訊息進行取樣，同時運用觸覺、聽覺等其他感官。我們透過一種預期基模引導自己應該從現有的訊息中搜尋或取樣哪些內容。取樣結果指導我們的行動，而行動結果又會修正預期基模，進而指導我們下一步應該關注的訊息。奈瑟認為，知覺是一個連續循環的過程，類似我們過馬路，預期基模讓我們預先準備好可能有車子駛過的概念，因此我們會搜尋與車子駛過相關的資訊，從我們能看到和聽到的資訊取樣。這些取樣結果最後決定我們的行動（該止步停下或前行），而此行動的結果又會修正我們的預期基模，以因應下一個動作。

對奈瑟而言，知覺是一種隨時間推移而發展的熟練活動。他強烈批判傳統的實驗室研究——這些研究假定受試者對完全脫離脈絡的刺激的反應，會與日常生活中對類似事件的反應一致。然而，實驗室中的刺激並非如科學家所假定的「是真實事物的純粹版本」，而是完全不同的東西。正如奈瑟指出的那樣，真實生活中的事件很少是完全出乎意料的：即使有完全陌生的人來訪，他仍然會從門口而不是從窗子進屋，他們也會敲門或按門鈴預先告知有人來訪。奈瑟將此與實驗室的研究對比，實驗室中的刺激總是被抽離脈絡，猶如幽靈般突兀出現。

真實生活中的知覺過程還同時有多種預期基模。我們可以從社會文化、個人關係、溝通意圖等等多個層次來詮釋一個微笑。這意味著我們會同時啟動多種知覺循環，將過往經驗、當下處境與對未來行為的預測相互連結。當然，這並不表示我們只會看到我們預期的事物，真實世界的訊息會不斷更新我們的預期，但它確實會使我們在特定時刻更容易看到某些事物。

從神經層次解釋視覺的過程

其他對知覺的研究，則聚焦在知覺歷程中的不同面向。正如第三十一章所述，休貝爾和威塞爾已經確立基本知覺形式的神經基礎。大衛．馬爾（David Marr）將他們的發現用於建構一個模型解釋視覺知覺如何在最基礎的層級運作。馬爾的理論發表於一九八二年他去世之後，說明諸如大腦僅憑著基礎的神經輸入即可產生「圖形－背景知覺」之類的基本知覺歷程。

馬爾主張，到達眼睛的光線已包含知覺所需的全部訊息。視網膜細胞為我們提供對比與輪廓的資訊，使我們能辨識凹面或凸面，以及可指示形狀或輪廓的相似區域。我們利用這些訊息建構基本圖像，馬爾稱之為「原始初階素描」。如果我們再加入接近性與相似性等完形心理學原則，就可以獲得類似於藝術家草稿的影像，馬爾稱之為「完整初階素描」。

接著，神經處理過程會加入深度與距離訊息，告訴我們影像的某部分是否位於另一部分前方。馬爾稱其為「2½ D素描」，因為它雖不是完整 3 D，但已經接近 3 D 的立體效果。而後，動作與移動造成的視覺光佈變化，加上影像中的紋理和色彩漸層，共同協助形成完整的 3 D 影像。特定物體（例如人、樹木或動物）會先以棍棒狀輪廓呈現，隨著更多的細節增加而逐漸清晰，就像當我們逐漸靠近所觀看物件時的樣子。馬爾認為，這或許能解釋為什麼棍棒人與剪影，會在繪畫和藝術中具有強大的表現力。馬爾的計算機理論並不與其他理論對立，而是從神經層次說明基本視覺過程如何產生有用的視覺訊息。他的理論對方興未艾的人工智慧領域做出了重大貢獻。

34

控制與個人能動性

習得性無助、控制觀與歸因理論

一切都是從狗開始。一九六〇年代，大多數心理學家都曾從事過動物實驗：通常是學習實驗，例如訓練老鼠或其他動物走迷宮或進行類似的任務。在英國許多大學，進行這類動物實驗是學生評量的必要項目。而主張這種作法可能不妥的論點，直到一九七〇年代晚期才逐漸被接受。「動物解放陣線」的若干極端行動，讓這些爭議變得突出；到了一九八〇年代末，以動物做實驗的做法幾乎銷聲匿跡。從那時起，心理學領域的動物實驗僅在少數專門學系進行，不過醫學研究仍可持續進行動物實驗，且所有實驗都必須遵守明確的倫理標準。

並非所有這些實驗都毫無意義，儘管多數看起來確實如此。但心理學家從巴夫洛夫的狗身上了學到了制約作用，從史金納的老鼠和鴿子身上了解獎勵比懲罰有效得多，也從哈洛的猴子身上認識了依附關係。實驗帶來的另一個重要洞見——甚至可能比上述的更具影響力——是習得性無助（learned helplessness）的概念。針對狗的研究顯示，牠們學會從一個盒子跳到另一個盒子，以逃避輕微的電擊；而如果牠們看到表明電擊即將發生的燈光，牠們還會跳回原處。但是，馬汀・塞利格曼（Martin Seligman）提出疑問：如果燈光訊號出錯或沒有出現，導致牠們根本無法逃避電擊，會發生什麼事情？

一開始，狗會反覆在兩個盒子之間跳來跳去。然而，當牠們發現無法逃脫時，就會變得被動、無精打采，看起來很沮喪。（不過研究人員並未公開使用「沮喪」一詞，因為那聽起來不夠科學。）但更重要的是，當實驗情境恢復原狀，燈光訊號回復準確，且牠們只要想逃就能躲開電擊時，這些狗卻不再費力嘗試，只是消極地忍受電擊。塞利格曼指出，牠們學會了無助。雖然一開始牠們能應付挑戰，但自身經驗讓牠們認為無能為力。所以，牠們就什麼都不做，即使後來情境已經改變，即使牠們能夠做點什麼來幫助自己，牠們仍舊什麼都不做。

擁有控制權的重要性

塞利格曼等人認為，這與人類的處境有相似之處：經歷過太多生活挫折的人，往往也會變得消極被動，即使機會來了也不會採取對自身有益的行動。由此可見，習得性無助不僅發生在動物身上，還可能發生在人身上。這些洞見引發了心理學家對個人能動性問題的興趣，他們想知道，「感覺自己能在某種程度上掌控自身遭遇」對人類到底有多重要。

心理學家開始探究控制的各個面向，以及人們對它如何反應。塞利格曼關於習得性無助的發現，很快就與控制觀（locus of control）的研究連結起來。控制觀是同時期由朱利安・羅特（Julian Rotter）提出的人格理論。羅特認為，人們的控制感位於一個連續體上：一端是認為自己完全無法掌控生活，發生在他們身上的事情取決於政府、命運等強大的外在力量；在另一端則是相信自己總能對遭遇到的事情施加某種影響，認為生活的主控權完全在自己手上。羅特將控制觀視為連續性的量表而不是一種二分法，多數人的信念會落於控制觀的兩端之間，但比較傾向某一端。

羅特指出，人們是否認為事件可控，會顯著影響其經歷的壓力程度。而人們對控制的信念，可以透過他們的歸因（attributions，亦即解釋事件發生原因的類型）來辨識：具有外部控制觀傾向的人，傾向將事件成因視為無法避免的，認為自己無法挑戰或影響；而內部控制觀傾向的人，則會將發生的事情歸因於自己可以影響的因素，相信自己總是可以憑努力讓情況變好。

伯納德・韋納（Bernard Weiner）擴展了羅特的理論，他提出另一個歸因維度：人們歸因時所認定的原因是否具有持續性。穩定的歸因可視為永久性的，或至少在可預見的未來不太會改變；而不穩定的歸因則是暫時性的。後來的研究者又新增一個維度：是整體性還是特定性。整體性歸因認為原因具有廣泛影響力，會波及很多其他事物；而特定性歸因則認為原因謹與特定情境相關，不會真正影響其他面向。

歸因分析（亦即識別人們不同的歸因模式）成為心理治療中極具價值的工具。例如，典型的憂鬱歸因模式具有外在性、穩定性和整體性的特徵。彼得・斯特拉頓（Peter Stratton）及其研究團隊顯示，在家庭治療中，歸因模式可用來識別功能失調家庭的問題。還有人則用它分析組織中的長期信念。歸因分析成為推動心理治療發展的基礎技術之一，這些發展始於二十世紀下半葉，並在最後二十年獲得真正的發展動力。

隨著二十世紀與消費社會的演進，心理學開始反映社會對個體愈來愈濃厚的興趣，特別是人們如何面對並處理自身問題的方式。像喬治・凱利這樣的心理學家開始關注人們如何理解自己的世界，這反映出當時人們對認知歷程日益增長的興趣。凱利對於理解心理問題的典型方法，可以從他的一句話中看出：「如果你不知道病人哪裡出了問題，問他，他可能會告訴你。」他的研究也反映出對個人能動性愈來愈多的重視。這是一個根本性的轉變：人們開始被視為生活中的主動行動者，而非只是心理異常的受害者。

凱利主張，我們會像科學家一樣思考，會發展出理論來理解自己的世界。但我們建構的意義是獨一無二的個人理解，未必與他人相同（這裡指的是所有人，而不僅限於精神病患者）。根據凱利的理論，我們每個人都會從生活經驗中發展出自己一套個人建構——即解讀事件或人物的獨特方式。這些建構在本質上具有兩極性，例如「善良／殘酷」或「體貼／粗心」，我們用這些建構來評量認識或遇到的人。凱利的理論不僅廣泛應用於心理治療，也迅速被商業領域採用，因為市場研究人員開始有興趣探索人們如何看待新產品或現有產品。

認知療法的興起

另一項重大發展是亞倫．貝克在一九六〇年代提出的認知療法：這種療法致力協助人們辨識並改變無益的思考模式，讓他們能夠以更具建設性的方式應對問題。他的這個取向源自於治療憂鬱症患者時的工作經驗，這些患者對自身問題有極度負面的思考方式。貝克認為，他們需要重構思考模式，才能開始以更積極的態度面對生活。他的認知重構觀念後來與其他技術結合，包括訓練人們採取不同行為的實務方法，強調新的思考方式與新的行動方式並重。這種療法後來被稱為認知行為療法：透過思考、感受和行為的完整循環，共同協作以解決問題。

在同一時期，阿爾伯特・艾利斯（Albert Ellis）發展出一種類似但不盡相同的治療取向。和其他學者一樣，艾利斯關注心理問題如何與負面信念和思考方式連結在一起，甚至往往源自於這些負面信念。他獨特的治療方法是直接質疑這些信念，與患者對峙，透過理性論證指出這些信念有多麼不合邏輯，同時提供情緒支持。這種被稱為理性情緒療法（Rational emotive therapy）的治療，很快就結合行為技術，訓練人們養成新的習慣與行為方式，從而發展成為理性情緒行為療法（REBT, rational emotive behaviour therapy）。

這些取向與早期的精神分析取向或精神醫學模型非常不同，它們關注的是個人能動性的概念。其他心理學家也探討了個人能動性的問題，但角度不同。例如，史丹利・米爾格倫在解釋其服從實驗的發現時（見第十九章），提出人們有兩種不同的心智狀態。他認為，大多數時候我們都是為自己做決定，但有時我們也可能進入他所謂的代理狀態——在此狀態下，我們放棄個人責任感，只將自己視為替他人權威執行任務的代理人。他用代理狀態的概念解釋為什麼人們會因為發現自己竟能夠做出極端殘忍的行為而感到驚訝甚至恐懼。但如我們之前所述，「我只是服從命令」在紐倫堡大審中並不被視為足夠充分的辯解藉口，而後續的心理學研究也對代理狀態的概念提出質疑。

去個人化的研究

菲利普・津巴多（Philip Zimbardo）提出了類似觀點，他針對所謂的去個人化（deindividuation）進行了多項研究。他的研究探討古老的暴民心理學概念：認為群體中的人會喪失個人認同感，使群體淪為暴民，可能做出個體在清醒狀態下不會參與的極端到讓人髮指的行為。津巴多根據研究，將暴民心理學的理論加以現代化與合理化，指出身分被隱藏的人會比那些可以清楚識別身分的人表現得更具攻擊性。但他實驗中使用的偽裝本身就帶有社會訊息：他讓受試者穿戴類似三K黨暴力組織的頭罩與服裝，巧妙地傳達了人們對此裝扮的預期行為。後來，津巴多研究酷刑的行刑者，發現讓他們保持匿名至關重要——這不僅是增加受害者的心理壓力，對行刑者本身也有意義。匿名可以讓行刑者覺得自己身屬於去個人化的狀態：作為隱姓埋名的人，他們只是在執行一項與個人身分其他面向完全無關的工作。

去個人化並不總是壞事。人們可以透過成為群體的一部分發展出強烈的共同認同感。這正是人們熱中參加足球賽、節慶活動等大型聚會的主因之一。當身處在一個單一整體般行動的群體中，與所有其他人一起同步行動，經常會感受到一種一體感與歸屬感。心理學家後來針對宗教集會、體育賽事與音樂活動中的這種共享經歷進行研究，發現對許多人來說，這種體驗確實無與倫比。

但參與共同經驗與成為一群暴民中盲目且缺乏獨立思考的一員，兩者有很大不同。暴民心理學在十九世紀的流行觀點，尤其受到政治人物青睞，他們用此來解釋憤怒群眾的行為。但近年來的研究顯示，此類社會騷亂與集體行動並不像暴民心理學模型所主張的「是人倒退回野獸狀態的表現」，而幾乎總是源於對真實的不公不義的共同反應。史蒂芬・雷徹（Stephen Reicher）及其團隊研究了好幾起城市騷亂的案例，發現它們背後的根本原因總有社會不公義或是具對立社會價值觀的群體衝突。他們認為津巴多所說的去個人化，是一種自我覺察的減弱，主要產生原因是人們的注意力分散到了別處，而不在自己身上。

去個人化是一個具爭議性的觀點，部分原因在於它始終是吸引人的政治工具，常用來解釋群體行為。但這往往會轉移人們對騷亂根本原因的注意力。它或許能解釋某些情境，卻無法真正幫助我們理解共同經驗的特殊本質。為了解釋這一點，我們必須更深入探究人類的社會本質。在下一章，我們將讀到，即便是幼童，其社會能力也比我們以前所認為的更複雜精細。

35

社會性兒童

重新評估皮亞傑理論與具有社會意識的兒童

三歲的克莉絲喜歡上幼稚園。在那裡，她可以畫畫，玩特殊的玩具，而且老師每天會唸故事給班上聽。有一天，來了一個從沒見過的女子。她對著克莉絲微笑，並邀請她和自己坐在一起。

女子在桌上擺出兩排鈕扣。「哪一排的鈕扣比較多？」她問。克莉絲看了看，兩排數量一樣多，便如實回答。女子把其中一排鈕扣的排列拉長，再次問：「哪一排的鈕扣比較多？」

克莉絲心想：她不喜歡我的第一個答案，我必須換個說法。於是她指著較長的一排說：「這排。」

女子點頭微笑。「我們換一個遊戲。」她說，然後把兩個水杯放在桌上。她給兩個杯裡倒水，問克莉絲哪一杯的水比較多。

克莉絲告訴她兩杯水一樣多。然後，女子把其中一杯水倒進一個細長的杯子裡，再次問她同樣的問題。克莉絲再次認為自己一定是答錯了，於是改變答案。「那個。」她指著較高的杯子說。女子再次點頭微笑。

如我們所見，戰後幾十年是心理學的轉型階段。行為主義替認知實驗奠定了基礎，戰爭經歷也為許多心理學研究設定了議題。然而到了一九八〇年代，隨著戰後嬰兒潮世代提出新理論與新洞見，新的研究視角開始興起。這當然不是突然的變化：有些洞見和理論是全新的，但一九八〇年代以後蓬勃發展的許多領域，其實都來自心理學家回溯大戰期間的研究，並重新評估這些成果。

兒童透過多種途徑向他人學習

皮亞傑的認知發展理論是牢牢奠基在上述的類似實驗研究上，且該理論此時已在教育界具有深遠影響力。但它同樣面臨重新評價。部分原因在於「階段」的概念（皮亞傑認為這是其理論中次要且不重要的部分），為教師們提供了一個理由，解釋為什麼有些孩子的進步不如其他孩子。至少在英國，先天智力的觀念根深柢固，並獲得西里爾．伯特（Cyril Burt）等具有影響力的心理學家支持（他也是英國政府的重要教育顧問）。英國在學童十一歲時進行升學分流：成績優異者進入以升大學為目標的文法學校，其餘則接受以培養未來產業工人為導向的基礎教育，因為人們相信孩子的先天智力在這個年齡已經充分顯現出來。正如我們在第十四章所讀到的，皮亞傑的理論圍繞著基因成熟的概念而建構，教育本質上被視為讓孩子的先天能力自然成熟的過程。

蘇聯共產國家的情形卻截然不同。當時的蘇聯官方認為，理想的人是透過社會影響形塑而成，並非取決於先天特質，因此學校刻意培養學生的社會技能與互助觀念。每個班的孩子都被編成學習小組或互助小隊，鼓勵小組成員在課業上互相協助。個人競爭不被鼓勵，但團隊成就受到高度讚揚。這並不表示所有的孩子一律被視為毫無差異：那些具有運動、科學或音樂天賦的孩童，會被送往專門學校培養該項才能。但像是「機會是對所有蘇維埃孩子開放」的原則仍被大力宣傳。

正如第十四章所述，一九六二年第一本探討兒童認知發展的蘇聯重要著作終於出版英譯本。這本書其實寫於一九三四年，但直到傑羅姆·布魯納帶頭翻譯這本書，列夫·維高斯基的觀念才進入西方心理學家的視野。部分原因在於世界經歷戰亂，而後來蘇聯與西方的學術交流又告中斷；另一部分原因是維高斯基曾經支持托洛斯基，導致他的書就像托洛斯基的著作一樣，在一九三〇年代被史達林查禁。

維高斯基知悉皮亞傑的研究，並在許多面向認同其觀點。但他不同意皮亞傑對兒童學習和發展方式的理解。對皮亞傑而言，認知發展完全基於兒童對環境進行操作：透過從事具有實際效果的行動來學習。根據皮亞傑的理論，人本質上只是兒童環境的一部分，在影響認知發展的層面上，與物理環境並無太大差別。維高斯基的看法則截然不同。他主張，兒童與他人的互動對於認知發展至關重要：兒童確實可以透過與物理世界互動而獲得基礎知識，但「人」才是拓展與深化這些知識的關鍵。

兒童透過多種途徑向他人學習，包括模仿、直接提問、傾聽、觀察，以及透過書籍等間接管道。在維高斯基看來，接觸成人的理解是完整認知發展的必要條件，因為成人可以提供他所謂的鷹架（scaffolding），讓孩童可以透過進階學習建構知識。正如皮亞傑所主張的那樣，兒童可以從與環境的直接互動中學習。但在社會支持下，兒童可以學到更多。維高斯基將這塊擴展的認知發展領域稱為近側發展區間（zone of proximal development）——這個概念後來逐漸滲透到教育界，但要直到一九八〇年代才被完全接受。

接續挑戰皮亞傑理論

皮亞傑的理論——許多教育工作者奉為圭臬的信條——同樣受到其他人的挑戰。其中一個爭議點在於「嬰兒無法理解物體不在視線範圍時仍然存在」的觀點。皮亞傑主張，這種被他稱為「物體概念」的認知能力，只有在兒童滿十八個月到兩歲時才會發展出來。但運用紅外線攝影技術的研究人員發現，遠比這年紀小得多的嬰兒，即使在完全黑暗、顯然看不見玩具的情境下，也會伸手去拿玩具。

皮亞傑的認知發展理論透過易於複製的實驗演示得到支持，這些實驗似乎證明某些思考類型在特定年齡階段受限，但隨著兒童成長會自然改善。例如一項經典實驗顯示，幼兒無法從他人的角度看待事物。皮亞傑在桌子上擺放一座山脈模型，並在不同的位置放置玩偶，然後要孩童從一系列照片中，挑選出某個玩偶能夠看到的景象。較小的孩童無一例外總是挑選從自己角度看到的畫面。在皮亞傑看來，這足以證明他們過於自我為中心，無法從他人視角理解事物。但後續一項現代化的重複實驗——以桌上的圍牆搭配一個要躲警察玩偶的男孩玩偶的情境，卻沒有觀察到相同結果：即便年紀很小的幼童也能預測，男孩玩偶要躲在哪裡才不會被警察玩偶發現。研究者馬丁・休斯（Martin Hughes）認為，皮亞傑的發現是因為他的山脈問題跟幼童的生活經驗無關，而不是因為幼童缺乏認知能力。

皮亞傑認為幼兒一次只能專注於一種屬性，並構思出實驗來驗證：當一個矮胖玻璃杯與高瘦玻璃杯注入等量的液體，然後拿起給幼童看時，他們會認為高瘦杯子裡的水更多；以及，幼童也會認為兩排一樣多的鈕扣中，排列較長的一排有更多鈕扣。這些實驗都有嚴謹的腳本，並得出可信賴的結果。但它們同樣被重新檢視。一個批判是，這與幼童的社會知識有關。在日常生活中，如果成年人兩次問幼童同樣的問題，通常是因為他們對第一次的答案不滿意。因此研究者認為，幼童之所以改變答案，是因為他們認為自己第一次答錯了。當研究者重複皮亞傑的實驗，但只問一次時，幼童答對的比例大幅提升。皮亞傑的實驗並沒能顯示幼童知道些什麼，而是顯示幼童認為該如何與成人互動。

詹姆斯·麥加里格爾（James McGarrigle）和瑪格麗特·唐納森（Margaret Donaldson）所進行的一組經典實驗，進一步支持了對皮亞傑的挑戰。在這些實驗中，孩子們會認識一隻小泰迪熊，它「住在」實驗者桌上的一個盒子裡。淘氣的泰迪會突然做出隨機行為，經常把桌子弄亂，逗得孩子們大樂。在重複皮亞傑的實驗中，當孩子們表示兩排鈕扣或兩杯水一樣多時，淘氣的泰迪就會從它的盒子裡跳出來，把一排鈕扣拉長或把一杯水倒入另一個長杯子中。孩子們喜愛這個遊戲，但更重要的是，當他們被問到兩排鈕扣或兩杯水是否還是一樣多時，他們知道東西其實並沒有真正改變。

這些針對皮亞傑經典實驗的重新評價，不僅顯示其理論本身需要重新評估，還顯示兒童的社會知識比人們過去所認為的更精細複雜。這個觀念替維高斯基的另類理論被廣為接受鋪平了道路。而一系列探索兒童心智理論的研究，更進一步強化了這個方向。

如我們所知，皮亞傑認為兒童在大約九歲或十歲之前，無法理解他人可能有不同的看東西的角度，但後來的研究人員發現，這種能力發展得更早——通常在三歲半左右。在一項標準實驗中，兩名幼童會看到一個玩偶或一顆糖果藏在某個位置。然後，其中一個幼童被帶離房間，實驗者會在留下來幼童的注視下改變藏匿點。接著，他問那個幼童，離開的那位幼童會去哪裡找藏起來的東西。三歲的幼童通常會回答第二個藏匿點，而四歲的幼童則會說第一個藏匿點，因為他們知道另一個孩子沒有看見東西被改藏在別處。

幼童擁有複雜精細的社會意識

兩項英國研究計畫的發現支持了幼童具有社會意識這個日益熱門的觀念。其一是由任教於牛津大學的傑羅姆・布魯納主持，探討英國不同形態的兒童照護；另一項是由劍橋大學的朱迪・鄧恩（Judy Dunn）帶領，研究兒童在家中的家庭生活。在牛津學前教育研究計畫中，研究人員比較了托嬰中心、幼兒園、家庭保母與日間托育中心，分析這些場所在培養幼童社交能力、創造力與入學準備上的差異。整體而言，研究顯示：有機會與同儕玩耍的幼童，相比僅單獨一人被照顧或只與其他一兩人互動的幼童，具備更成熟的社交技巧與更穩定的情緒。

劍橋大學的研究則是一系列行為生態學研究，觀察幼童與兄弟姊妹的互動。每位研究人員會先花時間讓受訪家庭習慣他們的存在，好讓孩子們表現得盡可能自然。研究團隊記錄了兩、三歲幼童和其他家庭成員之間的遊戲、爭吵與其他互動情形。研究顯示，幼童的社會覺察力比在幼兒園或遊戲班

（脫離家庭脈絡）的研究發現更為複雜。

例如，幼童會故意藏匿或破壞兄姊們喜歡的東西來故意激怒兄姊；有時也會調皮地對父母做出明知被禁止的行為，一邊逗弄父母發笑。他們也顯示出能夠感受他人的情緒，例如看見母親難過或沮喪時，他們會透過擁抱或遞上自己最喜歡的玩具試圖安慰她。但對於手足，則可能會採取相反的行動——常常會幹一些明知道會讓兄姊更惱怒的事！然而隨著年齡增長，孩童安慰他人的行為會多過捉弄。幼童對規則有敏銳的觀察，清楚知道什麼被允許而什麼被禁止，即便有時候他們會故意違反這些規則來逗弄照顧他們的人。顯然，即便是幼童，對社會世界的理解也比皮亞傑或早期心理學家所認為的更為精細成熟。

36

先天／後天之爭持續

智力測驗的類型及其爭議

「我受夠了訓練老鼠這碼事，」潔西說道。「我的老鼠笨死了。花了超久時間才教會牠走迷宮。」

「真的嗎？」她的朋友茱蒂回說。「『抽鼻子』——我幫我的老鼠取的名字——學習速度超快的。我覺得很好玩啊，我一天都會去實驗室兩三次訓練牠。」

「我才不想那麼麻煩，」潔西說。「我只去一次，確保能拿到學分就好。反正多做也沒有意義。我的老鼠是羅森塔爾教授提到過的『迷宮遲鈍品種』，要教會牠肯定要花很久時間。我敢說妳的老鼠屬於『迷宮聰明種』。」

「沒錯，」茱蒂確認說。「教授說牠們是特別為快速跑迷宮而培育的。所以確實有效，不是嗎？」

但不管教授告訴了她們什麼，兩組老鼠其實並沒有什麼不同。這些老鼠經過嚴格配對，務求有著不相上下的跑迷宮能力。牠們在表現上的差異——確實存在差異——完全與實驗者如何對待牠們有關。那些相信自己的老鼠很聰明的學生，會花更多時間和牠們在一起，更頻繁地撫摸牠，對牠們更溫柔，甚至給牠們起綽號。但分到「遲鈍組」老鼠的學生，只進行最低限度的訓練，還聲稱一點都不喜歡自己的老鼠。「聰明組」的老鼠比另一組老鼠學習得更快，走迷宮走得更迅速、更精準，但真正影響牠們表現的，其實是實驗者對待牠們的差異造成的。

羅伯特·羅森塔爾（Robert Rosenthal）與克米特·福德（Kermit Fode）於一九六三年發表的這項實驗，是二十世紀後數十年一系列著名實驗的先聲，這些實驗引發了關於教育期望日益激烈的爭論。當時正值社會劇烈變遷的時期，舊觀念被新思想取代，殖民地爭取獨立，人人都希望公平分享國家資源。一九六〇年代美國民權運動讓種族歧視成為焦點，一九七〇年代女權運動開展大規模意識覺醒計畫，教導女性辨識日常存在的性別歧視，新一代的消費者則擁抱時尚與生活風格的創新。

到底要怎樣定義智力？

如我們所見，心理學也隨著時代的發展而變遷：新領域不斷開拓，舊理論透過新研究獲得拓展。但改變是漸進的，新領域常常被接受，然而在心理學的某些領域，對舊有、根深柢固觀念的挑戰卻遭遇相當大的阻力。這種阻力常常以激烈爭辯的形式呈現，其中最激烈的莫過於先天／後天的爭論。它們相持不下的核心問題在於，某項心理能力究竟是與生俱來的（即到了適當年齡而發生的基因變化形成），還是透過經驗學習而得？

隨著我們對遺傳學和人類基因組知識的進展，這些爭論多半已失去意義。正如加拿大心理學家赫布（D. O. Hebb）指出，環境與遺傳對智力發展同樣重要。但從一九七〇年代到一九九〇年代初，它們仍是心理學的常見主題。這些爭論並不新鮮：正如第六章所指出的，自二十世紀初，心理學家就對養育孩子抱持對立的立場。格塞爾堅稱兒童發展由基因決定，而華生則主張一切取決於制約，即學習。如第十三章所見，史金納和杭士基在語言問題上的辯論，也再次浮現此一對立。但社會上開放教育機會的強大運動，使得二十世紀後期關於智力的先天／後天之爭格外激烈。

當然，問題在於到底要怎樣定義智力。我們都使用這個詞，但我們在使用它時，我們真正想要表達的是什麼？這是個一次又一次讓我們愣住的問題。它是指我們擁有的一種整體能力嗎？我們都認識在某些方面聰明卻在另一些方面愚蠢的人。那麼，它是不同能力的集合嗎？如果是這樣，這些能力僅限於心智能力，或是還應該包含身體能力？那些技術嫻熟的工匠們呢？他們算是聰明的嗎？

智力用單一數值表示

二十世紀初，查爾斯．斯皮爾曼堅稱智力存在一個決定性的因素，他稱之為一般智能因素（G-factor）。這是一種可以用單一數值（亦即智商，簡稱IQ）來表示的整體能力。一般智能因素的概念是遺傳決定論的論證核心，因為它被用來支持「智力是人類與生俱來、或多或少都擁有的特質」的觀點。反過來，它又被用作社會中將人和群體進行等級排序的合理化依據——當傳統價值觀質疑「人們生來就屬於某個社會階級」的觀念時，這個想法開始流行起來。

當然，這不是一般智能因素概念必然會導致的結果。許多學者反對這些觀點，並將一般智能因素視為整體能力的簡單表述，認為它可以反映經驗的變化。其他試圖定義智力的理論則完全避開這個觀念。一九五五年，J．P．吉爾福主張，智力其實是不同心智能力與行動的組合。他歸納出構成個人整體智力的一百二十到一百五十種不同的要素。還有其他幾種定義智力的嘗試，每種都帶來不同的智力測驗方法。這類測驗方法加上其他形式的測驗，導致戰後數十年心理測量產業呈現指數級增長。而主要的焦點集中在把智力測驗用在教育領域，主要是用於選拔目的。

羅森塔爾曾經推測，如果學生認為實驗鼠應該會更聰明時，這些老鼠真的表現得更聰明，那麼合理推論，同樣情形可能發生在兒童身上。他與同事萊奧諾爾．雅各布森（Leonore Jacobsen）一起在學校進行類似的研究。他們對一所普通城市小學的學生進行相當標準的智力測驗，並告訴老師這是一項設計用來預測智力將來發展的新測驗。然後，他們故意讓老師們「無意間聽到」一段對話，其中提到某些孩子未來一年內的成績很可能會明顯進步（其實這些孩子無論在學業成績和智力測驗成績上，都與其他同學沒有什麼不同）。當研究人員年底再度回到學校時，發現他們提到過的孩子的學業果然出現了相當大的進步。這些孩子的智力測驗成績變得更高，學習動機也明顯增強。究其原因，老師對這些孩子抱持較高的表現期待，因此更常與他們互動，也更願意讚揚他們的成就。孩子們在不知不覺中感知這些期待，並做出了回應。

這項研究無可避免地備受批評，卻仍廣泛流傳，它進一步加強了貧困家庭兒童會遭受教育歧視的觀點。例如，當時就有論點指出，美國的黑人兒童無論在學校環境或智力測驗結果上，一貫處於教育弱勢，因此當時政府推動了多項補償性教育計畫，但成效甚微。

然而，舊有的偏見態度並沒有完全消失，一九六六年，物理學家威廉．蕭克利（William Shockley）更點燃了一場激烈的爭論。蕭克利主張，美國黑人和白人在智力測驗中呈現的長期群體差異，並非學校教育環境導致，而是智商的遺傳差異。教育心理學家阿瑟．詹森（Arthur Jensen）隨後發表文章支持蕭克利的觀點，進一步激化了這場爭論。詹森認為，補償性教育計畫會失敗，正是因為美國黑人和白人之間存在智商的遺傳差異。此論一出，各方紛紛加入戰局，有人反駁，也有人支持。

遺傳論的反撲與爭議

遺傳智力這個舊觀念捲土重來具有重大的政治意涵。研究顯示，在歧視較不嚴重的地區，白人和黑人的群體差異並沒有那麼極端，這項發現為環境因素和預期因素的可信度提供了證據。某種程度上，學術評鑑制度的引入激化了爭議——這個制度會根據發表的期刊論文數目，以及這些論文被引用的次數，來評鑑一個學者的學術價值。一些學者甚至狡詐地利用這個評量標準，以求鞏固其終身教職。例如，發表一篇支持基因差異這類爭議主題的論文，以衝高自身論文被引用的次數（因為其他學者會忙不迭發表文章反駁）。

像阿瑟．詹森、漢斯．艾森克和理查德．赫恩斯坦（Richard Herrnstein）這些支持遺傳理論的心理學家都一口咬定，智力是一種可透過智商測驗精確測量的固定能力，其差異幾乎完全（八成）來自遺傳。多數其他心理學家持反對意見，並提出以下證據：一、即使同一人的智力測驗成績，仍可能因經驗的增加而提升；二、智商測驗並非精確的衡量工具，摻雜著文化偏見；三、所謂的遺傳率數字（指八成的說法）是武斷的，欠缺基因證據或社會證據支持。遺傳學家自己更認為，整個先天／後天的爭論非常荒謬，他們指出：個體發展是兩者共同作用的結果，試圖替雙方分配百分比純屬無稽之談，而且不是科學態度。

此外，許多支持遺傳決定論的證據也備受質疑。一九八〇年代初，生物學家史蒂芬．顧爾德（Stephen Jay Gould）出版《人的誤測》（*The Mismeasure of Man*）一書，揭露多項對遺傳影響性的研究顯然造假——例如卡里卡克家族的故事（見第六章）。其他的質疑聲也紛紛響起：大有影響力的英國教育心理學家暨優生學家西里爾．伯特曾發表多篇雙胞胎研究，看似替遺傳論提供有力的證據，但細究其數據後發現，相關係數精確得不合常理；其後研究者試圖尋找他的研究助理與受試者家庭時卻遍尋不著，不禁令人質疑是否真有其人。

儘管舊有的爭論仍時有波動，但二十世紀末的智力研究者已更加關注智力的文化差異與脈絡性議題。史蒂芬．羅斯（Stephen Rose）主張，試圖定義智力根本徒勞無功，因為在現實生活中，它是一個副詞，而不是名詞。我們會描述一個人在某些特定情境下表現睿智，但這並不意味著真有一個叫做「智力」的獨立物件。它更像是一種處理問題的方式，而不是一種實體。這或許能解釋，為什麼試圖定義智力總會引發無數爭議。

不過，也有學者並沒有那麼多懷疑。例如，霍華德．加德納（Howard Gardner）主張，我們所謂的智力的並不是一種單一的實體，而是七種不同智能的組合，每種智能在個體身上的發展程度各不相同。他認為我們有語言智能和數學邏輯智能，它們是傳統智力測驗所衡量的的智能類型。但我們也有音樂智能（在音樂家身上特別發達，但其他人則多少具備）、運動智能（在運動員和舞者身上最為明顯）、空間智能（常見於設計師和建築師身上）。有些人極擅長與他人打交道，這是人際智能的表現。我們也擁有內省智能，它關係到我們有多了解自己。

羅伯特·史坦伯格（Robert Sternberg）則持不同觀點，力主智力的本質在於適應力。因此，不可能使用單一指標來衡量所有智力，因為現實世界的智力表現極富多樣性。例如，在數學課業中獲得成功所需的智力，涉及他所謂的組合智能——亦即運用解題和計算等智力技術的能力。但是，在一個服務部門應對憤怒客人所需的智力，則須結合個人經驗中與對規章流程的專業知識。史坦伯格稱此為經驗智能。而要與其他文化背景的他人有效互動，需到你的社會與文化敏感度，他稱之為脈絡智能。例如，西方文化將反應敏捷視為智力的一部分，但在某些中東文化中，那可能意味著衝動、位經深思熟慮的表現。

到了二十世紀之末，先天／後天之爭雖然在大眾媒體上偶有出現，但至少在心理學領域已經趨緩。然而，智力測驗的全球普及帶來新的挑戰，尤其是如何準確翻譯的問題。因為不同語言很少能精確對應，且文化脈絡也會影響對測驗題的詮釋。這與日益興起的本土心理學研究相互呼應，我們將在第四十章進一步探討。

37

從無助到樂觀

塞利格曼與正向心理學的建立

「爹地，為什麼你總是愁眉苦臉？」

她的傑出心理學家爸爸含糊地嘟囔了幾句。

「好吧，既然我能學會停止哭哭啼啼，那麼你一定也能學會停止愁眉苦臉！」

七歲女兒提出的這個挑戰，讓馬汀．塞利格曼開啟了新的研究方向。他原本的職業生涯聚焦在研究學習機制。正如我們在第三十四章中讀到的，他曾證實動物會「學會」無助，且此後很難透過訓練讓牠們擺脫這個狀態。他還研究了一次性學習，亦即人類與其他動物會迴避曾經讓我們身體不適的食物。不同於其他的學習方式，一次性學習讓我們只需要一次經驗（單次嘗試），就能產生終生的厭惡，因此這被視為一種特殊的制約形式。塞利格曼經常回憶起自己食用蛋黃醬後嘔吐而體驗過這種機制（據說這替他贏得不少免費餐點，因為人們總是試圖鼓勵他克服這項制約）。因此，她女兒提出的命題其實相當合理：為什麼他不能「學會」變更快樂一些？

塞利格曼關於習得性無助的研究，激發了大量對於控制感與個人能動性的研究。這項研究同時釐清了憂鬱症的認知與行為歷程，有助心理治療師發展出協助當事人克服憂鬱的方法（主要是使用正向思考的技巧）。塞利格曼心想，為什麼主流心理學沒有採取同樣的研究取向呢？例如，為什麼我們對情緒的研究總是強調恐懼和憤怒，卻忽略快樂和幸福？塞利格曼因習得性無助而聞名。現在，他想改以習得性樂觀取而代之，而他確實有足夠的影響力推動這件事。二〇〇〇年，塞利格曼被選為美國心理學會會長，他在會長演說中提出心理學的新方向：正向心理學。這將結合現今有關正向思考與正向情緒的心理學研究，證明人們的歸因風格（attributional styles）如何影響日常生活——就像他在回應女兒的質問時的親身體悟——並且將有助於讓世界（至少是心理學領域）變得更美好。

探討是什麼讓生命值得活的科學研究

這個被定義為「探討是什麼讓生命值得活的科學研究」的新領域，吸引了廣泛關注。心理學家開始探索人類光明面的各個面向。正向心理學並非全新概念，它的根源可以追溯至馬斯洛和羅傑斯的人本主義學派（見第十六章），該學派長期強調研究應該致力於為人們追求快樂與提升人們心理幸福感。但正向心理學也整合了後續心理學許多不同領域的研究成果。

以個人能動性的研究為例，這個領域已大幅拓展。實驗室研究不僅證明掌控感對人類至關重要，而且艾伯特·班杜拉和同事更開闢了新視角：自我效能感（self-efficacy）的概念，探討人們對自身達成目標的能力信念。卡蘿·德韋克（Carol Dweck）曾與班杜拉在這個領域合作，並根據自己的研究發展出心態理論（Mindset theory）：一種鼓勵兒童相信自己有學習能力的方法，它為教學帶來了新方向，並迅速在教育界流行起來。

塞利格曼所提倡的另一個核心概念是「心盛」（flourishing）：人們不應該僅僅是應付生活，而應該享受生活，並從日常體驗中真正獲得正向受益。當然，這並不是全新觀念，但五十年後的心理學家已經能夠更好地建議我們如何實現這一目標。塞利格曼從自己的經驗中知道，改變整個心理狀態是完全可能的。

在臨床領域，特定的（而非全面的）、不穩定的和外在的歸因風格，已被證實有助人們應對問題，而這也是塞利格曼主張用來處理日常生活的思維模式之一。其核心在於以正向歸因取代負向歸因：將不愉快經驗的成因視為暫時的而非恆久的，是限於特定情境的而非全面性的，是可掌控的而非個人淪為外在因素或事件的受害者。例如，吉姆開車去參加重要活動卻在半路上拋錨時，他不會將之歸因於倒楣、命運使然或總是如此，而應該認為是自己沒有按時保養車輛，並理解此事未必會再發生，因為他可以採取行動預防。

學習正向思考的另一面向有許多稱謂，其中之一是波麗安娜（Pollyanna，譯按：這是一部小說的主角名字，爲人極爲樂觀）取向。其基本概念是，即使遇到不好的事情仍然去看好的一面，盡可能忽略負面因素，積極發掘光明面或潛在的正向結果。雖然聽起來有點不切實際，卻是一種強大的技巧，可以幫助人們更平衡地看待事件。與之相對（而且太常見）的則是災難化思考（awfulising），亦即將任何負面的或不愉快事件視為徹底且無可挽回的災難。

整合心理學研究與心理治療實務

塞利格曼的正向心理學既借重主流心理學的研究，也整合了心理治療實務。一九七〇年代末，牛津大學的麥克・阿蓋爾（Michael Argyle）開創了情緒研究的新方向。過去心理學家總是聚焦在恐懼、憤怒與壓力，對正向情緒的研究相對稀少。阿蓋爾和他的團隊發現，正向情緒的多樣性遠超過人們（包括心理學家）的想像。在一項研究中，他們要求受試者回想並描述曾經歷過的二十四種愉快情境，例如在戶外享受大自然、泡熱水澡、與朋友共度和在工作中獲得成就等。他們發現，這項練習產生了多樣的正向情緒，他們將這練習歸納成四個維度。

第一個維度是專注（absorption），指情緒中涉及多少注意力或專注度。有些活動（例如從事創意嗜好）在這個維度上很強烈，另一些活動（例如社交體驗）則相對較弱。第二則是效能感（potency），指一個人感覺自己有多少能力、能勝任的程度，範圍從運動或工作上的成功（這個維度很強）到較被動的體驗（例如聽音樂或享受熱水澡）。第三個維度與利他主義或從某種角度關懷他人有關，像是參與教會或慈善工作這類奉獻型活動，在這個維度上很明顯，但像是獲得禮物或從事個人嗜好等自我滿足的樂趣，則偏向光譜的另一端。第四個維度是體驗是否具有個人意義，例如享受大自然或解決了一個具挑戰性的謎題，這個維度便很重要；反之，像是觀看一部驚悚電影或買個小禮物犒賞自己等瑣碎的體驗，則處於光譜的另一端。

這些維度並非互相排斥：情緒是複雜的，任何單一情緒都可能涉及多個維度。例如，你因服務社區獲得的獎項，可能引發結合效能感與利他感的情緒；而你與朋友一起度假的回憶，可能同時產生個人意義感與效能感，但專注投入和利他感較弱。

塞利格曼在會長演說中提到《心流：最優體驗心理學》（*Flow: The Psychology of Optimal Experience*）一書的作者米哈里．契克森米哈伊（Mihaly Csikszentmihalyi）。契克森米哈伊在該書中主張，快樂的祕訣在於能夠投入「心流」：一種全神貫注，徹底專注於當下所為的狀態，運動員稱之為「在狀態中」。契克森米哈伊在二戰期間曾淪為戰俘，長年與不快樂、痛苦的人為伍，這促使他對「什麼構成快樂的生活」感到好奇。他在聽過榮格的講座後對心理學產生興趣，之後移居美國便深入研究。他訪問了藝術家、音樂家等許多人，最終得出結論：人們在發揮創造力並處於心流狀態時最快樂。

據契克森米哈伊的描述，心流狀態有八個特徵。第一是完全專注手上的特定任務；第二是清楚了解活動的目的或目標，並能即時獲得目標即將達成的回饋；這與第三個特徵有關——這種體驗本質上會讓人感到回報或滿足。或許是因此，契克森米哈伊提的第四個特徵是心流狀態通常會淡化時間感，時間可能會因活動性質而感覺變慢或加快。但這種體驗本身——也就是第五個特徵，人們會覺得他們正在做的事情毫不費力，一切輕鬆自然、水到渠成。

契克森米哈伊歸納的第六個心流特徵，是技能與挑戰的平衡：儘管過程看似毫不費力，但仍然在以新的方式鍛鍊技能，回應新需求。第七個特徵則是對任務的掌控感。但契克森米哈伊認為，心流狀態最鮮明的特徵或許在於個人失去自我意識，將行動與覺知融合，全心投入當下任務。

幸福生活的類型與構成幸福感的要素

塞利格曼提出三種幸福生活類型供心理學家進一步探索。第一種是愉悅的生活（pleasant life），著重體驗正向情緒與健康生活中的期待感。在此類生活型態中，人們專注於做令人愉快且無壓力的事情，例如與人和睦相處、從事感興趣的活動和營造一個舒適的居家環境等等。

第二種幸福生活稱為美好的生活（good life），指透過投入具專注力與心流體驗的活動而獲得充實和滿足感。從事體育、藝術或知性追求的人常形容，他們最快樂的時候是處於「在狀態中」的時候，也就是完全專注於所做的事情、並在過程中感到充實圓滿。對於運動員而言，那可能是一種達到巔峰表現的感受；對藝術家而言，是全神貫注創作的時刻；對歷史愛好者而言，則是能發現全新觀點用來解釋一系列歷史事件的時刻。

塞利格曼提出的第三種幸福生活是有意義的生活（meaningful life），指的是個人透過積極參與他人或社會整體事務而獲得幸福感。很多人一生都在幫助他人，或致力以某種方式改善他人生活——這些人雖然常常因為辛勞而感到疲憊，卻因為生活充滿使命感，並且深知自己在貢獻比自己生命更宏大的事物；如果能體認到自己正達成的成就，就會衍生出獨特的滿足感。

隨著研究推進，塞利格曼發展出「PERMA 模型」，歸納出五項構成整體幸福感的要素，PERMA 五個字母分別代表：一、正向情緒（Positive），例如快樂、幸福、滿足；二、投入（Engagement），指從事感興趣的活動時的心流與專注狀態；三、人際關係（Relationships），多數正向體驗的來源；四、意義（Meaning），感覺生命具有目標的信念；五、成就（Accomplishment），透過工作、嗜好或興趣追求精通和成就。

該模型被廣泛視為正向心理學核心架構，研究者持續針對各要素進行深入探索。塞利格曼透過整合與推動正向心理學，對心理學思維做出重大貢獻，並開創了全新的研究領域。在心理學史上，很少有學者能具備如此深遠的影響力。

38

決策歷程

日常判斷與捷思法的利用——康納曼的系統一與系統二思考

「我的朋友凱拉」（My Friend Cayla）似乎是小孩子的理想玩偶。凱拉娃娃在二〇一四年上市，能說話、大笑，還能陪主人玩遊戲。她配備隱藏的攝影機、揚聲器和麥克風，還具備藍牙功能。這些設計使她像個真正的朋友那樣，聰明地與主人互動，回答問題並與主人交談。

但有一個麻煩。凱拉娃娃的配置讓駭客得以侵入凱拉、與孩子交談並監控他們的行動。這讓不安好心的成年人有機可乘，抱著性目的與孩子「交朋友」，甚至監看家庭活動。當這個漏洞最終曝光，凱拉娃娃旋即下架，德國更直接禁售，但這是幾年後的事了。有很長一段時間，凱拉娃娃僅僅被視為有趣的玩具，沒有人懷疑她可能被用於惡意勾當。

這是功能固著（functional fixedness）的典型例子，又一次顯示我們的思維存在偏誤，往往只聚焦事物的主要功能，而忽略潛在的其他用途。人們只把凱拉看作玩具，沒有注意到它還可以有不同用途。功能固著概念最初由完形心理學家卡爾·鄧克（Karl Duncker）於一九四〇年代提出，但直到心理學深入探討人類思維偏誤時，才受到重視。

快思與慢想

真正讓世人關注偏誤如何影響思考的，是丹尼爾·康納曼（Daniel Kahneman）和阿莫斯·特沃斯基（Amos Tversky）。二〇一一年，康納曼出版了《快思慢想》（*Thinking, Fast and Slow*）一書，彙整了近半世紀以來現實世界的認知研究成果。基於他與特沃斯基的研究，康納曼在書中提出：人類有兩種基本思考模式：系統一與系統二。我們大多數的思考屬於系統一，其運作極為自動化，以至於我們幾乎察覺不到。我們進行日常行動、回應例行問候（「我很好。你呢？」）、做出簡單決策，幾乎不需有意識的思考。大腦自有一套慣常的運作模式，讓我們同時處理多項任務：一邊遛狗一邊思考晚餐吃什麼，或是開車回家時回想當天發生的事。

但有時，我們思考的內容需要全神貫注。設想你正與朋友一起散步，她突然要你計算五加二是多少，你一邊走一邊脫口而出：七；但如果她問二十七乘十七等於多少，你很可能會停下腳步，站定思考。這就是系統二思考：它需要我們專注於當下任務，並在運作時關閉較不重要的訊息處理。

系統二思考是有系統、仔細、邏輯性的，比系統一慢得多。這是我們真正深思熟慮的時刻。若能進入心流狀態，可能會帶來成就感，但也可能令人精疲力竭，因為它消耗大量心智能量——這也會間接耗損體力，因此長時間專注某事雖然令人滿足，但也會讓人感到身體疲勞。這就像心智鍛鍊，而任何形式的鍛煉，無論是心智還是身體，都同時具有疲勞感與刺激性。

系統一思考包含我們所有的習慣、熟練的技能與自動化慣例。大多數時候，有它就已經完全足夠。但有時候它可能非常不可靠，甚至會讓我們嚴重偏離事實。這是因為它會採取一種稱為捷思法（heuristic）的捷徑，以求快速得出答案。特沃斯基與康納曼共同歸納出多種不同的捷思法，這些捷思法通常有效，但有時會導致我們忽略重要資訊，或在決策時犯錯。

各種捷思與偏誤被挖掘出來

康納曼最早提出的捷思法之一是滿意化（satisficing）。他在探討電腦如何從多種可能性中選出最佳選項時注意到：人們面對相同選擇時，很少會選擇最優選項。我們不會徹底研究所有可用的選項，而是傾向接受第一個看似足夠好的選項——即便更仔細評估可能帶來更好的結果。

隨著康納曼與特沃斯基（或特沃斯基與康納曼——他們總是在研究論文上交替掛名）深入研究人類決策歷程，他們陸續發現其他類似的捷思法。這些都屬於習慣性的認知捷徑，在多數情況下運作良好，但在決策時可能會引發導致重大偏誤。例如可得性捷思法（availability heuristic）是指我們傾向於選擇最快浮現於腦海的資訊，而懶得花費額外精力去思考其他可能性。廣告界非常善用這種捷思並收到巨大效果——這也是為什麼廣告商總是千方百計要讓他們的品牌名稱時常出現在我們腦海裡！

決策中無意識偏誤的另一個例子與決策的呈現方式有關。一項研究發現，向病人介紹一種癌症治療方法時，說詞是「有三分之一患者會存活」或「有三分之二的患者死亡」會導致截然不同的選擇結果：七二%的病人選擇「存活」表述的療法，只有二二%的人選擇「死亡」表述的選項。換言之，單純改變選擇的框架敘述，就足以扭轉整個決策的天平。

類似的，錨定捷思法（anchoring heuristic）指的是我們傾向透過與已知事物相比較來選擇選項，這替我們的判斷提供了某種基準。這也是為什麼房屋仲介推銷房屋時總是從價格最高的物件開始推銷的原因——第一個物件會成為標準，後面的選項相比之下就顯得更便宜。

這與代表性捷思法（representativeness heuristic）類似，即我們根據典型的印象（通常是基於自身的經驗）做出決策。但如果我們的決策會影響其他人，僅靠我們自身的經驗往往不太可靠。如果心理學有教會我們什麼的話，那就是他人看待事物的方式通常與我們大相逕庭。

我們也會受情緒的影響。情感偏誤（affect bias）是指我們傾向選擇當下感覺良好的選項。這種選擇有時是對的，但我們對某個想法的情緒反應，也可能導致我們未經深思就拒絕它。情感偏誤是一種相當強的偏誤，因為從神經層面來看，我們天生就有一種強烈的內在傾向：對任何我們視為威脅的事物產生強烈反應，所以會立即拒絕看似有威脅性的選項。

我們也傾向於選擇那些會肯定我們自身信念的選項。這就是確認偏誤（confirmation bias）：人們為了合理化自己的決策，往往會忽略矛盾的資訊並尋找可支持其偏好的證據。這種現象在專家決策中尤其常見，因為專家經常基於他們先前的經驗，對特定類型問題形成直覺。這不一定是錯的，但如果他們面對的是罕見或不尋常的案例，就可能出問題。確認偏誤與我們在第二十四章討論過的認知失調的過程有關——當想法彼此矛盾時，我們會感到不適，因此會盡可能避免。

雖然方式不盡相同，但陷溺偏誤（entrapment bias）——又稱沉沒成本偏誤（sunk-cost bias）——其中的心理機制也涉及認知失調與情感因素。當我們在某個計畫已經投入大量資源，即使顯然必須改弦易轍，卻不願改變方向，這種情況就會發生——彷彿一旦改變，就等於浪費掉過去投入的成本。陷溺偏誤的問題在於，它會讓我們不斷加碼承諾，導致投入愈來愈多的心力，浪費掉有限的資源。例如某人死守著一台老舊汽車，寧願持續花錢維修，也不願意把錢拿去購買新車（雖然後者更為明智）；公司董事會可能決定繼續使用昂貴的舊辦公設備，卻沒想到更換新設備可以提高公司的獲利；某國政府也可能已在一場不明智且徒勞的戰爭傷亡太多士兵，卻因不願讓死者白白犧牲而遲遲不肯終止戰爭。

人類思維中的不少捷思法與偏誤其實早已為人熟知，但特沃斯基和康納曼發掘出了更多種類。甚至在兩人合作之前，康納曼就已透過研究將人類的判斷與統計或電腦運算結果進行比較，並對它們之間的差異深感興趣。後來他與本來就對決策研究感興趣的特沃斯基合作，建立了一段激勵人心且成果豐碩的夥伴關係，兩人獲得諾貝爾獎實至名歸。遺憾的是，特沃斯基在獲獎之前就過世了。但康納曼總不忘提到他的功勞。

他們的合作主要聚焦在認知歷程，但社會歷程一樣會影響我們的決策。許多影響我們生活的重要決策，常常都是由一群人做出的，例如委員會、工作小組等等。人們通常認為，一群人決定比一個人所做的決定要好，因為更多人一起思考可以考慮得更周全。但這並非絕對，只在部分情況下成立。

被稱為「腦力激盪」的決策練習就是基於多人一起思考會更好的概念。這個術語經常被誤解為一群人分享想法，但真正的腦力激盪其實包含兩個截然不同的階段：第一階段鼓勵成員公開提出任何想法，但最重要的關鍵是不去評價這些想法——不管乍看有多荒謬，所有的想法都會被視為合理而彙集起來。直到第二階段，才會逐一審視與討論每個想法，成員們認真探討每個想法的可行性。將評價階段與發想階段分開，能使人們更有創意：有些想法起初看似愚蠢，最終卻可能發揮作用，但如果成員擔心會被嘲笑或立即駁回，便不會提出這些想法了。

群體決策與個人決策的風險

腦力激盪可以讓群體做出更好的決策，但不幸的是，群體決策——特別是長期穩定的團體——往往比個人決策更糟糕。團體成員很可能會陷入團體迷思（groupthink）：一種會限制想像甚至導致災難的決策模式。美國的豬玀灣入侵行動和挑戰者號太空梭災難都是團體迷思的著名案例，其他還有像是世界領先的柯達相機公司破產倒閉（儘管柯達發明了世上第一台數位相機，卻因高層董事拒絕相信數位相機會蓬勃起飛），以及更重大的案例是美國於二〇〇三年入侵伊拉克，其決策基礎是相信伊拉克擁有大規模毀滅性武器，但事實證明這不是事實，只是團體迷思在作祟，並因此導致人道主義和經濟雙重災難。

這些決策的共同點是，做出決策的群體懷有不會出錯的幻覺，忽視潛在威脅，又堅信他們對情勢的判斷絕對正確。團體迷思透過多種機制維持，包括駁斥或嘲笑與既有資訊矛盾的訊息，施壓團隊成員服從，以及促使成員自我審查真實想法。

不會出錯的幻覺不僅見於群體決策中，個人有時也會做出過度冒險的決策。一九七五年，薩姆・佩爾茲曼（Sam Peltzman）的研究指出，當時佩戴新型安全帶的駕駛人開車時往往比平時更粗心。這是因為他們認為新型安全帶讓他們風險降低，行為就更魯莽。這種現象現被稱為佩爾茲曼效應，說明當人們自認受到保護時，有時就會低估風險大膽妄為。

因此，人類做出決策的方式與電腦完全不同。我們會基於自身對人類生活與社會假設的大量知識，採取心理捷徑。碰到真實世界的問題時，我們的決策未必總是符合邏輯，但它們也未必總是錯誤的。

39

節點、網絡與神經可塑性

經典計程車司機研究、中風康復、神經網絡與社會情緒

在倫敦當一名計程車司機可不容易。在車陣中穿梭和閃避行人只是工作的一小部分：倫敦是一座發展了數個世紀的大城市，道路錯綜複雜，狹小的街巷與寬闊的大道犬牙相錯，單行道與複雜的公車路線相互糾結。除非你對它們瞭如指掌，否則無法取得計程車司機執照。所有想成為倫敦計程車司機的人都必須通過一項艱苦的測驗，檢視他們對城市所有街道與小巷的熟悉程度。

這對記憶力是極大的負荷。因此，神經心理學家埃莉諾．馬奎爾（Eleanor Maguire）和凱瑟琳．伍利特（Katherine Woollett）感到好奇，想知道這是否會對大腦產生持久影響，特別是大腦中儲存空間記憶的腦區：海馬體（hippocampus）。針對該區域的腦部掃描顯示，倫敦計程車司機的海馬體似乎比一般人更大。但這引發了一個「先有雞還是先有蛋」的問題。說不定，他們之所以成為計程車司機，就是因為他們有足以應對複雜路網的腦部能力。

為此，兩位研究者進行了另一項研究，去比較剛開始學習道路知識的新手與資深的計程車司機。研究初期，差異顯而易見：經驗豐富的司機比新手有更大的海馬體。但當新手完成訓練並通過司機執照考試時，他們的海馬體也顯著變大了。

影響因素並非僅僅來自駕駛經驗：研究人員進一步比較倫敦公車司機與計程車司機的大腦。他們推論，這兩個群體因為同樣要應付車流與隨意穿越的行人而承受著類似的壓力，但公車司機行駛固定路線，而計程車司機卻可能需要前往城市的任一角落。果然，掃描兩組受試者的大腦時，計程車司機的海馬體明顯比公車司機更大。

大腦的功能並非固定不變

這已經成為一個經典研究，因為它向我們展示大腦運作的一項重大發現：大腦的功能並非固定不變，而是會因應我們對它的需求做出回應，這一點也能從患有動脈瘤或中風的患者身上得到驗證。這兩種疾病會切斷大腦的血液供應，可能導致複雜的後果，例如經常性的部分癱瘓，因為控制該部位動作的神經元已經死亡。但這種癱瘓不一定是永久的，只要有足夠的決心，患者可以恢復失去的功能。雖然一開始這項工作辛苦且成果有限，但假以持續的努力，大腦就會得到重新訓練：新的神經網絡會形成，讓正確訊息能傳達到正確的區域，讓患者逐漸康復。

這就是神經可塑性（neuroplasticity）。過去人們認為，大腦功能在成年後便已確定，之後腦細胞就只會凋亡，無法修復。但中風復健的臨床經驗與腦部掃描的研究顯示，事實並非如此。成人大腦有能力重新學習、重新規劃神經網絡，甚至在我們的一生中不斷長成新的神經細胞連結。但這需要付出代價，就像虛弱的肌肉需要鍛煉才能強壯，這些新的連結也只有透過不斷練習才能發展——對於中風患者而言，這需要高度的動機與意志力，因為過程中的努力與練習極其艱鉅。

神經可塑性可能是現代腦部掃描研究中最重大的發現。但能夠探索活生生的大腦也從其他方面改變了我們的認知。例如，我們現在知道大腦中遍佈鏡像神經元（mirror neurones），這些神經元會對他人的動作或情緒作出反應，就像我們自己正執行或體驗這些動作與情緒一樣。這讓我們對大腦的運作有了截然不同的理解。

腦部掃描也改變了我們對大腦其他功能的認知。語言是人類的特殊能力，正如第三章所述，它是第一個被明確認為是大腦特定區域負責的能力。一八六一年，保羅．布羅卡發現了大腦中與言語產出相關的區域；一八七四年，卡爾．韋尼克則發現和言語理解相關的腦區。接下來的一個世紀，來自腦損傷或腫瘤患者的證據，進一步證實了這些發現，也佐證了我們在第三十一章討論的腦功能側化（lateralisation）與其他大腦功能。

腦部掃描技術開啟眾多新知

隨著腦部掃描技術的問世，一切從此改觀。研究人員不再需要解剖屍體的大腦或進行一般腦電圖檢測，而是可以直接掃描活躍的大腦，精確觀察人們思考、說話或聆聽時所涉及的大腦部位。掃描結果顯示，這些功能並非僅發生在特定區域，還會透過神經迴路和神經網絡，連接許多不同區域。例如，有一條迴路始於韋尼克區——此區接收來自聽覺皮質（負責處理語言聽覺訊息）與視覺皮質（負責處理閱讀或手語視覺訊息）的資訊。但事情並不僅止於此。接下來，它會連結一束橫跨全腦的神經纖維，與布羅卡區相通，而布羅卡區又會連結至控制語言的運動皮質與前運動皮質，同時也與大腦顳葉、頂葉、額葉的其他區域相連。這被稱為主要語言迴路——但本質上，它是一整個由神經纖維組成的網絡，所有區域共同協作。

神經心理學研究揭示了更多奧祕，例如，當我們聽到不合語法的句子時，大腦會出現異常活躍反應。這種現象似乎與生俱來，就連很小的幼童也會被《星際大戰》中用詞顛倒的尤達大師給逗樂。過去我們以為資訊僅是從一個解碼區傳遞到下一個區域，但網絡模型顛覆了這一觀點。大腦的運作並非透過單一連結的獨立區域，而是透過多個區域協同合作的網絡。聆聽他人說話時，並非像二十世紀學者認為的僅只動用韋尼克區，而是同時涉及布羅卡區及其連結，還有許多其他區域——更不用說我們的鏡像神經元會模擬「若我們自己說話時大腦會產生的活動」。事實上，聆聽他人說話時，左腦半球將近一半區域與右腦半球許多區域都會被激活。

這告訴了我們一些重要事情。例如，當我們聽別人說話時，通常會看著對方並讀他們的唇。語言處理過程同時依賴視覺與聽覺訊息，兩者缺一不可。麥格克錯覺（McGurk illusion）就是最佳例證：當聽覺與視覺訊息矛盾時，大腦就會誤解語音。例如讓受試者觀看影片中有個人說 gaga，但影片的配音卻是 baba，這時他們實際聽到的是截然不同的 dada。這是一種極強烈的錯覺，即使受試者知道這是錯覺，一樣會產生誤聽。若閉上眼睛，會聽見 baba；張開眼睛而關掉聲音，會看到 gaga；但當兩者同時呈現時，他們仍會聽見 dada。其他單字也會出現類似現象，但這個例子最為明顯。因此，聽人講話不只是聆聽聲音，讀唇也是日常對話的一部分。難怪很多人覺得不容易聽懂戴上口罩的人在說些什麼！

如同語言系統，我們的感官系統最終也被證實是由網絡構成而不是獨立的區域。在第三十一章中，我們看到二十世紀的研究者把大腦皮層的各個區域認定為不同感覺經驗的中樞。他們為五種主要感官（視覺、聽覺、觸覺、嗅覺和味覺）分別標定了特定腦區。這些區域受損時，對應的感官功能會出現障礙（例如失明、耳聾、嗅覺喪失等），因此學界曾假定這些區域是大腦處理感官資訊的唯一核心。但腦部掃描顯示，實際機制遠比這複雜——這些區域只是連結大腦不同部位的整體網絡的一部分，所有區域共同協作，才產生了我們的心理體驗。

從這些神經網絡中，我們觀察到一些有趣的附帶發現：例如，聆聽節奏性音樂時，負責運動和平衡的神經元也會被激活。這解釋了為什麼音樂會讓我們想跳舞，而這種連結是如此緊密，以至於舞蹈幾乎存在於所有人類社會中——我們甚至可以說，這是人之所以為人的特質之一。腦部掃描也揭示了類聽音樂的機制：例如，受過訓練的音樂家使用的腦區和一般人不同，不過限於篇幅，我們無法在此詳述所有細節。

我們對大腦其他特定區域也有了更多認識。例如，掃描顯示大腦中的扣帶旁皮層（paracingulate cortex）與我們的意圖形成直接相關，儘管這些意圖最終沒有轉化為行動。當我們思考自身行為如何與他人聯繫時，這個區域也會變得活躍，這又進而連結到我們在第三十四章討論的心智理論：幼童在三歲半左右開始發展此能力，幫助他們更好地理解他人。

扣帶旁皮層環繞著另一個區域：扣帶回（cingulate gyrus），它對我們的自我意識同等重要。當我們評估風險或計算某項行動是否帶來回報時，扣帶回會被激活。當我們體驗情緒時，它也會與大腦的其他部為連結，並已被證明在社會情緒（例如羞恥、內疚、尷尬）以及在母愛表現得特別活躍。此外，該區域也會對疼痛做出反應，有趣的是，它對社會排斥引發的痛（如被排斥或孤獨）的反應，與對身體生理疼痛的反應完全相同。

深植於大腦中的演化密碼

這一切都向我們揭示了人類是多麼高度社會化的物種。這些與社會體驗相關的腦區深藏在大腦內部，位於連結大腦兩半球的神經纖維束上方，因此受到很好的保護，不易因表層的傷害而受損。

另一組與個人功能相關的腦區則隱藏在大腦皮層的褶皺深處，即大腦側葉向額葉與頂葉下方摺疊的區域。這些區域全都與個人記憶有關，其中一區負責讓我們辨識熟悉的面孔。它與我們用來識別名人或其他不是自己認識的人的大腦區域很接近，但兩者並不相同。另一區則用來識別與我們有情感連結的人，例如家人或親密的朋友——同樣地，它與我們用來辨識其他認識的人的區域很接近，但不一樣。正如本章開頭所指出的，我們大腦某部分負責儲存我們對地點的記憶，那就是海馬體，它與其他個人記憶區域相連，且如前面所述，它對儲存新記憶至關重要。

扣帶旁皮層與扣帶回都深藏在大腦內部，因此直到腦部掃描技術讓研究人員得以觀察活躍的大腦之前，我們根本不知道它們的存在。它們的位置顯示了這些功能對我們之所以作為人類有多重要，大腦的演化已將它們周全保護，避免受損。相較之下，掌管我們感官功能的區域反而更容易受傷，因為它們大多位於大腦外層。

腦部掃描技術在二十一世紀充分發揮其作用，如前所述，它徹底革新了我們對大腦及其運作機制的理解。我們現在對自身有了更深入的認識：例如，語言的使用如何調動我們龐大的社會與個人知識，並激活全腦多個區域；對音樂節奏的身體反應，是大腦與生俱來的神經連結；為什麼與陌生人視訊通話的感覺，和與朋友視訊通話截然不同——這僅僅是其中幾個例子，隨著神經心理學不斷發掘我們經驗背後的大腦活動，這份清單還會愈來愈長。

最重要的是，我們了解到神經可塑性並非如過去以為的僅限於幼童，而是終其一生都會發生。我們本來就知道，人類作為一個物種的核心特質是具有適應力，例如我們能夠適應差異極大的需求，在各種環境下生存。而腦部掃描讓我們看見，這種適應力是如何深刻地植根在我們每個人的大腦之中。

40

方法論革命

解構主義與去殖民化、對正統研究方法的挑戰以及偏頗的抽樣

Are you WEIRD?（你是個「怪人」嗎？）很可能、甚至極可能你真是如此。我不是谷歌，也對你的個人習慣一無所知。但作為心理學家，我知道每個人都是獨特的，某人看來正常的事情，在其他人眼中可能會覺得很怪。但我現在不是要說這個，我指的是大寫縮寫字母的WEIRD，意思是：你是西方（Western）、受過教育（Educated）、工業化（Industrial）、富裕（Rich）且屬於民主社會（Democratic societies）的一群嗎？

如之前所述，心理學主要在西方世界發展成形，卻宣稱其理論是用於全人類，無視文化或社會經濟背景有多麼大的差異。部分原因是在於對普遍性心理學理論的追求，部分則源於無知——長期以來忽視（或漠視）生活在與西方地理、經濟距離遙遠地區的人群。但最主要的，是來自一種傲慢的假設：西方的生活方式是人類「正常、文明且自然」的樣態。對世界其他地區的人而言，這種假設無論從字面（小寫的weird）還是學術定義（大寫的WEIRD）來看，都同樣荒謬。但直到二十世紀末，心理學才真正開始正視這個問題，且至今仍在修正過程中。

對主流心理學局限性與文化特殊性的覺醒，促使學界愈發關注心理學課程的去殖民化。去殖民化是一個複雜的歷程，包含多種不同的觀點：對某些學者而言，這意味著拒絕接受傳統心理學，視之為由富裕精英特權所建構的人造體系，並以本土社會發展的本土心理學取而代之（例如第三十章討論到法農的研究）；對另一些學者而言，去殖民化重點在於凸顯在地實踐的深刻洞見，並與欠缺敏感度的西方假設形成鮮明對比。

取樣證據的偏頗

如我們在二十一章所讀到，早在一九七〇年代，人類學家羅賓・霍頓便已指出，非洲的傳統醫療因為遵循其文化脈絡，遠比引進的西方醫療有效得多。近年來，隨著跨國公司將自身行之有年的那一套強加到文化差異極大的員工身上，這種文化傲慢的例子仍不斷出現。即便在西方社會內部，也存在文化差異——例如迪士尼公司試圖在巴黎迪士尼樂園強行推動美式雇用合約時，便發現來應徵的員工拒絕接受。需要更清楚意識到文化差異的，可不只是心理學領域！

對其他心理學家而言，去殖民化意味著教育心理實務工作者需要認知到西方預設如何扭曲了心理學實踐。芝諾比亞・納迪蕭（Zenobia Nadirshaw）舉出許多例子，說明因未能理解文化習俗而導致的精神科誤診。例如，在許多文化中，與祖先對話是完全正常的行為，這只是單純反映對家庭生命延續性的覺知。但在英美，這種行為有時會被診斷為精神分裂症狀。同樣地，年輕黑人男子的情緒表達方式往往比同齡的白人男性強烈得多——這本是一種文化差異，卻常被白人精神科醫生解讀為情緒障礙，結果導致年輕黑人男子被開立鎮定劑或接受電擊治療的機率高出白人三倍。醫療專業人員的建議，也經常忽略文化需求。

去殖民化並非意味拒絕心理學的所有成果，而是指重組心理學課程，提醒學生與心理學家警覺「白人男性心理學」長期支配研究與理論建構的現象，並強調另類研究途徑。這與所謂「批判心理學」

運動相連結——該運動致力探討心理學傳統上如何忽視社會權力議題（如制度性種族主義和歧視），並實質上促進精英群體而非少數族群的利益。批判心理學家致力揭露這類偏見，例如說明心理評估傳統上如何對特定少數族群存在偏頗。

批判心理學的根源可追溯到索緒爾的解構主義運動。該運動最初聚焦在語言學，後來隨著學界對語言如何應用在執行社會行動的興趣日益增長，擴展到社會心理學領域。解構主義旨在解讀社會互動的隱藏意義，我們在第二十八章已見到心理學家如何透過話語分析應用此一理念。批判心理學挑戰主流心理學的基本假設與理論，揭示權力與控制議題如何經常成為其理論的基礎。批判心理學的目標在於凸顯這些預設，並尋求不同的研究方法與心理學應用新途徑。

心理學研究的核心在於可接受的證據取得方式。例如將鄰居的行為或朋友的某段經歷當作證據是不被認可的——那些僅能算是軼事。如果心理學有教會我們什麼事，那就是軼事是極不可靠的數據蒐集方式。這些敘述很可能在傳述過程誇大其詞，且很少代表多數人的普遍情況。如果我們想了解人類的心智如何運作，就需要更系統化、更科學的研究方法。但正如本書通篇所述，科學的定義隨著時間不斷演變：從馮特透過內省法進行的系統化研究，到嚴格的實驗設計與控制，最後在二十一世紀，定性和詮釋性的研究方法逐漸被廣泛接受。這股研究思潮起於一九七〇年代，至今仍在發展中。

一九七七年，歐文．西爾弗曼（Irwin Silverman）出版了《心理實驗室中的人類主體》（*The Human subject in the Psychology Laboratory*），揭示出參與心理學研究的受試者，其動機、情感與預期都會直接影響研究結果。過去的心理學研究一向沒有把人的因素納入考慮，是因為其理想模型是仿效經典的（甚至有點理想化的）物理實驗——將其中的研究對象視為被實驗者操縱的無生命物質。這使得心理學實驗變得愈來愈人工化，與日常經驗嚴重脫節。

當然，人類遠遠不是無生命物質。西爾弗曼的研究發現，受試者會預測實驗者的期望，且他們對實驗的理解，往往比實驗者的操控或指示更能影響結果。例如，對學生的經典制約歷程示範實驗中，實驗結果完全取決於學生是否理解自己該扮演的角色。西爾弗曼破除了很多心理學的經典假設，並主張採用截然不同的研究取向。

心理學的多重挑戰與質疑

彼得・瑞森（Peter Reason）和約翰・羅文（John Rowan）在一九八一年出版的《人類探究：新範式研究資料彙編》（*Human Inquiry: A Sourcebook of New Paradigm Research*）中，提出了一種新的研究取向。他們主張的新範式強調，心理學的研究對象是人而非自動機器，並說明研究者應如何在研究過程中尊重受試者。與此同時，各界也愈來愈關心在各學科（包括心理學）研究中使用的實驗動物。一九六〇年代到一九七〇年代初期，動物研究是心理學課程的基礎且通常列為必修，但隨著社會抗議聲浪增加，以及動物研究倫理規範的制定，這些學生的必修科目逐漸消失，心理學對動物行為的研究也從實驗取向轉為行為生態學取向。

對於人類研究的倫理規範也經歷了演變。不過範式的轉變需要時間，儘管有一些調整相對較快（例如把受試者一詞改為參與者），但許多人仍難以理解這些規範要如何落實在傳統研究實務中。當然，事實往往是它們確實難以相容：倫理準則禁止瞞騙，並堅持知情同意原則，但傳統實驗的基本信條之一，卻是必須對受試者隱瞞實驗目的，以避免他們過度配合，從而扭曲結果。事實上，使用雙盲控制（實驗者與參與者都不知道研究內容）已經成為優質研究的標準，且至今仍應用於醫學評估中，但本質上終究還是依賴欺瞞。一九八〇年代的心理學會議與期刊中，心理學家圍繞著這些難題進行了無數深刻的反省。

再者是量化的重要性。直到二十世紀末，許多心理學家都對定性研究極度懷疑。研究方法課程完全以統計學為核心，而定性方法（通常包括詢問人們經驗等激進程序）被視為不科學，認為容易受到研究者偏見影響，甚至可能成為自我實現的預言。當時想在博士論文中納入定性資料的學生會被勸阻，心理學期刊也會自動駁回涉及定性資料的研究投稿，認為其缺乏科學嚴謹性。

一九九〇年代，一群旨在挑戰這種偏見的心理學家聚在一起，他們最終促成了英國心理學會成立專門推動定性研究。他們首次會議的成果彙集成一九九七年出版的《心理學的定性分析實務》（*Doing Qualitative Analysis in Psychology*），書中多位心理學家舉例說明定性研究的多元方法，並證明這些方法既嚴謹又具系統性，絕非只是批評者所謂模糊的主觀議論。隨著新期刊《心理學定性分析》

（*Qualitative Analysis in Psychology*）在二〇〇五年面世，人們對定性方法的興趣日益濃厚。二〇〇六年，弗吉妮亞·布勞恩（Virginia Braun）和維多莉亞·克拉克（Victoria Clarke）發表的一篇關鍵性文章，更為潛在研究者提供了主題分析（thematic analysus）的明確指南。這是一個重大的範式轉移，幫助心理學更貼近日常生活。

心理學研究的另一個重大改變，伴隨著日常電腦運算的問世而發生，這對統計數據分析產生深遠影響。例如，四十人的樣本數在今日會被視為極小樣本，但在一九六〇年代必須手工進行統計分析時，這樣的樣本規模已被視為大型樣本。如今，一項國際研究計畫動輒納入數千名參與者並非罕見，就連規模較小的計畫也可能涉及數百人。這種情形當然也帶來了新的問題。其一與取樣有關：社群媒體使參與者能夠回應公開招募，但這些參與者都屬於自我選樣，因此研究設計必須考慮到人們可能過度配合，進而扭曲研究結果的可能性。另外，跨國商業組織有時向研究者提供大量參與者，並以極低的酬勞作為參與回報，這固然為更具代表性與多元文化的心理學研究開創契機，但它也引發了人們對許多全球性研究計畫背後倫理前提的質疑。

另一項挑戰（部分可能源於數據分析的改變）則與所謂的再現性危機（replication crisis）有關。如同許多其他科學領域，心理學向來以過去的實驗結果，作為印證人類整體認知重大轉變的依據。然而，當嘗試再現過去經典研究的結果時，卻未必能得出相同的結論，因此相關研究者據此質疑心理學基礎概念的有效性。（當然，化學領域從未受此問題困擾——即便中學的化學實驗課經常無法複製經典研究，但那是另一種不同的論證。）

正如我們所看到的，過去的心理學研究與今日截然不同：樣本規模較小，一九六〇年代至一九七〇年代的社會問題與今日完全不同，我們對社會、科學和進步的基本假設亦然。那些研究之所以成為經典，是因為它們反映（或挑戰）了所處時代的理論或預設。但有任何研究能夠宣稱代表著關於全人類的普遍真理嗎？心理學與其他學科一樣，反映著其所屬的社會與政治脈絡，而我們對全球化日益增長的政治關切，則體現在對文化特殊性與適切性日益增長的研究趨勢中。

至此，我們的心理學歷史之旅將告一段落。我們已見證心理學並沒有單一的起源，而是由不同的脈絡交織成一個鬆散且常常具有爭議的整體。心理學並沒有單一的學派，每位心理學家都將自己對心理學的理解帶入這門學科。新的領域不斷湧現，而舊的領域要麼擴張，要麼則消逝。

放眼全球，展望未來，我們面臨的主要挑戰或許在發展出能同時反映人性本質與文化多樣性的心理學（或多元心理學）。過去，心理學存在明顯失衡——不僅聚焦於WEIRD族群，更忽視了這些群體內部的多樣性。但世界各地的人都是獨一無二的，從精神科診斷到教育成就等諸多領域的不平衡都必須加以糾正。這種新的覺察讓心理學趨於複雜——但人從來就不是簡單的。如果我們真的想理解自己，就必須接受一個事實：沒有任何問題有簡單的答案。正如我們在本書中所讀到的，縱觀心理學歷史，其已變得愈來愈豐富、更貼近實際且更多元。正式研究取向的多樣性，賦予了心理學強大的生命力；而隨著我們擴展心理學視野以涵蓋人類的多樣性，這股生命力必將與日俱增。

國家圖書館出版品預行編目資料

心理學的40堂公開課／妮基・海耶斯（Nicky Hayes）著；梁永安譯. -- 初版. -- 臺北市：麥田出版：英屬蓋曼群島商家庭傳媒股份有限公司城邦分公司發行, 2025.06
面；14.8×21公分
譯自：A little history of psychology
ISBN 978-626-310-881-3（平裝）

1. CST：心理學　2. CST：歷史
170.9　　114004813

心理學的40堂公開課

A Little History of Psychology

作　　者　妮基・海耶斯（Nicky Hayes）
譯　　者　梁永安
責任編輯　何維民

版　　權　吳玲緯　楊靜
行　　銷　闕志勳　吳宇軒　余一霞
業　　務　李再星　李振東　陳美燕
副總編輯　何維民
總 經 理　巫維珍
編輯總監　劉麗真
事業群總經理　謝至平
發 行 人　何飛鵬

出　　版　麥田出版
115台北市南港區昆陽街16號4樓
電話：02-25000888　傳真：02-25001951
發　　行　英屬蓋曼群島商家庭傳媒股份有限公司城邦分公司
115台北市南港區昆陽街16號8樓
客服專線：02-25007718；02-25007719
24小時傳真服務：02-25001990；02-25001991
服務時間：週一至週五09:30-12:00，13:30-17:00
郵撥帳號：19863813 戶名：書虫股份有限公司
讀者服務信箱E-mail：service@readingclub.com.tw
城邦網址：http://www.cite.com.tw
麥田出版臉書：http://www.facebook.com/RyeField.Cite/
香港發行所　城邦（香港）出版集團有限公司
香港九龍土瓜灣土瓜灣道86號順聯工業大廈6樓A室
電話：852-25086231
傳真：852-25789337
馬新發行所　城邦（馬新）出版集團【Cite (M) Sdn Bhd.】
41-3, Jalan Radin Anum, Bandar Baru Sri Petaling,
57000 Kuala Lumpur, Malaysia.
電話：+6 (03) 90563833
傳真：(603) 9057-6622
Email：service@cite.my

印　　刷　前進彩藝有限公司
電腦排版　黃雅藍
書封設計　莊謹銘

初版一刷　2025年6月
定　　價　480元
I S B N　978-626-310-881-3